在线知识付费平台商业模式创新研究

于雯雯　著

北京工业大学出版社

图书在版编目（CIP）数据

在线知识付费平台商业模式创新研究/于雯雯著. —北京：北京工业大学出版社，2021.8
ISBN 978-7-5639-8068-0

Ⅰ. ①在… Ⅱ. ①于… Ⅲ. ①互联网络-信息服务业-商业模式-研究 Ⅳ. ①F490.6

中国版本图书馆 CIP 数据核字（2021）第 174120 号

在线知识付费平台商业模式创新研究
ZAIXIAN ZHISHI FUFEI PINGTAI SHANGYE MOSHI CHUANGXIN YANJIU

著　　者：于雯雯
责任编辑：尹　航
封面设计：李　娜
出版发行：北京工业大学出版社
（北京市朝阳区平乐园 100 号　邮编：100124）
010-67391722（传真）　bgdcbs@sina.com
经销单位：全国各地新华书店
承印单位：三河市元兴印务有限公司
开　　本：710 毫米 ×1000 毫米　1/16
印　　张：11.75
字　　数：228 千字
版　　次：2021 年 8 月第 1 版
印　　次：2021 年 8 月第 1 次印刷
标准书号：ISBN 978-7-5639-8068-0
定　　价：45.00 元

前 言

2016 年，新兴的在线知识付费市场出现井喷，其内容直接变现的模式在短时间内取得了巨大经济效益，打破了以往媒体依靠免费内容而获取广告收入的主流收益模式，并成为许多新媒体平台开拓多元盈利模式的重要实践途径。近几年，随着在线知识付费行业的发展，相关的理论研究也在逐渐增多，但其理论成果还远跟不上实践，而未来在线知识付费行业的持久发展离不开理论层面的研究与指导。为了增进在线知识付费行业在理论层面上的发展，本书基于商业模式创新的角度对在线知识付费平台进行了系统、深入的研究。对于在线知识付费平台而言，“知识付费”是核心内容，“在线平台”是媒介载体和赋能因素，它属于在新媒体基础上，针对内容生产、受众与传播方式在商业模式上的创新拓展。对在线知识付费商业模式创新的探索不仅可以提高内容版权意识，还可以持续激励优质原生内容的供给，同时对已有完善生态体系的网络社交媒体平台等媒体机构在商业模式上的创新也有极大的借鉴作用。本书运用了传播学、传媒经济学、管理学及商业模式创新等相关理论，重点从以下几个方面进行了创新性研究。

第一，在新媒体传播环境下，在线知识付费平台作为一种传播媒介，基于新型的商业模式融合了出版业、传媒业与教育业三大产业。本书针对这种新型模式，分析了其商业模式创新内外驱动力形成的原因，提出了在线知识付费的商业逻辑，构建了在线知识付费平台价值链流程体系。

第二，本书结合多边平台的运行基本原理，提出了在线知识付费平台的多边属性理论，并基于在线知识付费平台的多边特征，对其商业模式要素从商业模式理论及市场实践调研的两个维度进行了分析与提取。一是运用商业模式画布工具，对在线知识付费平台的商业模式要素进行了深入研究。二是通过对一线从业人员、专家的问卷调查，对影响在线知识付费平台商业模式创新初始要素指标进行了打分与指标补充。在对数据进行统计分析并进行二次问卷调查后，构建了在线知识付费平台商业模式创新影响要素指标体系，为基于要素创新视角的商业模式创新模型构建提供了依据，以保证模型的适用性与有效性。

第三，本书引入 CUBI 用户体验模型，构建了在线知识付费平台的 BRBC 商业模式创新模型，包括商业目标层、需求体验层、行为体验层与内容构架层。其中，商业目标层为顶端层，关系着平台的价值主张与战略方向，是整体创新模型的支持层；需求体验层与行为体验层之间形成螺旋交织的关系，是创新模型的核心中间层，同时是体现整个创新模型以用户价值为核心、用户需求为导向原则的关键层；内容构架层为创新模型的基础层，是整个模型的创新实施层，即呈现了顶端层与中间层的具体信息内容。总体来看，BRBC 创新模型形成了两个不同方向的创新推动力：一是由上至下的创新推动，即通过对商业目标层的创新来指引基础层的创新实施方向；二是由下至上的创新推动，基础的内容构架层结合技术与大数据的驱动，可以对实施操作带来创新性影响，以此形成由下至上的逆向创新通路。

第四，本书基于对行业专家、付费用户的调查，构建了用户价值影响因素框架，提供了一种评价在线知识付费平台商业模式的思路与方法，针对在线知识付费平台的不同发展阶段提出了相应的平台发展策略。

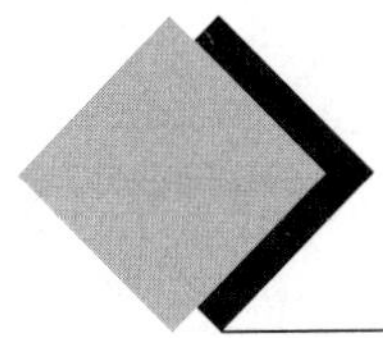

目　录

第一章 绪 论

随着互联网技术的发展，多边平台商业模式迅速崛起。当今巨头型企业多数都具有多边交易平台的特点。2017 年，世界上市值排名前十的创业公司中，平台企业或相关的企业占到了七家，分别为苹果、谷歌、微软、亚马逊、脸谱网、腾讯与阿里巴巴。这些被称为多边平台的公司扮演着中间人的角色，它们将服务提供者与各类用户需求精准连接，为多边市场提供了专业、有效的服务。比如，电商网站把买家和卖家连接在一起，租房软件把租客和房主连接在一起，拼车软件把公司和乘客连接在一起，订餐软件把食客和餐厅连接在一起等。这种商业模式成为当今大获成功的主流商业模式，这使得多边平台企业的队伍不断壮大，也使得它们在科技创新方面充满活力，盈利模式也不断迭代。

互联网技术的发展改变了世界的商业规则，推动了人类世界全方位的跨界与融合。伴随着经济与技术的快速进步，中国逐渐成为互联网革命的主要阵地。正如克莱·舍基在《免费》一书中所述，中国已经成为世界互联网中心的前沿，尤其在支付领域，中国被公认为是世界上支付最便利的国家。21 世纪以来，中国居民人均可支配收入快速增长，逐渐从吃、穿、住等基础的生存层面转向个人需求的发展层面，如人们开始侧重个人在教育、技能、文化、精神娱乐等发展型领域的消费投入。国家统计局对国内 6.3 万家规模以上的文化与相关产业的调查数据显示，上述企业在 2021 年第一季度实现营收 25 498 亿元，比 2020 年第一季度增长 40.4%。其中，内容创作生产 5 319 亿元，增长 32.3%；文化消费终端生产 4 803 亿元，增长 46.2%。面对国民消费结构的不断升级，以及我国文化产业发展的大趋势，内容付费领域的优质互联网内容的生产与用户付费习惯的养成，都为内容付费市场带来巨大的市场潜力。互联网极大提高了人们获取内容信息渠道的便捷性，免费分享成为一种固有的互联网精神。然而，随着信息从丰富到泛滥，人们获取有效信息的环境开始变得复杂，为了得到良好的用户体验，人们开始渐渐形成从免费到付费的互联网消费理念，如视频网站会员制度、付费购买数字音乐专辑等。

2016 年，内容付费领域里出现了一种知识变现的盈利模式——在线知识付费。随着在线知识付费元年的到来，知识付费一词成为近两年的热点词汇。在线知识付费打破了媒体以往“二次售卖”逻辑的主流商业模式，实现了从内容直接变现的商业模式创新，并成为许多新媒体平台开拓多元盈利模式的重要实践途径。如今，世界最具代表性的网络社交媒体，诸如脸谱网、推特、领英等，采用的依旧是广告导向的商业模式，仍力求建构全球生态体系。而在线知识付费的商业模式探索不仅可以提高内容版权意识，还会持续激励优质原生内容的供给。随着在线知识付费商业模式的逐渐成熟，其标准化、个性化的并存发展，不断扩大的受众规模，对早已拥有自己生态体系的网络社交媒体平台等媒体机构的转型提供商业模式创新借鉴与不断成熟的市场。知识付费使得本可用来投资而不是消费的闲置时间可以通过互联网得以聚合和优化利用，从而削减有价值知识的分布不均和供需失衡，促进了克莱·舍基所说的“认知盈余”的生产与消费。在线知识付费是一种知识有偿分享，通过互联网的高效匹配满足人们对知识需求的精准服务。

第一节 研究背景

一、选题背景

在互联网发展的几十年来，信息技术的快速更迭彻底改变了人们的生活方式与思维方式，尤其是免费分享信息成为一种互联网精神，图片、文字、音频、视频等借助新媒体渠道为网络用户提供了多种免费的图书、音乐、影视等内容精神产品，互联网也因免费信息的优势迅速普及到各行各业，被称为互联网思想家的克里斯·安德森（Chris Anderson）更是明确提出，“免费”才是互联网时代颠覆式创新并开创商业未来的重要理念。在互联网世界里，因采用免费模式而成为巨头互联网企业的成功案例比比皆是。而随着我国经济的快速增长与互联网的高速发展，中国在现代化发展上成为领跑世界的前沿阵地，在生动印证免费模式成功的同时，近几年，内容变现在中国找到了成功的商业模式，逐渐打开了互联网世界基于支付体系下的付费发展理念。

在移动互联网的快速普及、第三方支付的成熟，以及我国内容创业潮的推动下，作为内容产业中出现的新领域——在线知识付费以其迅猛的发展受到了资本市场的关注与市场的认可。2015年，果壳推出在行App，以O2O模式实现兼有线下社交元素的一对一咨询；同年5月，“罗辑思维”推出以知识分享为主的得到App，其中“李翔商业内参”上线3个月营收1 400万元，而截至2017年11月，得到App的付费订阅人次超过193万，栏目总创收额高达3.85亿元。国家信息中心发布的《中国分享经济发展报告2017》显示，2016年知识付费产品集中爆发，分别有问咖、值乎、知乎Live、在行一点（原分答）、小鹅通、微博问答、喜马拉雅FM的精品付费栏目《好好说话》等，其中《好好说话》发布当日销售额即突破500万元，一周总额超过1 000万元，由该平台举办的“123知识狂欢节”24小时内创收高达5 088万元。2017年，在线知识付费行业进一步发展，钛媒体Pro、36氪付费专栏、微信公众号付费阅读等分别上线。在用户方面，企鹅智库提供的数据表明，55.3%的网民有过为知识付费的行为。目前，喜马拉雅、得到、在行一点、知乎四大平台成为在线知识服务行业里的领跑者，这些知识付费平台利用互联网技术突破了教育、出版、传媒三大产业边界，重组了各产业成员与消费者在知识交流中的互动关系，包括共同创造价值、共享价值成果等方面，它们通过扮演知识经济人的角色而获得利益。

从政策层面来看，在线知识付费所处的数字内容产业在“十一五”规划中被明确列入国家支柱性产业，“十二五”规划及相关政策文件中也多次提出要加快数字内容产业的发展；从市场环境来看，随着微博、微信、知乎、豆瓣、喜马拉雅、分答等内容平台分别开通付费业务，如何创造付费内容经济的持续良性发展，解决网络盗版，降低市场商业风险并持续创造高价值的内容等，成为此领域的现实发展问题；从在线知识付费本身来看，如何满足用户对优质内容的需求，提高用户黏性与用户回购率，如何降低运营风险等，都成为未来内容付费平台商业发展的瓶颈。总的来说，传统的商业模式理念已经不能满足21世纪新商业文明的要求，对新型商业模式的研究是在线知识付费平台持续发展的重要保证。

知识付费起初由知乎、果壳这类已经具备品牌效应的知识社区所探索实践，其目的是不断尝试走出商业瓶颈。从早期果壳推出的慕课、小蛋空气净化器，垂直领域的各类美容应用软件，到知乎发起的出版众筹计划等，都表明知识社区平台在努力突破单一且盈利空间小的广告模式，试图找到一条适合自己的商业之路。而知识付费让知识直接变现的途径及市场的热烈反映，成为各内容平台探索创新商业模式的有效途径。

截至2018年，在线知识付费行业在经历快速发展后呈现出各类问题的同时，也逐渐开始走向构建内容质量评估体系、退货制度体系等的普及，不可否认，行业正在迈向不断成熟的发展阶段。

二、问题的提出

随着现代网络技术与智能设备的快速发展，以及网络用户基数的规模化，我国在线内容付费市场出现了许多新型支付模式，包括打赏或赞赏模式、专栏订阅模式、付费社群模式、付费问答模式等，成为国内数字内容平台商业模式创新的新途径。一方面，信息过载导致用户搜寻有效信息的成本增加，内容提供方的内容针对性较弱；另一方面，支付方式的变革与网络用户对精神层面需求的提高，促使优质内容直接变现成为可能。随着网民为内容付费的习惯逐渐养成，一种以知识付费为明确概念的活跃市场出现，在线知识付费作为一个新兴行业随之应运而生。但在线知识付费的实践在理论缺位的前提下快速发展必然会出现一定的发展乱象与各种问题，如知识产品质量参差不齐，第三方评估机构缺乏，用户对知识产品的回购率、打开率、完成率不高等。在这种情况下，在线知识付费的市场热度开始出现回落，如何持续创造用户价值并形成良性的发展循环等，成为在线知识付费行业亟待解决的问题。

三、研究对象的界定

当“知识付费”成为热门词汇后，“被知识付费”现象频出，作为刚兴起的行业，在线知识付费难免会与传统教育业或其他在线付费内容行业产生概念上的比较与混淆。但是，没有形成认知共识会导致人们无法在同一层面上展开有效讨论，从而失去研究的意义。为了明确研究对象，此部分将从以下几个维度对在线知识付费行业的独立性进行界定。

（一）在线知识付费与传统教育的区别

有的人认为，知识付费早在古代就已出现，如孔子的“自行束脩以上，吾未尝无诲焉”就属于古人的知识付费；上学交学费也属于知识付费等。然而，这种说法并不严谨，在线知识付费与传统教育有本质区别。产生类似混淆的原因在于，前者把重点放在了“付费”上，把知识付费作为动词去理解，即凡是以获取知识为目的而引起的购买行为都属于知识付费。这样理解会带来一个问题——知识付费将没有边界，过于宏观而失去对微观世界的指导意义。

首先，在线知识付费一定属于现代词汇，它由移动互联网技术、第三方支付、智能终端等一系列信息技术与智能硬件的发展而来，是现代人类新商业文明的产物。知识付费强调的是“知识”而不是“付费”，即什么样的知识是值得付费的。知识就像空气，有着绝对的价值，但知识本身并不构成用户为之付费的理由，真正值得付费的是知识背后的服务。其次，在线知识付费改变了传统教育系统中老师与学生的敬畏关系。在线知识付费强调用户花钱购买服务，老师是以用户为核心的知识服务者，敬畏关系发生了对调。最后，在线知识付费的商业价值是在老师与用户的互动中产生的，而非传统的单向传授知识。

（二）在线知识付费与在线教育的区别

在被知识付费现象中，在线教育成为典型。当知识付费概念提出后，人们将在线教育自动划分到知识付费领域里的现象有很多。实质上，在线教育与在线知识付费存在着本质区别。

首先，判断一家企业属不属于在线教育领域，最重要的维度是看它是否拥有自己的教学、教研和教务团队。也就是说，在线教育与传统教育机构一样，都有相似的教学体制。在线教育属于“互联网＋”思维下对传统教育的线上变革，其实质还是教学与学习，并有系统的教学机制。其次，在线教育的典型商业逻辑是拿着产品找流量，其平台建立的核心是一套完整的线上教学体系，有了教学体系再去寻找相应的受众。

在线知识付费并不像在线教育有着庞大的教学系统，它是在互联网本体中发展出来的，具有电子商务与新媒体属性特征；另外，其商业逻辑与在线教育正相反，在线知识付费平台企业是先有流量，再针对用户价值开发产品。

（三）在线知识付费与其他内容付费的区别

在线知识付费属于内容付费领域里的一个分支。线上音乐付费下载、付费阅读、在线付费影视剧、付费游戏、数据或信息的购买等都属于内容付费领域，但从内容特征上看，它们之间存在明显不同。

首先，在线知识付费与在线娱乐产品付费内容的功能属性本质不同。在线音乐、在线影视剧、线上游戏的道具升级购买等都属于娱乐休闲消费，而知识付费蕴含着行业经验、技能，强调高度的知识专业性。

其次，知识付费与购买数据或信息有着本质区别。知识付费体现了对知识的再加工，即用于解决知识付费用户的某些现实困惑，并满足其迫切的需要。这类知识凝聚着特定专业人群的智慧并带有创造性的精神劳动，而数据或信息是没有经过分析加工的内容。

（四）在线知识付费的界定

本书研究的在线知识付费属于狭义范围的概念，其本质是一种以挖掘、满足用户价值为核心的商业模式。它是基于移动社交网络，通过知识产品的形式向用户提供知识服务，并实现内容直接变现的商业过程。在线知识付费平台的组成要件可以分为“知识付费”与“在线平台”。其中，“知识付费”是核心机制，“在线平台”是实现载体和赋能因素，在线知识付费平台属于在新媒体基础上，针对内容生产、受众、传播方式在商业模式上的创新拓展。

本书所指的在线知识付费平台并不局限于独立的在线知识付费平台，如得到、在行一点、荔枝微课等，还包括了提供知识付费功能、开拓了在线知识付费业务的其他网络平台，如喜马拉雅、知乎、豆瓣、网易云音乐等。

第二节　研究的目的与意义

一、研究的目的

本书研究的目的是在相关理论研究的基础上，重新梳理与构建在技术、文化、社会环境等因素影响下所形成的新商业文明理念中的在线知识付费的商业模式逻辑与创新模型，具体探索如何将以用户为核心的思想融入在线知识付费平台商业模式创新模型，以及对其商业模式的评价中。最终，形成适合在线知识付费平台的创新模型以解决未来平台商业模式在创新、改进与优化上的问题，并对在线知识付费平台的持续价值创造与发展提出总体策略，以提高在线知识付费平台的市场竞争力。

二、研究的意义

在线知识付费平台商业模式研究，具有学术与现实应用的价值。从学术层面看，目前在线知识付费平台的商业模式研究还是主要以静态的总体特征的描述为主，如针对某具体平台的商业模式的描述，或对整体行业商业模式的类型划分等方面的简单论述，很少有研究对在线知识付费平台商业模式进行系统的、深入的研究。本书的研究可以改进现有研究以静态描述为主的现状，提高在线知识付费平台研究的理论性，以新的研究方法与理念思路来构建在线知识付费平台的商业模式创新模型。从实际应用层面看，本书的研究推动了在线知识付费平台在实际操作中的理论依据，构建的商业模式创新模型可以指导实践中平台对自身商业模式的优化与评价，包括通过用户价值的评价方法审视现存商业模式的问题，提高其商业模式对外界的快速反应力、调整力，在保障在线知识付费行业良性发展的同时，促进新媒体下的内容生产创新与传播模式创新等问题。

第三节 研究内容与研究方法

一、研究内容及结构安排

（一）我国在线知识付费平台商业模式发展的现状研究

针对国内在线知识付费行业在当今信息技术推动下的发展趋势，本书将采用专家调查法对当前行业内的市场定位（价值主张、目标用户）、经营系统（渠道、用户关系、价值配置、核心能力、合作伙伴网络）、盈利模式（成本结构、收入模式）、传播特性（主客体关系、传播特点）等维度进行信息采集和分析，对现行在线知识付费市场的发展状况做出梳理，在掌握其行业特点、传播方式、变化趋势及商业环境的基础上，为接下来的在线知识付费平台商业模式创新的驱动机理、商业逻辑等问题做出分析，对在线知识付费行业的商业模式创新提供全面、清晰的发展思路，同时，为接下来的商业模式创新模型的构建提供逻辑依据与基础的行业数据依据。

（二）在线知识付费平台商业模式逻辑与价值链体系研究

本书还将分析国内在线知识付费平台商业模式发展背后的驱动力及商业逻辑，以认清整个在线知识付费新兴行业背后的发展逻辑，为后面的论文提供基础的逻辑思想。另外，本书对在线知识付费平台价值链体系的构建，可以为每个价值创造的增值环节做出更清晰的判断，为后面商业模式创新要素的提取提供相应依据。

（三）在线知识付费平台商业模式的创新模型构建研究

通过对在线知识付费平台商业模式逻辑框架的分析，本书基于商业模式要素创新的途径，结合商业模式理论与实践调研，对在线知识付费平台的商业模式创新要素进行了分析与提取，构建了影响商业模式创新的要素指标体系。具体来说，即通过对行业的利益相关主体进行问卷调查及访谈，利用德尔菲专家调查法、模糊层次综合评价法对数据进行整理和分析，构建权重系数判断矩阵，确定各级指标系数的权重，筛选出影响在线知识付费平台商业模式创新的显著因素，以此对商业模式要素初始指标做进一步的修改与细化，并建立在线知识付费商业模式创新模型的顶层结构。对于商业模式创新模型的中间层，本书以用户价值作为在线知识付费平台商业模式创新的驱动力原则，具体包括了用户需求体验层与用户行为体验层两层，是商业模式创新的核心层。最后，本书通过在线知识付费平台的产品与服务的一系列特征，来形成内容构架层，以信息内容的方式将较为抽象的上两层内容具象化，构成了商业模式创新模型的基础层。以上四个层级共同构建起在线知识付费平台商业模式的创新模型，为在线知识付费平台商业模式的创新发展提供了理论依据，增强了其行业竞争优势。

（四）在线知识付费平台商业模式评价研究

依据用户价值为核心的主导思想，本书构建了在线知识付费平台用户价值影响因素的指标体系，通过用户价值的指标体系，在线知识付费平台可以判断其创造用户价值的情况，这也是衡量平台价值大小的关键影响指标。为了更好地将用户价值融入在线知识付费平台商业模式的优化，本书将用户价值的指标要素导入之前构建的在线知识付费平台商业模式创新模型的基础层，即内容构架层当中，分析研究了用户价值在内容构架层中与上两层的对应关系，并通过分析用户价值指标情况的做法，来评价商业模式中与其对应的相关要素作用情况，根据评价结果来推动在线知识付费平台商业模式的创新。同时，本书还用同样的方式对其商业模式进行日常的监控与审视，不断对正在运行的商业模式进行优化改进。

（五）在线知识付费平台商业模式创新策略研究

运用上述商业模式创新模型，本书将结合平台具有的媒体属性，从用户群、内容提供商、平台企业、股东和相关跨界合作方等市场参与主体的角度，针对不断变化的外部环境，提出具体的在线知识付费行业的商业创新发展策略，使其商业模式更具有开放性、适应性，以及对市场需求快速反应的能力。

本书将以传播学、传媒经济学、社会学、管理学、统计分析、创新理论等理论成果为基础，采取理论分析、定性研究与定量研究相结合的方法，研究在线知识付费平台的媒体传播属性、现有商业模式特征、相关指标体系的构建、商业模式创新模型构成、商业模式评估，以及相应的发展策略等问题。具体的研究思路方法如图 1.1 所示。

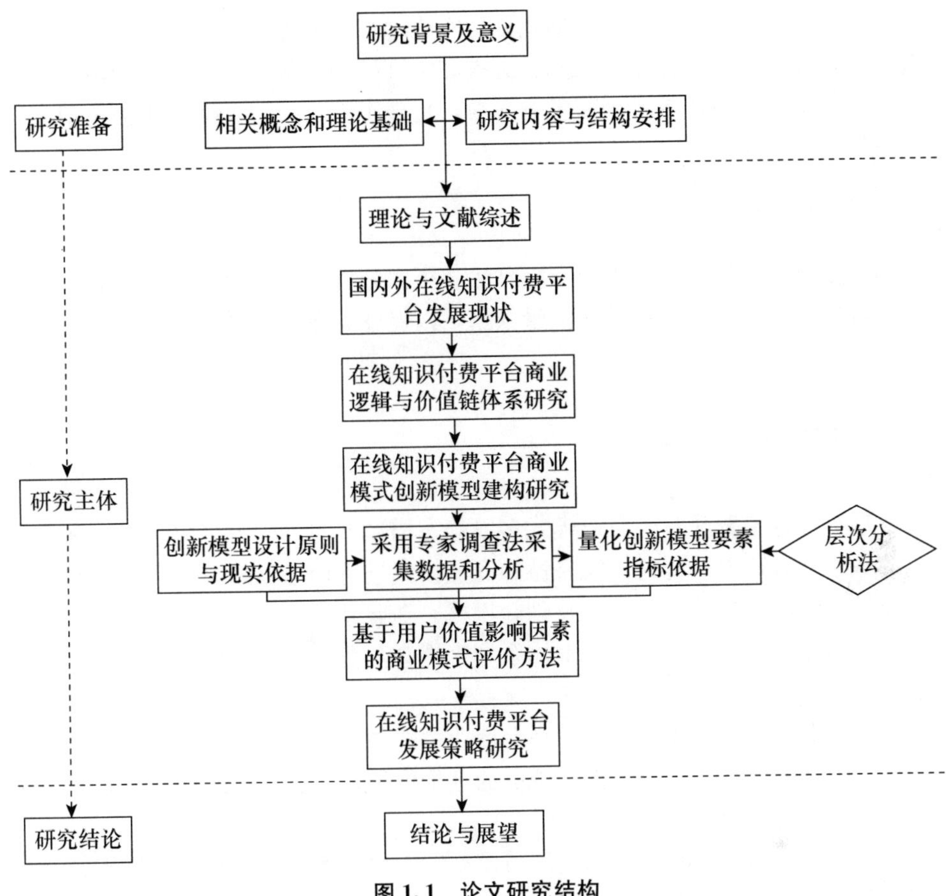

图 1.1 论文研究结构

二、研究方法

（一）理论研究

本书通过认真收集国内外有关在线知识付费行业的重要著作、论文、行业研究报告、政策，以及相关网络资料，基于文献研究和资料分析，展开深入的理论研究，厘清了在线知识付费行业的相关概念、特征，以及商业模式创新及其价值创造的理论依据。

（二）调查研究

除了运用问卷调查、深入访谈、行业会议等方法围绕在线知识付费行业的发展以及经营状况进行调查研究，本书还针对相关平台企业开展了广泛的数据采集与资料收集，以保障对行业商业模式创新实施现状、发展动态及现存问题的准确把握。在具有针对性的行业专家问卷调查和深度访谈的基础上，本书归纳提取了在线知识付费平台商业模式创新影响要素，构建了创新模型及建立用户价值指标体系下的商业模式评价方法。

（三）量化研究

本书在研究中将主要采用专家打分法、层次分析法等，为准确提取商业模型创新要素指标提供客观、科学的定量依据，以保证商业模式创新模式要素指标的有效性与可操作性。

三、研究的创新性

（1）本书将突破现有的商业模式多以静态描述式的分析为主的现状，在前人研究的基础上对知识平台的传播特性和商业模式进行动态、系统的研究，从而得到商业模式的创新要素指标，以及创新模式。在此基础上，本书还通过量化指标结果构成的在线知识付费平台要素体系，来提高商业模式创新模型实施的科学性与适应性。

（2）本书构建的在线知识付费平台商业模式创新模型，可作为其行业持续创新发展及为相关利益群体持续创造价值的理论依据，为优化在线知识付费平台发展战略起到重要作用。

（3）借助本书构建的商业模式创新模型与方法，融入在线知识付费平台用户价值指标因素，形成了以用户价值为核心的商业模式评价方法，以提高针对内容供给端、付费用户群、平台运营方等在线知识付费市场的参与主体价值创造的持续性，规范合理化现有的商业模式。本书弥补了新兴在线知识付费行业中对其商业模式系统研究尚未形成的缺陷，为在线知识付费行业的商业模式价值创新提供了新的策略性思路。

第四节　本章小结

本章阐述了本书的研究背景，包括选题的背景、问题的提出及论文研究对象的界定，并在此基础上提出了论文研究的目的与意义，确定了论文的研究内容与研究方法。

第二章 文献综述

第一节 商业模式创新理论研究

创新一直是推动经济增长和提高企业竞争力的关键因素，但在当今激烈的竞争、持续的全球化与产品商业化的社会环境下，仅仅注重产品、工艺创新已经无法满足企业竞争优势的持续，产品与工艺在行业中占据的原有突出地位正在被发生颠覆的商业环境所削弱。实证研究表明，商业模式创新比单纯的产品、工艺创新更具成功潜力。波士顿咨询公司曾在五年时间里持续调查研究，结果表明，商业模式创新要比产品、公益创新的收益高 6%。波士顿咨询公司与麻省理工学院斯隆商学院在 2013 年所做的研究显示，商业模式创新是推动可持续性创新成功的关键因素，有超过 60%公司的利润因此得以增加。现代管理学之父彼得·德鲁克曾经说："当今企业的竞争，不是产品之间的竞争，而是商业模式之间的竞争。商业模式的发展及创新将取代单纯的技术和产品创新，从而成为企业间竞争的最有力工具。"前时代华纳技术总裁迈克尔·邓恩（Michael Dunne）也说："相对于商业模式创新而言，高新技术创新反倒是次要的。在经营企业的过程当中，商业方法创新和商业模式创新比技术创新更重要，因为前者是企业能够立足的先决条件。"可见，对商业模式的研究早已成为现代企业管理的重要课题，在商业模式创新时代，能否运用恰当的创新型商业模式决定了企业未来发展的成败。商业模式创新的提出从创新理论角度来说，属于创新的新途径，它不亚于技术创新的重要程度。从研究顺序看，商业模式的概念、体系结构、分类方法等研究给商业模式创新提供了强有力的理论依据、分析工具和研究思路，而当今对商业模式的创新也成为商业模式研究的根本目的。

亚普·戈尔丁（2005）等国外学者通过研究大量的国外文献将商业模式的研究演变分为五个阶段：第一阶段，商业模式概念开始受到关注，许多学者提出商业模式的定义和分类；第二阶段，学者通过提出组成商业模式的元素来完善商业模式概念，但仅限于对商业模式组件的提出；第三阶段，对这些组件进行详细描述；第四阶段是商业模式构建阶段，将商业模式组件建模，形成商业模式本体，并对这些模型进行了严格的评估和测试；第五阶段是这些参照商业模式被应用于管理和信息系统中。

一、商业模式及商业模式创新的内涵

（一）商业模式的内涵

商业模式（Business Model）作为特定的管理名词，最早出现在1957年。当时，理查德·贝尔曼和克拉克发表的《论多阶段、多局中人商业博弈的建构》一文中首次明确提出了这个概念。1960年，琼斯又将商业模式一词用在其文章的标题与摘要里。但之后的几十年间，此概念并未受到理论界的重视，直到20世纪90年代中后期，互联网技术与计算机开始作为技术创新的手段进入市场，全球化、信息化的转变使企业的外部环境越发复杂，加之以硅谷为核心的互联网泡沫破裂，人们才加重了对商业模式的重视。商业模式直接关系到企业的成功与失败已经成为不争的事实，有关商业模式的问题得到了理论界的广泛重视。从2000年开始，商业模式作为独立理论领域得到了迅速的发展与进步。

对于商业模式的概念至今并未达成一致共识，众多研究者有着不同的理解与描述。国内学者原磊（2007）[1] 通过对国外众多商业模式定义归类，将商业模式概念发展分为四类，分别是经济类、运营类、战略类和整合类，如图2.1所示。经济类是简单地从企业的经济模式入手，其本质是企业获取利润的逻辑。以此为基础影响商业模式的变量包括收入来源、定价方法、成本结构、最优产量等，从这个角度对商业模式定义的研究者包括斯图尔特（2000）[2]、奥佛尔（2001）[3]。运营类将商业模式描述为企业的运营结构，即企业通过怎样的内部流程和基本构造设计来创造价值，其研究者包括蒂默（1998）[4]、马哈德万（2000）[5] 等。战略类的商业模式是对不同企业战略方向的总体考察，包括市场主张、组织行为、增长机会、竞争优势和可持续性等问题。这类研究者有林德（2000）[6]、威尔（2001）[7]、杜伯森·托贝（2002）[8] 等。整合类定义把商业模式描述为对企业商业系统如何良好运行的本质描述，即对企业经济模式、运营结构、战略方向的整合和提升。整合类的理论观点强调商业模式必须独一无二且无法模仿，这就要将前三种类型整合并建立一种协同关系。奥斯特瓦德（2005）[9] 通过对众多商业模式进行总结与筛选后指出，商业模式是一种建立在许多构成要素及其关系之上、用来说明特定企业商业逻辑的概念性工具，它可用来说明企业如何通过创造顾客价值、建立内部结构，以及与伙伴形成网络关系来开拓市场、传递价值、创造关系资本、获得利润并维持现金流。

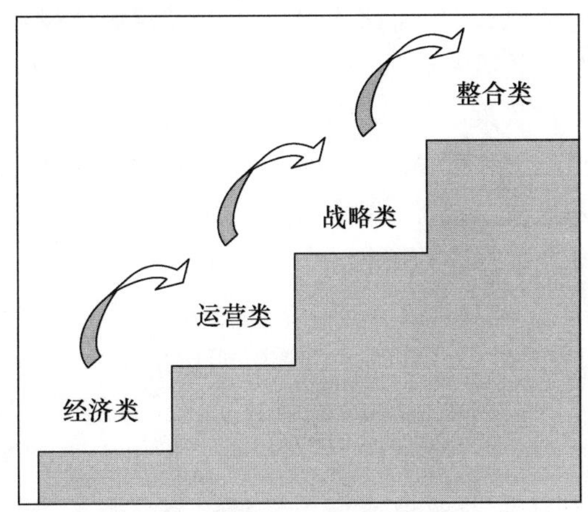

图 2.1　国外商业模式定义轨迹

国内学者对商业模式概念的研究也有大量成果，如荆林波（2001）[10] 从战略的层面分析了商业模式含义，他认为商业模式是为了满足目标群而采取的一系列整体战略组合。周永亮（2001）[11] 认为商业模式是一种价值创造的运行模式，是包括技术、人才、外部资源等各类要素的有机结合。曾楚宏等（2008）[12] 认为商业模式的本质是企业的价值创造，由企业所在产业价值链的定位、竞争优势，以及利润三方面来衡量。魏炜、朱武（2008）[13] 从理论与实践两个维度探究了什么是商业模式，他们认为商业模式就是相关利益群体的交易结构。罗珉（2015）[14] 在结合当今互联网环境下，给出了互联网商业模式的概念，他认为互联网时代的商业模式就是在充满不确定性且边界模糊的互联网下，通过供需双方形成社群平台，以实现其隔离机制来维护组织稳定和实现连接红利的模式群。

（二）商业模式创新的内涵

商业模式创新概念最早可以追溯到熊彼特的技术创新概念。1912 年，熊彼特在《经济发展理论》中提出“创新理论”，由此理论界普遍认为，以技术创新为代表的创新是推动经济发展的根本要素。熊彼特广义的技术创新包括产品创新、工艺创新、市场创新、供应来源创新和组织管理创新等方面，涉及企业管理的所有方面的创新。商业模式的创新属于范式创新，其中市场创新、供应来源创新和组织管理创新可以归为商业模式创新范畴，因为它们有别于产品创新和工艺创新这两种与产品的生产技术直接相关的狭义的技术创新。

对商业模式创新的重视，可以说是源于千禧年前后的互联网危机。在这次互联网泡沫破灭后，以世界互联网前沿发展阵地——硅谷为代表的大批互联网公司应声倒下。然而，像雅虎、亚马逊、易贝等互联网企业因为在复杂变化的商业环境中找到了独特的商业模式，他们不仅成功度过了这场危机，还发展成为后来的世界级互联网巨头。从政策和行业分析看，美国政府在 1998 年为了鼓励商业模式创新设置了专利保护政策。2006 年，IBM 公司在其发表的一篇关于全球 CEO 的调查报告中，得出三项“创新”的最新观点，其中一项就是商业模式创新为新市场的决胜关键，并且近三成的 CEO 表示将专注于商业模式创新，商业模式创新将有助于降低成本及增加企业弹性。[15]

陆雄文（2013）[16] 认为商业模式创新是改变企业价值创造的基本逻辑，是提升顾客价值和企业竞争力的活动，它既可能包括多个商业模式构成要素的变化，也可能包括要素间关系或者动力机制的变化。张越等（2014）[17] 认为商业模式创新是对复杂资源的最优化重组，是以创新逻辑实现有效的企业价值提升。米歇尔（2003）[18] 则认为商业模式创新是对产品与服务进行前所未有的更新，涉及四个商业模式构成要素的改进。切斯布洛（2010）[19] 提出商业模式创新就是将创意商业化，传递价值并获得利润。克劳斯（2017）[20] 则认为商业模式创新不只包含价值创造，还应延展到价值主张与价值获取的深层层面。

二、商业模式的体系结构分析

学者原磊从国外商业模式构成的相关研究出发，把国外商业模式构成研究分为三个不同阶段，如图 2.2 所示。第一阶段是对商业模式构成体系要素的简单罗列阶段。国外学者把各要素进行横向列举，彼此的重要程度没有区分，这类学者包括霍罗威茨（1996）、蒂默尔斯（1998）、彼德洛维奇等（2001）。第二阶段是对各个要素进行细节描述，更好地让企业了解有关商业模式的各个要素，帮助企业明确各要素的含义及需要注意的问题。与第一阶段的要素罗列相比，第二阶段的深入研究更能指引企业的实践，这类学者包括哈梅尔（2000）、奥佛尔等（2001）、威尔等（2001）、加特纳（2003）等。第三阶段是通过要素对商业模式进行网络建模，这一阶段打开了商业模式的“黑匣子”，将原本简单、孤立的要素描述进行了深入的逻辑关系研究，考虑了企业内外部因素关系，探究了要素之间的地位及相互影响关系。这一阶段就进入了商业模式定义的整合类概念的高度，如加特纳等（2001）[21] 构建了 e3-value 模型用于商业价值网络的建模，以及其可持续盈利能力研究等问题。这时的商业模式已经变得抽象复杂。

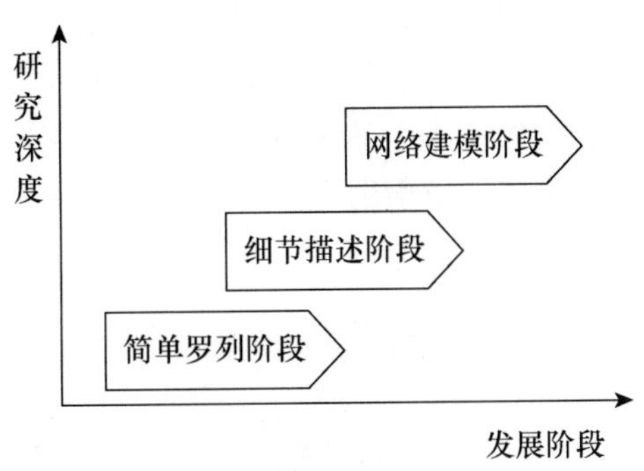

图 2.2 国外商业模式构成研究发展三阶段

与此同时，原磊在 22 种国外商业模式的基础上总结了所有提到的体系要素构成情况，商业模式要素构成数量从最少的 3 个到 9 个不等。商业模式共由 24 个要素组成，其中 15 个要素被不同研究者重复提到，分别是价值主张（12 次）、顾客界面/关系（8 次）、伙伴网络/角色（7 次）、内部结构/关联行为（6 次）、目标市场（5 次）。

其中，奥斯特瓦德等[22] 提出的商业模式构成要素最多。他从系统与整体角度将商业模式分为九个要素：客户细分、价值主张、渠道通路、客户关系、收入来源、核心资源、关键业务、重要合作与成本结构，并阐明了各组件之间的作用和影响关系。此外，他还提出了著名的商业模式画布理论，如图 2.3 所示，商业模式画布是一种商业模式分析工具，以上九个要素即这个工具的基础模块。

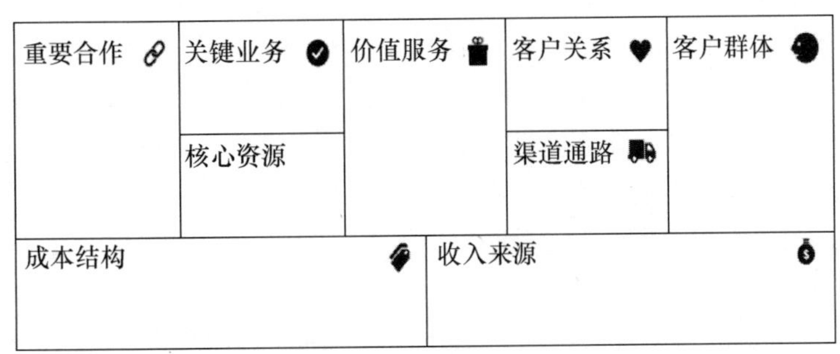

图 2.3 商业模式画布

加斯曼等（2014）[23] 则认为商业模式体系是由客户、价值主张、价值链与盈利机制四部分构成，即商业模式定义了谁是企业的客户、卖什么产品、如何生产产品，以及公司为什么能够盈利等，并将商业模式四维度的组成结构以图 2.4 所示的“神奇三角”的图解形式表现出来。艾肯布兰特在商业模式画布的理论基础上，发展得出人的思维是线性的，并不能同时处理九个元素，并由此概括出五个要素，包括价值主张、细分客户、关键资源、成本结构与收益结构的商业模式蝴蝶框架。穆塔兹等就移动服务类型的企业提出四个商业模式的构成要素，即价值主张、价值构架、价值网络和价值财务，根据这四个要素得出的商业模式设计被称为 V4（函数形式）商业模式。

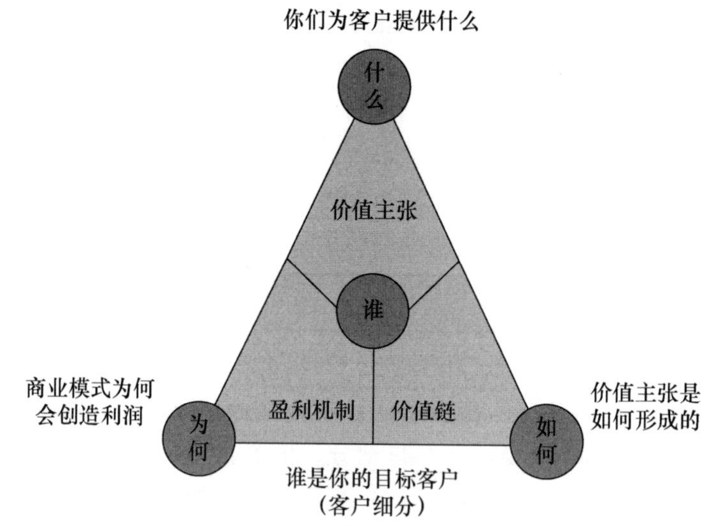

图 2.4 商业模式四维度结构图

国内学者翁君奕（2004）[24] 基于商务模式的概念，将客户界面、内部构造和伙伴界面划分为核心界面，其要素的有机组合构成商务模式；将平台界面和顶板界面划为关联界面，顶板界面反映的是竞争对手、替代品提供商等，平台界面反映的是基础技术、法规政策、宏观经济、社会挂念等，他认为商业模式的组分包括价值对象、价值内容、价值提供、价值回收。曾涛（2006）[25] 提出的商业模式构成包括价值对象、价值主张、价值实现方式、内部构造、资源配置、价值潜力、关联性维度，而关联性维度则包括环境、技术、规模、组织文化、商业伦理道德。刘湘蓉（2018）[26] 构建了移动社交的电商商业模式结构体系，主要围绕用户、目标市场、产品和服务等五个要素，考察了基于移动社交的现代商业模式的结构特征。魏炜等（2010）[27] 认为商业模式体系包括定位、业务系统、关键资源能力、盈利模式、自由现金流结构和企业价值六个方面。方志远（2012）[28] 则提出了由业务模块、运作模块、盈利模块三大模块、九个方面组成的商业模式要素模型。张越等（2014）[29] 以商业模式创新概念为基础，具体分析了商业模式的构成要素，将商业模式的构成要素分为目标市场、企业运营流程、核心产品、企业价值分配原则和企业价值链结构，进而分析了商业模式的创新机理，通过原始创新、模仿创新到诱发创新，研究了商业模式的创新路径。

随着互联网时代对传统商业模式的影响逐渐深入，国内外学者也开始结合新型环境对商业模式的结构体系提出新的概念与阐释。比如，罗珉（2015）[30] 在提出互联网商业模式概念的基础上，总结了互联网时代下商业模式逻辑的新元素，其中包括五个关键性要素：社群、平台、跨界、资源聚合与产品设计。而国外的学者乌麦尔·哈克[31] 则更加系统地阐释了互联网时代形成新商业文明后新型商业模式的核心要素与商业观点。面对商业环境的变化，乌麦尔·哈克还针对工业时代的商业模式思维提出了在互联网推动下形成的新商业文明环境中的商业模式思维转变。乌麦尔·哈克认为，新商业文明里存在一种更好的商业模式，这样的商业模式应具有损耗优势、响应性、弹性和创造力四大要素特征，相对应的要素分别是价值循环、价值对话、价值创造、市场完善。它们共同构成了 21 世纪的新型商业模式要素特征，企业在这四大要素的基础上，围绕用户价值创造最大化可以形成建设型的经济基础，以此带来顶层的企业战略与优势竞争力。第一个要素是价值循环。具体来说，损耗优势特征体现在商业模式从价值链到价值循环的思维转变上。价值链强调的是传统商业模式中的竞争性公司、采购方、供应商、合伙人等，而在这样的价值链下，企业往往以成本优势指标来考量其运营效率。但乌麦尔·哈克指出，单依靠提升运营效率会导致对一系列隐形成本的忽视，如环境成本、人力成本、社会成本等。剑桥经济学家阿瑟·赛斯尔·庇古将这类隐形成本的影响称为外部效应或溢出效应，相关学者还有麻省理工学院的彼得·圣吉，他也将隐形成本引入对企业组织的分析；还有可持续性思想的领军学者保罗·霍肯等指出了这些成本对自然界的影响；诺贝尔奖获得者约瑟夫·斯蒂格利茨等研究了这些成本在宏观经济层面上引起的后果。这类学者在研究中都深刻体现着一种洞见，即“当整个范围内的成本没有得到最小化，一种价值只是被另一种价值所代替。你在一方面降低的成本可能会以另一种方式增加，如工厂污染河水、汽车尾气污染、食物引起的健康问题等。在单纯追求运营效率的过程中，会出现太多的资源掠夺，甚至造成资源枯竭”。在此基础上，乌麦尔·哈克提出，21 世纪的新型商业模式应降低企业的损耗优势来创造厚价值，并提出了价值循环体系的创新理论。价值循环体系主要包括再上市、再生产、反向物流与循环流动四方面，创造的是一种更好的效率模式。再上市是企业通过分析正在消耗的资源，判断哪些资源是可以重复利用的，以保证在价值循环中不掺杂进无法被回收、再利用或更改用途的东西。再生产是在再上市的基础上建立的一种循环生产模式，企业一旦形成稳固的循环生产模式，利润空间就会迅速提升。价值循环的第三个方面是反向物流。最高效的价值循环路径一定是最短的，要让生产环节尽量靠近消费，同时，开发价值体系时必须建立一种反向物流，保证企业与消费者的双向流动，以进行再制造。循环流动包括两个评价维度：一是循环体系运动的驱动力；二是循环体系的运动方向。价值循环体系应以需求为驱动力，需求带动了价值循环的同时，价值循环的方向应向后滚动，让消费者拉动资源的投入生产。在这个价值循环体系构成的循环经济中，其激励机制是平均成本的降低，这种降低不是体现在产品层面，而是体现在原材料被反复使用和循环的次数上。

第二个要素是价值对话，通过价值对话，企业可以获得良好的响应性。乌麦尔·哈克认为，价值对话能够提高价值循环的速度、准确性和灵活性。响应性是将消费者被动接受的价值主张转变成民主性的价值对话，具有了响应性，企业就对复杂变化的外部环境具有了自然反映的能力。价值对话由四个方面组成：参与、慎重、联系、异议，将它们统一起来的价值对话机制会带来决策的灵活度，从而实现企业的管理灵活性，即一种新型的经营/运营模式。具体来说，参与是在价值主张的基础上以董事会、股东为核心来做企业决策的管理模式，其颠覆为一种民主的、由个人和社群参与的决策方式，是领导层转向社群的决策权利转换。在此模式中，社群中的每个人共同完成决策，由公众参与推动生产，企业的知识从外向内流动并起决定作用，重塑了决策过程，这种决策权的下放会增加企业的响应性能力。如何让这种参与式决策过程成为常态，是企业在管理模式上创新更迭的保证，公众参与式的企业决策才能最终创造真正的价值。价值对话的第二个方面——慎重，是指公众的参与不能是一种无效信息的评论，而应是具有责任心的参与者在激烈讨论与思想碰撞下的决策参与，管理决策的灵活性会大大降低企业的经营成本。价值对话的第三个方面——联系，是指企业对公众自由对话的公共空间的建设，公众参与讨论的自由是因为人们获得了联系的自由，公共空间的自由联系、身份透明等功能性的开放是企业与消费者之间建立信任与友好关系的保障。第四个方面的异议，是指公众的否决权，否决是有效对话的显著特征，是资源有效分配的保障。否决权从依赖市场信号转变为公众参与，是以最快、最准确的方式反映那些无法为消费者带来益处的产品，而绕过了市场验证的过程，这种机制在经济上有效地降低了企业的经济损失。总之，这个阶段的价值对话替代了以产品为中心的价值主张。

第三个要素——弹性，是指企业获得的一种战略哲学，它强调价值创造这一基本原则，而不是以价值攫取为目的的战略规划。乌麦尔·哈克认为，大多数企业都有自己的竞争战略，但很少具备发展的哲学，即一种制度上的创新。制度创新体现在一系列企业坚持的基本原则上，是建立在企业对竞争的重新认识之上的。

创建企业哲学需要经过两个阶段：理解与整合。企业要做到制度上的创新，首先要理解现实，即要先了解企业中存在的矛盾问题，如企业是以创造厚价值为目标，还是以阻止其他竞争对手创造价值为目标。整合是创建企业哲学的第二步，是基于了解现实问题的情况而建立企业的基本原则。基本原则是要明确企业如何创造厚价值，而不是组织其他竞争者创造价值。对竞争的重新认识可以让企业走出传统竞争模式的桎梏，让企业的服务和商业模式避免处于不公平的竞争。

最后一个要素是创造力，它意味着创造传统企业无法触及的新行业和新市场，完善市场机制的一种能力。乌麦尔·哈克提出以超越、微观化、宏观化和简洁四种途径来推进市场的完善。

三、商业模式的主要类型划分

互联网对商业模式产生了巨大影响，尤其是对工业时代商业模式的颠覆与重构，带来了商业文明与商业环境的全新变革。此部分将依据加斯曼《商业模式创新设计大全》一书中总结梳理的55种商业模式，结合在线知识付费平台商业模式特征与当今市场中的主要商业模式类型，侧重梳理以下几类商业模式类型作为互联网时代商业模式创新的典型模式。见表2.1。

表2.1　十一种商业模式汇总

商业模式类型	公司案例	模式描述
平台型商业模式	高朋网/亚马逊/美团	平台型商业模式的核心是打造足够大的平台，产品更为多元化和多样化，更加重视用户体验和产品的闭环设计。平台可以让所有的用户参与进来，实现企业和用户之间的零距离；可以建立一个商业生态网络来满足用户的个性化需求；可以以最快速度汇聚资源，满足用户多元化的个性化需求。平台模式的精髓在于打造多方共赢互利的生态圈
开放式创新型商业模式	InnoCentive/维尔福软件公司	开放式创新商业模式主要在于如何将外界各方纳入企业自身的价值链生产，成功的开放创新是企业获得未来收入与竞争优势的关键因素。开放式创新可以提高企业效率及对新市场份额的占领，确保企业的战略优势
开源创新型商业模式	维基百科	开源创新型商业模式的产品或服务是通过公共社区的形式产生头脑风暴式的集体智慧的成果，它一般创造间接收益而非直接获益。其在线平台的协作创新，不仅保证了创新的持续性，更降低了研发等企业创新的成本

续表

商业模式类型	公司案例	模式描述
用户设计模式	无线T恤公司/Ponoko	在用户设计模式中，顾客具有消费者与设计者的双重属性身份，企业在支持顾客设计创造获利的同时，也为消费者实现了自己的创业理想
长尾模式	苹果商店/YouTube	长尾模式为企业创造出另一种收入来源，同时赋予消费者独特好处，即在广泛的产品体系里找到能够满足个人需求的产品。概念描述了媒体行业从面向大量用户销售少数拳头产品，到销售庞大数量的利基产品转变，虽然每种利基产品相对而言只产生小额销售量，但利基产品销售总额可与传统面向大量用户销售少数拳头产品的销售模式媲美。长尾模式通过C2B实现大规模个性化定制，核心是“多款少量”，它需要低库存成本和强大的平台，并使得利基产品对于兴趣买家来说容易获得
订购型商业模式	Salesforce/The Information	订购型商业模式通过付月费、年费等形式减少了多次购买带来的不便，以规律的周期频次为消费者提供服务。订购意味着消费者在未来一段时间会重复购买企业的产品与服务，这不仅可以使消费者享受规律性的服务，同时减少了多次购买的总体费用
P2P式商业模式	易贝/领英/爱彼迎	P2P式商业模式通常指个体之间的交易，组织机构只起到中间人的作用。此模式的应用可以对在线社区发挥有效作用，其核心原则是增加产品或服务的边际效用，产生强循环效果
按需付费商业模式	微信打赏/“电台司令”	在按需付费的商业模式中，产品或服务的价格由消费者来决定，企业会提供指导价格让消费者参考。此模式适用于边际成本低的市场，其市场中买卖双方的关系也最为紧密。其商业模式假设是消费者有能力在了解产品或服务价值的基础上进行理性消费，并给出合理价格
收入共享型商业模式	苹果公司	收入共享型商业模式是指企业、组织机构或个体合作分享收入的模式。该模式可以有效降低分销成本，与利益相关体分担风险，是一种双赢的共生关系
客户数据杠杆化商业模式	亚马逊/阿里巴巴	数据潜力与价值链类似，客户数据杠杆化模式的核心凸显的是价值的创造过程，用户数据成为产生未来利润的重要资源。现在各行业都在使用大数据，在其基础上的杠杆化商业模式能帮助企业维持竞争优势，发掘企业潜在能力，实时分析市场并进行有针对性的宣传推广等

续表

商业模式类型	公司案例	模式描述
罗宾汉式商业模式	托马斯鞋业公司	罗宾汉式商业模式能迅速帮助企业与低收入消费者建立起强大持续的关系，其发展的核心驱动力是企业的社会责任感，主要表现为取之富者，施之贫者的商业逻辑
数字化商业模式	琼斯国际大学	数字化商业模式是在连接起多个智能终端的基础上，通过技术而带来的数字化服务，即把实际的产品数字化。美国琼斯国际大学就提供了网络远程学习，包括本科、硕士与博士学位的项目。这些课程为那些地处偏远地区的学生或兼职的学生提供了极大的灵活性，课程形式有聊天室、论坛、电子邮件等线上学习方式
电子商务商业模式	亚马逊	电子商务商业模式是随着电脑与互联网的普及才得以广泛出现的，它主要是指通过电子系统进行产品与服务的销售与购买。它降低了相关的运营费用，方便了消费者针对产品与服务的比较，且消除了时间与旅行成本，消费者也能以低价买进
免费增值模式	讯佳普、领英	以互联网服务为基础的数字化是促进免费增值模式发展并实际应用到市场的主要因素。此商业模式包含两部分含义：在免费产品与服务的基础版本上，提供高级版本的收费产品与服务。这类商业模式绩效指标以转化率为主
双边市场模式	爱彼迎	双边市场模式（Two Sided Market），是指通过平台或中介来促进两个互补的组织或群组之间进行良好的互动，并以此谋求共同利益。双边市场模式的核心是其产生的“间接网络效应”，即越多人使用某个平台，那么这个平台对另一群人的价值与吸引力则越大

第一种类型——平台型商业模式。早在 600 多年前出现的证券交易所就是双边市场概念的运用之一，其连接两个或多个群体，以提供双方或多方的互动机制来满足所有群体的需求并从中获利。[32] 平台型商业模式的核心理念是“间接网络效应”，即一个群体中有更多人使用其平台，那么这个平台对另一群体的吸引力就会越大。因此，如何将平台间接网络效应最大化成为运营平台的关键问题，它将让更多用户群所形成的多边市场成为可能。多边市场的参与者不是所有都需要付费，如谷歌的搜索引擎将搜索用户、广告商与网站运营商分为三边市场，用户免费享受搜索服务，而平台收取广告商的费用来获取利润。此模式目前已被应用于多种商业模式的创新，如连接司机与乘客的滴滴、优步，连接房主与房客的

爱彼迎等。平台型商业模式创造价值的逻辑是以“连接”再“聚合”的方式降低各个平台参与方的交易成本，促使网络效应发生作用。[33] 将一方联系起来的多边商业模式实际适合所有企业，但首先要了解的是相关利益者及如何将这些人联系在一起，在此基础上以进行多边商业模式的创新。

第二种类型——开放式创新型商业模式（Open Business）。从模式起源看，开放式创新型商业模式是亨利·切萨布鲁夫在2006年针对封闭商业模式提出的，这种模式即改变企业封闭创新的做法，让知识在企业内外部自由流动，充分利用与其他企业潜在的合作机会与创新能力。开放式创新模式通常是在企业商业逻辑发生范式转换的基础上进行的，开放性是指企业让外部合作者参与到自身原本封闭的价值创造过程中，其价值创造活动的合作方式基本倾向于从本质上改变传统的客户与供应商之间的关系理念。开放式创新理念下，企业致力于发现潜在合作伙伴以提供小众化产品，需要对价值创造过程进行系统识别，即鉴别合作方能否贡献其资源或能否创造性地使用现有资源创造价值的环节。企业应用开放式创新方式寻求更有效率的创新流程，如创新中心众包网络平台面向全世界所有研究者开放，在这里，这些专家学者可以分享提供自己的智慧与知识，平台通过网络悬赏的方式为各企业提供创新问题的解决方案。平台汇聚了全球的专家，服务于190多个国家，悬赏金额从5 000美元到10万美元不等。再如，美国的维尔福软件公司在电子游戏的开发与分销上都采用了开放式创新模式，此模式为公司创造了超过30亿美元的价值。从游戏开放上看，公司通过开放模式给具有技术优势的所有人提供创造游戏模式的服务，建立了良好的商业生态系统并开发了最受欢迎的游戏《反恐精英》；从游戏发行平台上看，维尔福软件公司打破了原有的保护封闭状态，将开放式创新模式应用到其Steam运营中，让所有游戏开发商都可以利用平台销售产品，而公司则从中获得10%—40%的佣金。目前，平台为游戏行业从业者，如开发商、游戏工作室提供服务，并可以自由下载2 000多款游戏。开放式创新型商业模式主要在于如何将外界各方纳入企业自身的价值链生产，成功的开放创新是企业获得未来收入与竞争优势的关键因素。

第三种类型——开源创新型商业模式（Open Source）。开源创新型商业模式起源于软件行业，其特点是产品并非由一家企业生产，而是通过公共社区的形式产生头脑风暴式的集体智慧的成果，其重大优势在于独立投资人可以自由地创造价值来发展。因此，其产品特点也以免费使用为主，主要是以在此模式基础上提供的免费产品、服务来创造间接收益，而非直接获益。应用开源创新型商业模式的典型企业如维基百科，其内容条目都由世界各地的普通用户编写而成，在此基础上，用户还可以进行不断的编辑修改。在线平台通过协作创新，不仅保证了创新的持续性，更降低了研发等企业创新的成本。一般来说，分享资源、企业风险等创造的用户公共社区可以使企业获得竞争优势，社区内的用户通常也是消费者。

第四种类型——用户设计模式（User Design）。在用户设计模式中，顾客具有消费者与设计者的双重属性身份，企业在支持顾客设计创造获利的同时，也为消费者实现了自己的创业理想，如在线平台为消费者提供设计、营销推广渠道等帮助服务，企业再从交易中收取一定的费用。用户设计最关键的优势在于，如果企业能顺利帮助消费者开发创造力，就不用再投资于产品研发。企业在此模式中要强调与消费者之间的合作与沟通，通过对用户参与创作投入的有效整合，提升产品服务质量，增加消费者的价值感知。因此，用户设计模式需要企业建立有效机制让用户不断参与到其价值创造的过程当中。如今，用户设计模式得到了各行业的广泛应用，并成为商业模式创新的一个重要使用模式，如著名玩具企业乐高通过构建在线玩具的设计、生产和销售平台，鼓励并直接采用用户的创意与想法进行玩具生产，在用户设定产品方面大获成功。这种方式灵活且有效，让用户参与到平台的内容生产制作链条，不仅给平台提供了新鲜血液，更增加了用户黏性，用户不再仅仅是平台的使用者、消费者，更成了平台内容生产的参与者。同时，它也迎合了当今社交网络人们日益增长的互动性需求，表现为用户对平台内容的创意、评论、转发、点赞等互动行为，如一些直播的知识付费内容，其讲座者会根据用户的想法来确定内容的主题。这是一种非常有效、灵活的内容生产方式，给平台带来了全新的、独具创意的内容，构建了良好的用户关系。

第五种类型——长尾模式（Long Tail）。长尾模式是由克里斯·安德森所提出，其在互联网领域取得了显著成就。它的数字化存储大大减少了利基产品的分销成本，实现了企业对分销成本的高效管理。长尾模式的特点是专门供应销量小却品种丰富的产品，其形态与经典的“二八原则”不同，后者认为企业约80%的利润来自20%的产品，但在长尾市场中，大众产品与利基产品的利润相等同，甚至超过大众产品。长尾模式为企业创造出另一种收入来源，同时赋予消费者独特好处，即在广泛的产品体系里找到能够满足个人需求的产品，如针对消费者习惯与行为而设的搜索引擎、推荐系统等可以有效帮助消费者找到所需品。创建于1994年的在线零售商亚马逊和创建于1995年的网上交易平台易贝、苹果iTunes与App商店、YouTube等都是应用长尾模式获得成功的典型案例。亚马逊公司40%的营业收入来自线上图书销售，其线上图书带来的利基产品的长尾效应带来了价值可观的收益流。苹果iTunes提供的海量音乐选择，为苹果公司带来了巨额利润，还赢得了顾客忠诚度，其音乐软件共售出250亿首歌曲。从这些案例可以看出，长尾模式针对提供高度专业化和个性化的产品尤其有效。

第六种类型——订购型商业模式。订购型商业模式主要针对多频次购买所带来购买成本的提高，如消耗购买搜索产品或服务的时间与金钱。而订购模式通过付月费、年费等形式减少了多次购买带来的不便，以规律的周期频次为消费者提供服务。订购意味着消费者在未来一段时间会重复购买企业的产品与服务，这不仅可以使消费者享受规律性的服务，同时减少了多次购买的总体费用。比如，企业会为订购付费设计折扣价格，或让消费者享受额外的增值服务等。订购模式是在 17 世纪的德国书商中被第一次应用，当时主要是为了评估书籍需求量大小，以使销售收入覆盖生产成本。从此，订购模式得到报纸与杂志等出版商行业的广泛应用。互联网时代下，依据订购型商业模式的创新有很多，以基于云计算的 Salesforce 公司为例，它是根据用户需求以订购包模式为客户提供个人化的软件服务，并让客户享受线上升级服务，而不是高成本地为客户定制方案。与传统一次性收费不同的是，订购模式可以让企业获得稳定的业务收益与用户保有率，从而获得针对财务状况制定针对性商业行为的有效评估能力之一。美国内容付费领域最为成功的 The Information 公司就通过付年费等形式，创新出内容订阅模式，为消费者提供有效服务的同时获得了优异的经济效益。鼓励消费者定期消费企业的产品或服务，订购模式是最佳的商业选择，但其需要向消费者提供附加值，如节省时间金钱、有持续可用性或可降低消费者购买产品的风险等。

第七种类型——P2P 式商业模式（Peer to Peer）。P2P 式商业模式在 20 世纪 90 年代就已初具规模，它通常指个体之间的交易。互联网是推动 P2P 模式快速发展的核心驱动力，组织机构只起到中间人的作用，中间组织对交易的有效管理，如整个交易过程的交易有效，成为社区关系的纽带。P2P 模式的主要优势体现在实现了用户个人物品或服务商品化的同时还满足了用户社交价值的需求。典型应用企业易贝通过 P2P 模式，处理着世界各地的日均百万级体量的拍卖交易活动。随着互联网的深入发展，众多企业开始涉及 P2P 模式的电子商务领域。此模式的应用可以对在线社区发挥有效作用，其核心原则是增加产品或服务的边际效用。在 P2P 建构的网络中，用户对新用户具有极大吸引力，可以产生强循环效果。

第八种类型——按需付费商业模式（Pay What You Want）。在按需付费的商业模式中，产品或服务的价格由消费者来决定，企业会提供指导价格让消费者参考。此模式适用于边际成本低的市场，其市场中买卖双方的关系也最为紧密。按需付费商业模式其实早已出现，如给服务生或街头艺人等的小费，或当今的内容打赏等，都属于按需付费的商业模式。此模式的优势在于，能为企业带来积极、正面的社会效益，并因此带来客户的显著增长。采用此模式最著名的案例为英国摇滚乐队“电台司令”，他们在 2007 年推出《彩虹之中》专辑，并决定由歌迷自行决定购买方式与购买价格。虽然专辑最终出价低于市场价，但其下载量远超过乐队之前所有专辑的总量，他们也因此名声大噪。一般企业不会让所有产品或服务都采用这类模式，而是会选择部分产品或服务使用其模式。通常情况下，按需付费的商业模式是假设消费者有能力在了解产品或服务价值的基础上进行理性消费，并给出合理价格。而企业也可以通过激励机制让消费者给出较高价格，如出价高于平均价格的消费者可以获得奖励，被企业公示出来等。

第九种类型——收入共享型商业模式（Revenue Sharing)。收入共享型商业模式是指企业、组织机构或个体合作分享收入的模式。该模式可以有效降低分销成本，与利益相关体分担风险，是一种双赢的共生关系。比如，在线服务供应商苹果公司在其经营的 iTunes、应用商店通过苹果在线平台为电子产品制造商、唱片公司等提供分销，无论是应用软件开发者或是艺术家通过平台上传自己的作品，每次用户下载后，他们都能按一定比例分享收入，平台为协同效应发挥提供了充足的线上空间。随着互联网商业环境的巨大变化，价值链变得细碎、开放、独立，收入共享型商业模式的应用将对企业发展战略起到越来越重要的作用。之于我们国内在线市场而言，快手平台打赏、直播带货等形式所产生的平台与主播的共享收入，B 站的“激励计划”等，移动平台里都有采用收入共享的商业模式。

第十种类型——客户数据杠杆化商业模式（Leverage Customer Data)。随着信息科技的发展，数据开始被称为“新的石油”，“大数据”被用来描述庞大的数据库。目前，分析数据的方法都属于数据挖掘的范畴，数据潜力与价值链类似，客户数据杠杆化模式的核心凸显的就是价值的创造过程，用户数据成为产生未来利润的重要资源。现在各行业都在使用大数据，在其基础上的杠杆化商业模式能帮助企业维持竞争优势，发掘企业潜在能力，实时分析市场并进行有针对性的宣传推广等。对此模式的应用是亚马逊公司获得成功的重要因素之一。由于获得一个新客户的成本比保持一个满意客户需要的投入高五倍，因此，亚马逊更注重对现有用户的了解。亚马逊通过销售数据分析产品与用户之间的关系，了解哪些消费能够促成消费者后续的购买行为，从而做到个性化推荐或专门定制网页，促使消费者进行冲动消费。消费者在线的交易行为产生的大量数字化痕迹，为企业带来数据的同时也可以创造价值，但企业还要考虑利用这些隐私数据是否会失去用户或破坏业务与用户的关系。如今，用户越来越警惕个人数据被挪用，如当美国应用社交软件 Whats App 用户得知其与脸谱网的背后信息交易后，有三分之一的软件用户考虑放弃这一应用服务。

第十一种类型——罗宾汉式商业模式（Robin Hood)。罗宾汉式商业模式能迅速帮助企业与低收入消费者建立起强大持续的关系，其发展的核心驱动力是企业的社会责任感，主要表现为取之富者，施之贫者的商业逻辑。该模式的主要目标一是提高企业的社会声誉，二是作为一种有价值的战略获得未来可观的销售量。一个核心市场在具有大量稳固客户的基础上，要能够配置一些资源为客户提供产品，或将产品的改进版以较低价格卖给低收入客户，而罗宾汉商业模式则效果更加显著。依靠此模式开发出适合自己的创新型商业模式的成功企业有印度的亚拉文眼科医院、托马斯鞋业公司、瓦尔比派克眼镜公司等。

第十二种类型——数字化商业模式。数字化商业模式就是把实际的产品数字化，因此，互联网，尤其是移动互联网的发展为商业模式带来了巨大的影响。它把实体中的产品或者服务转化成了一个数字产品或云端服务，这不仅省去了存放实体的库仓，降低了各类实体费用，也使配送、产品的生产更加合理有效。例如，实体租赁店中提供的DVD影碟等，通过互联网转为在线视频观看服务，这其中以美国奈飞网最为典型。同时，数字化还创造并满足了之前传统销售模式无法提供的服务，如随时随地的任意消费与产品生产，它引导并创造着全新的业务供应。如今，产品与服务的数字化正在快速地补充甚至是替代传统的生产销售模式。可以说，数字化商业模式是当今所有行业商业模式的共有模式，它与其他商业模式类型紧密相连。其中，在线知识付费就是典型的数字化商业模式，无论是文字、图片、音频还是视频，它提供的所有产品与服务都是以数字形态呈现的，而实体产品更多的是辅助线上产品的衍生品。从模式的起源看，数字产品与服务是在20世纪80年代初，由一家银行所提供的电子服务创造而来的，这些服务最初以电话线路连接终端并传输数据。直到90年代，宽带技术被发明出来，数字化才真正得以加速与发展，并开始从组织、企业、政府的服务转向个人的服务。互联网式的用户应用界面、浏览器等技术的发展，让大量的互联网服务成为现实。例如，较早进行网络服务的美国高校广播站，在美国北卡罗来纳州获得营业执照后，其很多节目就尝试了在互联网平台上播出，而在北卡罗来纳州其他地区的听众也接收到了电台的节目。又如，最早使用数字化商业模式的网络电子邮件服务的供应商——Hotmail，它的服务包括提供一定限度的电子邮件存储能力，如果客户想要使用优质服务，如扩大存储容量、去除广告等，那就必须要付费。而通过向高级用户收费，向普通用户提供Hotmail账户的服务费用成本几乎就可以忽略不计。再如，美国琼斯国际大学，它提供在线教育与商业类资历证书的教育，包括本科、硕士与博士学位的项目。这些课程为那些地处偏远地区的学生或兼职的学生提供了极大的灵活性，课程形式有聊天室、论坛、电子邮件等线上学习方式。而这类线上课程如今也以慕课的形式广为存在，如哈佛大学、麻省理工这类知名院校都有很成熟的慕课体系。社交类的线上产品如脸谱网，它代表着国际上最大的社交平台，从命名便能感受到一种实体中的同学录的感觉。也正因如此，脸谱网是一个实体物品的数字化再现。随着5G技术的进一步发展，物联网会在未来大数据、人工智能的基础上得到迅猛发展，而实体产品将变为数据上传到网络中，从而变得更加智能化、网络化，成为连接与有效利用社会资源的重要途径。而数字商业模式最具有优势性的地方是边际成本逐渐趋于零，不仅设备能按需自动运转，同时能实现产品与服务的无线扩大。因此，数字商业模式是在连接多智能终端的基础上，通过技术而带来的数字化服务。

第十三种类型——电子商务商业模式。电子商务商业模式是随着电脑与互联网的普及才得以广泛出现的，它主要是指通过电子系统进行产品与服务的销售与购买。它降低了相关的运营费用，方便了消费者针对产品与服务的比较，且消除了时间与旅行成本，消费者也能以低价买进。但是，消费者在收到实体产品前实际购买的是一个虚拟产品，这里存在一个缺点就是消费者无法在购买前评测虚拟的产品。这就要求产品售卖方要尽可能清楚地展现产品，并形成完善的售后服务。亚马逊是将电子商务商业模式发挥到极致的互联网公司，贝索斯通过搭建电子商务平台，使亚马逊通过运用电子商业模式构建了综合订购和销售体系，并通过在线平台将这一套系统提供给其他零售商。国内运用电子商务商业模式最为典型的代表是淘宝网，其愿景“让天下没有难做的生意”不仅体现了 B2C 的线上模式，给消费者与售卖方建立了联系，同时更表现出了 B2B 的商业模式。如今，很多公司采购部门都依赖 B2B 模式，B2B 增加了采购过程的透明度，使交易成本得以降低。当前，电子商务商业模式已经成为互联网商业模式的基础模式，它让每一笔交易都实现了在线完成。

第十四种类型——免费增值模式。以互联网服务为基础的数字化是促进免费增值模式发展并实际应用到市场的主要因素，它使得大量产品免费再生产，并以最低价格进行销售。在线知识付费的商业模式创新正是采用了这种免费增值模式，其数字化的内容生产形式不仅给这些平台企业带来了边际成本趋近于零的成本结构优势，还让他们享受到了外部网络效益的益处。免费增值模式包含两部分含义：在免费产品与服务的基础版本上，提供高级版本的收费产品与服务。免费有利于企业在初始阶段建立用户群体，从而在此基础上培养或吸引出愿意为之付费的用户群。不难看出，免费增值模式有一个关键阶段，即从免费到付费的用户转换阶段。因此，转化率是此模式的关键绩效指标，可以用来衡量非付费用户与付费用户的比例。同样，在线知识付费平台的绩效评估里，付费用户的转化率也是最重要的衡量指标之一，许多产品与服务的设计也都以提高付费用户转化率为主。这种免费增值模式一方面以免费获取广告收入；另一方面通过增值服务获得付费收入，这是当今应用最为普遍的商业模式之一。

第十五种类型——双边市场模式（Two Sided Market）。双方市场模式是指通过平台或中介来促进两个互补的组织或群组之间进行良好的互动，并以此谋求共同利益。招聘网站将求职者与招聘者连接，爱彼迎将游客与房东连接，滴滴打车将乘客与司机连接，这些都是采用双边市场模式最为典型的例子。双边市场模式的核心是其产生的“间接网络效应”，即越多人使用某个平台，那么这个平台对另一群人的价值与吸引力则越大。我们也可以采用此方式吸引更为多元化的群体到平台上，这就是所谓的多边市场，或多边平台。本书的研究对象——在线知识付费平台就具有多边平台的属性，它将知识生产方与付费用户相连接，客户群一方面包括出版社、媒体、大学教授、行业专家等；另一方面则连接着相应的付费用户。此类市场模式最大的核心问题是“先有鸡还是先有蛋”，在网络平台没有用户使用之前，不管哪一方用户都对平台毫无兴趣。因此，平台在起初阶段如何吸引用户从而产生网络外部效应，这是平台发展初期所涉及的关键问题，这一部分内容将在本书的第六章具体探讨。

互联网对传统商业模式的颠覆不言而喻，无论哪种类型的商业模式，其建立在互联网商业环境下的跨界商业模式的融合应用，都是企业在商业模式创新上的发展趋势。针对迅速变化的外部市场的客观环境，各种商业模式类型的综合运用与创新，成为企业不断重构价值链、商业逻辑，捕获新机会并保持竞争优势的关键因素。对在线知识付费平台而言，它具有以上商业模式类型的特征，如在线知识产品的付费订阅模式即对订购型商业模式的创新应用，而其用到的共享收益转发产品，体现着共享收益型商业模式的应用，即减少分销的成本，扩大销售网络。而罗宾汉式商业模式则针对在线知识付费所面对的受众群普遍狭窄的问题，提供了更好的模式创新上的思路与方法，从而以缩小知识鸿沟，建立多种消费群体构成的网络来解决市场受众的问题等。

四、国内外商业模式创新研究现状

从国外的商业模式创新研究发展来看，原磊梳理了六类国外学者对商业模式创新研究的视角，包括战略规划、层层递进、知识管理、价值系统、模块重组和变革程度，见表 2.2。战略规划视角的商业模式创新主要从两方面考虑：企业能为顾客创造什么样的价值，以及如何实现。其中具体包括环境分析、组织现状分析、价值提升，即商业模式设计描述组织角色，以及创新实施。层层递进式即企业在逐渐深化对商业逻辑认知的基础上完善和调整商业模式，包括基础层、专有层和规则层的递进关系。其中，基础层是企业创造价值的基本逻辑，这一层最容易被模仿；专有层是企业依据基础层的基本逻辑来明确并实施的战略，这一层的商业模式构成相互因素的作用机制而很难被模仿；规则层是企业一系列的运作规则，它可以保证前两层商业模式能够在企业的战略行动中得到反映，是商业模式变革的直接作用因素。[34] 知识管理型的研究者从商业模式功能考虑，认为商业模式可以显性、确定、分析、储存、传播有关企业价值创造逻辑的知识。奥斯特瓦德（2004）[35] 提出商业模式变革的三个步骤，分别包括描述商业模式的各个组成部分、深入分析形成新的商业创意、整合商业创意形成新的商业模式，即从隐形到显性、显性转为隐形，最后从隐形再转为显性知识的过程。商业模式变革与改变管理者心智模式（mental model）的能力有关，因此有必要将双环学习（double-loop learning）引入心智模式，通过整体、广泛、长期和动态的观察来重新设计商业模式。[36] 从商业模式创新类型看，吉森等（2007）[37] 把商业模式创新分为产业、收入与企业三种模式的创新类型。比如，产业模式创新是通过打破现有的产业形态，变革新的产业，以实现基于产业的价值链创新。商业模式变革的驱动力分为供应链驱动和需求链驱动，即通过新技术方法创造新价值或新的顾客需求。在价值系统里，我们可以通过改变价值主张、目标顾客、分销渠道、顾客关系、核心能力、价值结构、伙伴承诺、收入流和成本结构等因素来激发商业模式变革。[38] 模块重组型的研究者认为，商业模式的本质是若干模块的不同组合，是模块化理论与商业模式变革的结合，可以通过添加、更新模块，或改变模块之间的界面联系规则来实现变革。威尔等（2001）提出"原子商业模式"概念，其具有战略目标、营收来源、关键成功因素、核心竞争力四个特征，不同的组合方式构成不同商业模式。企业可以从中选择组合原子模式，通过评估可行性建构合适的商业模式。变革程度型的研究者认为，企业在不同时期对商业模式变革的程度是不同的，因此在变革前应明确商业模式需要变革的方面，据此引导协调其变革。如林德等（2000）根据运作方式变化程度的不同将变革模式分为四类，包括实现模式（realization model）、更新模式（renewal model）、扩张模式（extension model）、旅行模式（journey model）。

表 2.2　商业模式创新研究的六类视角

	研究视角	举例
商业模式变革	战略规划	克内希特等（2002），利姆等（2005）
	层层递进	莫里斯等（2003）
	知识管理	马尔霍特拉（2000），彼德洛维奇等（2001），奥斯特瓦德等（2005）
	价值系统	克里斯滕森（2000），奥斯特瓦德等（2005）
	模块重组	威尔等（2001）
	变革程度	林德等（2000）

另外，加斯曼提出多数商业模式创新很善于为客户创造价值，却没有为企业

自身创作价值，如在线视频网站 YouTube、社交网络平台脸谱网都曾遇到过这类问题，即为用户带来了惊人价值，但在起初运营时都处于赤字状态。金和莫博涅（2005）则运用“蓝海战略”跳出了迈克尔·波特的“五力理论”，他们的观点是如果企业要成功创新商业模式，需要跳出竞争激烈的红海，而开创全新的少有人涉足的蓝海。可以说，2006 年明确赛道的在线知识付费行业，其商业模式的成功就得益于这种蓝海战略。停止关注竞争对手而开创新的市场空间才是成功创新商业模式的关键。阻碍企业创新的并非意愿问题，而是企业需要面对的三个核心挑战，包括企业能否跳出本行业的主导逻辑进行思考。不可否认，每一个行业的主导逻辑时刻都在面临新手的挑战，尤其是“非我所创症候群”，它让诸多企业拒绝接受外来观念上的创新。柯达正是因为无法突破主导逻辑而最终破产，虽然 1975 年柯达公司就已推出世界上的第一台数码相机，但因为害怕数码相机会削弱自己的主导业务，就迟迟没有将其推向市场。第二个挑战是企业如何将注意力从对技术与产品服务商的思考转到对商业模式的思考。新技术的革新可以给企业带来彻底改变，但只有找到成功的商业模式才能将新技术变为经济效益。企业往往更喜欢用可见的技术与产品，因为它们更具直观性，更容易被理解，而商业模式维度则更加抽象。第三个挑战则是直面商业模式创新所缺乏的系统性工具。要想让企业获得持续的创新能力，需要创新技术的支持，以创造力、发散思维来创新商业模式。加斯曼不仅提出以上三点对商业模式创新的挑战，还回复了那些认为商业模式创新只是靠运气、技术等催生产品观点的问题。他认为，创新就是管理者的首要任务，同时也是把一般的管理者和领导者区分开来的关键要素，从业务层面激励与创新是企业家应具有的思维和创新能力。

加斯曼等（2014）国外学者还基于管理学理论对商业模式创新方法进行了研究，他认为公司的竞争优势不再基于创新型的产品工艺，而是创新型的商业模式，并总结了 55 种商业模式。在此基础上，加斯曼等人创建了一个类似工程方法的商业模式创新的行动导向工具，探讨了商业模式创新的方法，提出“商业模式创新导航”方法论，即以一种结构化的方式来进行商业模式的创新如图 2.5 所示。“商业模式创新导航”的核心机制是对 55 种商业模式进行重组和创新性模仿，它区分了设计与执行（实现）两部分。设计主要包括分析与创新的内容，表现为重复的设计循环，具体来说，就是结构化方程式呈现的“创新型商业模式四步法”：启动、构思、整合和实施。启动主要用来分析企业所在行业的商业生态环境。商业模式是在复杂环境的网络中呈现的，不断变化的生态环境与企业商业模式相互依存。因此，要创新商业模式必须要深入了解各个利益关系与其他在生态环境中的各类影响因素，而在商业模式创新前分析生态环境能让企业获得动态的视角。加斯曼认为，90％的创新都是 55 种商业模式重组的问题，遵从客户需求不会激发商业模式的创新，反而创新的成功是反直觉的。但通过系统的方法，即构思能力适应性模式将能够为突破习惯思维模式的全新思路开发带来方法，而商业模式创新导航中的构思过程是导航的核心要素。在构思的基础上要开始对商业模式进行塑造与整合，成功的商业模式创新需要在突破行业主导逻辑时注意满足内部兼容性与外部的一致性。内部兼容性主要通过四方面：谁、什么、如何、为何来建立内部和谐关系，即加斯曼提出的“神奇三角”，三角描述法用以描述商业模式的逻辑与维度等。在上面商业模式结构体系中所提到“神奇三角”将商业模式简化为一种可以直观的操作工具，同时为商业模式创新奠定基础。加斯曼等基于“神奇三角”认为必须对四维度中的至少两方面进行改进才能达到商业模式创新的要求，如仅仅对价值主张创新只能实现产品创新，而无法达到商业模式上的创新等。外部一致性则是新商业模式和企业环境之间保持一致性，而随着当下环境的快速变化，迭代开发的方法可以让企业在保持外部一致性的基础上获得更多的创新与良好效果。

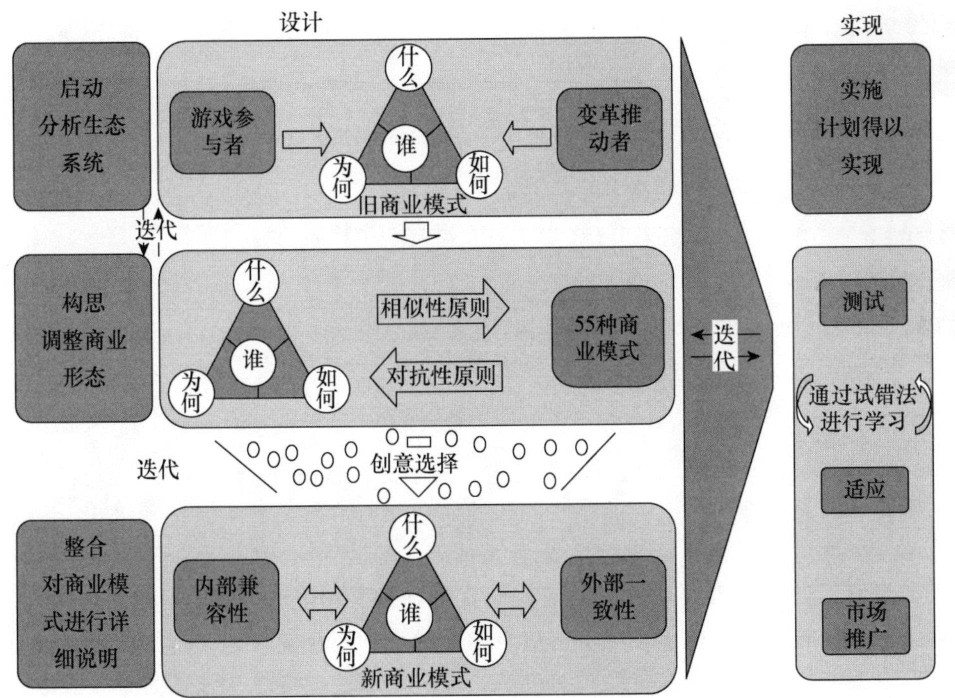

图 2.5 商业模式创新导航示意图

从国内的商业模式创新研究看，有的学者从经济学理论角度来解释商业模式创新机理。比如，罗珉等（2005）[39] 运用经济租金理论分析了商业模式创新行为，他们认为，获取企业的经济租金是商业模式创新的核心，商业模式创新应该追逐的是通过新商业、新技术、新供应源和新组织模式的创新获得的“熊彼特租金”，即“S租金”，它是商业模式创新的外在驱动力；另外要形成“L租金”，即通过企业或员工运用知识能力要素获得的一种“企业家租金”，他们认为企业家、经理层等人所具有的隐形知识、信息及能力等是商业模式创新的内部驱动力。有的学者从企业战略管理理论体系的角度来分析企业商业模式创新。高闯等（2006）[40] 基于波特价值链理论中的企业“基本价值链”，通过其在整条产业价值链上的不同变动方式、自身基础价值活动的创新，解释了商业模式创新的实现，将通过价值链创新的商业模式分为价值链延展型、分拆型、价值创新型、价值链延展与分拆相结合、混合创新型五类企业商业模式类型。他们还对商业模式创新机理的演进进行了分析，包括外部环境的经济、政治、文化、技术环境与以顾客价值为主的内部驱动，形成企业不断进行商业模式创新的演进模式，如图2.6所示。

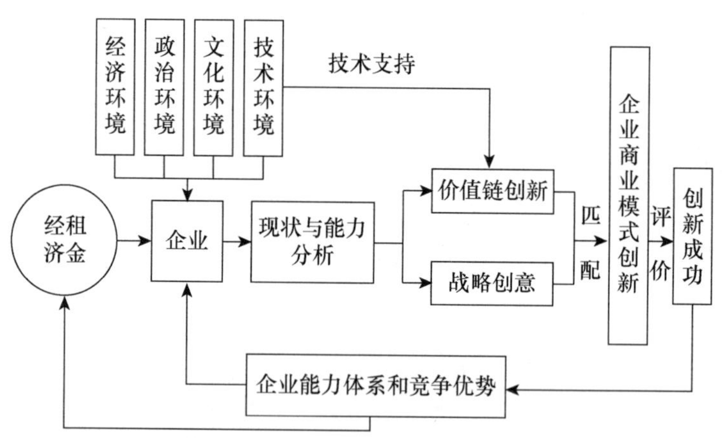

图2.6　企业商业模式创新的演进机理

张越等（2014）[41] 从构成要素视角分析了商业模式创新的本质及创新机理，认为企业家及社会资本是商业模式创新的内在动力，市场需求、技术进步、经济环境与产业竞争则是企业进行商业模式创新的外在驱动力；他们还提出原始创新、诱发创新与模仿创新的三类商业模式创新路径分析。冯华等（2016）[42] 在互联网环境的基础上提出，经济时空与物理时空的契合变化与平台商业模式创新存在重要关联。冯华等沿着经济时空与物理时空的契合变化视角，考察了互联网环境下经济时空与物理时空的契合变化，深入研究了互联网环境下平台商业模式创新的时空动因，并在此基础上分析了平台商业模式创新过程如何顺应这种时空契合的演变。李文莲等（2013）[43] “大数据”为商业模式创新提供新资源、新技术、破坏性创新、交易成本、价值链及网络重构等方面的驱动力。罗珉（2015）

则从价值创造的角度阐述了互联网时代以需求为导向的新型商业模式，梳理了互联网特质驱动下的商业模式创新的发展，包括互联网带来的产业边界模糊化，产业环境不确定引起的商业模式高度的随机性与不固定性、去中心化，以及商业模式的不可复制性。

第二节 在线知识付费文献综述

随着 2016 年知识付费概念的兴起及行业影响力的扩大，其引起的经济效益与社会效益逐渐受到理论界关注，并开始形成对在线知识付费领域的探讨与研究趋势。以中国知网为例，2016 年开始出现以“知识付费”为主题的文献资料，其文献数量为 13 篇，但排除一般性新闻报道及与主题相关度较低的文章，2016 年真正与“知识付费”相关的文献只有 5 篇。经过一年行业的迅猛发展，文献资料在 2017 年上升到 89 篇，截至 2021 年 6 月 20 日，知网搜索相关文献达到 2342 条，呈现猛增态势。以关键词来看，2017 年知识付费作为关键词开始出现在文献资料里的文献数量为 43 篇；2021 年以知识付费为关键词的文献增长到 1507 条结果。本节将通过对大量知识付费文献的收集整理，梳理并总结分析出理论界对在线知识付费的研究状况。从整体研究来看，目前针对在线知识付费的文献并不多，还没有形成较为深入、系统的理论研究。从相关研究论文来源期刊所属的学科看，截至 2018 年，来自传播与出版领域的文献占到约 50%，相关视角包括在线知识产品的生产与传播。它们关注了在线知识付费平台的特征、创新与局限，发现其与研究的相关学科领域在社会知识交流传播流程中的环节定位有关。[44]而从 2016 年到 2018 年的论文研究主题来看，无论是对用户付费意愿影响因素方面的研究，还是基于平台运营者角度的研究，基本都围绕着如何吸引已经有过付费行为的用户持续购买，以及如何激励潜在用户的转化两大问题进行，而针对平台本身价值管理、发展定位，以及创新性机制等问题，则缺少有效且系统的研究。相关平台商业模式的研究也多以静态的描述、付费模式的类型划分为主，对在线知识付费平台的商业模式方面的分析较为片面。

一、在线知识付费概念界定

研究者从不同角度对在线知识付费内涵有着不同的理解与描述。有的学者从在线知识付费与传统为获取知识而付费行为之间的区别进行概念界定。比如，丁晓蔚，王雪莹等（2018）从四个层面对知识付费概念进行了探讨与厘定，分别包括强调知识付费与线下培训获取知识的主要区别在于其网络服务性；从消费行为角度强调知识付费与线上娱乐消费行为的根本区别；强调知识付费与传统花钱买书的区别在于特定主体是通过知识付费平台购买特定的知识产品等，即知识付费含义的特定性、知识付费中“知识”的指向性（专业性与稀缺性）、知识付费较之其他内容付费的独特性，以及知识付费的共享升级。[45]

有的学者从对知识本体含义的理解来定义在线知识付费概念。比如，樵苏（2017）认为，不是所有的知识都必须付费才能获得；付费获得的也并非都是知识。知识付费应当是为获得内容而付费，人们通过付费获取的很可能不是知识，而只是信息，或是数据。[46] 徐敬宏等（2018）认为，在线知识付费的“知识”本质属于通过市场运作的手段及互联网技术的传播，来完成人们认知盈余的优化配置。[47]

还有学者从商业模式角度对在线知识付费进行定义。比如，国秋华，钟婷婷（2018）认为，所谓知识付费，是指消费者通过互联网技术付费获取垂直领域的个性化信息、资源和经验等，达到认知提升、情感满足、社会归属等目的。知识付费是实现“知识变现”的一种手段，是实现价值增值的一种方式。知识付费本质是将知识变成产品或服务，通过售卖这些知识产品或服务以实现其商业价值。[48]

也有学者从用户的角度分析，如宋美杰（2017）认为“知识付费实际上是内容消费升级的表现形式，是对用户新内容需求和兴趣的捕捉与满足。其低层逻辑是 UGC 到 PGC 的用户信息提纯需求，更是用户想要跳过广告商，自己掌控注意力资源的博弈。”[49] 张利洁，张艳彬（2017）认为，在当今的网络环境下，有时在线知识付费只是一种手段，如用户开辟新的自我文化价值认同渠道的同时，在知识的生产与消费过程中也会建立具有约束力的社群，通过付费的手段来达到一种基于用户多种情感下的认同体验。[50]

还有一部分学者从传播与分享经济的角度来分析在线知识付费的内涵。这类学者认为，知识付费是基于分享经济理念上的一种变现探索，是一种基于知识共享来获得一定收益的传播模式。比如，邹伯涵，罗浩（2017）指出，“知识付费可以理解为融合版的知识共享和内容付费”，认知盈余与消费升级让知识付费模式成为可能。知识付费的本质是知识共享的迭代产品，从传播学视角来看，个体的节点式传播、开放平台的参与式传播、多元整合的内容传播是其主要特征。[51] 宋建超（2017）认为，知识付费实际上是一种“知识分享，内容变现”的分享经济盛宴，其过程就是借助互联网平台将碎片化的知识分享给有闲暇时间、寻求知识满足的消费个体的过程。[52] 王传珍（2017）认为在线知识付费是知识共享 3.0 时期，共享性是其商业价值的内核。知识共享是将闲置知识资源整合，其分享形式包括免费和付费。[53] 石姝莉，辛雨晴（2017）认为知识付费是在共享经济背景下，在社群经济及免费信息泛滥的作用之下而来的。他们以共享经济为视角，总结出了知识传授发展的三个共享阶段，目前的知识付费属于知识共享的第三个阶段，超越了传统的静态知识获取方式。[54] 柳溪，李红祥（2018）从传播学角度分析了知识付费的传播模式，总结了知识付费的“5W 模式”，他们认为知识付费是一种网络内容付费形式，即知识传播者通过网络付费的方式，将各种知识技能、智力资源在内的知识，传递给社会大众或特定平台的一种共享传播形式。[55]

总的来看，目前学术界并未明确在线知识付费的定义，而是主要通过不同的研究视角，对其产品特征、传播特征、付费模式等方面进行描述与分析来诠释在线知识付费的内涵。

二、在线知识付费兴起的动因

除了内涵研究外，学者们同时对在线知识付费行业快速兴起的动因进行了探讨与研究。通过梳理分析，已经获得的研究成果如下。

喻国明（2017）认为在线知识付费之所以能够兴起，主要在于社会与市场更加趋于成熟，且人们在消费升级的背景下急需要这类知识服务来应对复杂快速的变化，而国内庞大的人口基数同样也是最为重要的市场因素。[56] 孟立甲（2017）认为，在线知识付费之所以能兴起，一方面是在线知识付费可以帮用户节约时间来获得想要的内容，以及明星带动的粉丝经济效应；另一方面是公众化的个性需求愈加突出。[57] 宋建超（2017）认为在线知识付费兴起的原因主要包括四方面，即互联网带来的信息鸿沟引发群体焦虑，激发个体学习欲望；新技术使知识内容生产者与消费者距离拉近；消费水平和消费能力的提高、小额付费意识加强；移动互联网催生大量碎片化时间为在线知识付费提供了时间条件。[58] 吴佳琦（2017）认为在线知识付费满足了人们利用碎片化时间获得信息的需求，其兴起主要源自信息的泛滥与支付的便捷化，以此有效连接了知识两端的人群。[59] 巩恩伟（2017）认为在线知识付费兴起的原因是流量经济的失灵和内容经济的兴起。[60] 丁晓蔚等（2018）也对知识付费兴起的原因进行了具体阐述，包括国家政策对分享经济的推动作用；社会成员消费结构的转变；移动互联的拓展与移动支付方式的推动作用；在线知识付费对用户需求痛点的满足，并认为“人口红利”对知识付费市场开发潜力给予保障。[61] 陆春晖（2017）同样对在线知识付费的兴起原因做出了四点总结，即互联网信息爆炸下，消费者希望获得稀缺、有价值的内容；移动支付的普及；新生消费者成为主力军推动消费升级；付费习惯的养成且消费者大量碎片化时间需要被利用。[62] 孙怡等（2016）认为在线知识付费发展背后的推动力是网络环境下供需两端的既成需求，也是消费升级背景下市场规模与信息技术酝酿的必然趋势。[63] 王铮（2018）认为“数字技术”“移动支付”与“共享经济”三者是支撑在线知识付费模式背后的关键性支撑要素。[64]

从以上动因分析的特征来看，学界对在线知识付费兴起原因的分析主要可以总结为几方面：国内市场所具有的规模化能力；信息鸿沟带来的现代人对获取知识内容的焦虑情绪；其提供的知识服务满足了用户个性化需要；社会结构化消费的升级；填补了用户在移动环境中带来的“碎片化”时间与场景下的内容需求；在信息泛滥的环境中，通过对内容的筛选降低了用户的搜索成本；利用小额支付对用户支付习惯的养成；第三方支付等支付技术的成熟等。

三、在线知识付费的商业模式类型

目前，学术界对在线知识付费商业模式的研究多以描述性的静态研究为主，如通过对平台特征的描述来分析其商业模式类型等。在此情况下，在线知识付费商业模式的相关研究成果如下。

罗敏，涂科（2018）通过案例分析总结了现有在线知识付费平台的商业模式，包括营销、运营、盈利及定价四个方面的特征。[65] 巩恩伟（2017）主要对四大知识付费平台（知乎、分答、喜马拉雅、得到）进行了商业模式分析，他认为在线知识付费模式属于电子商务模式的一个分支。他还基于平台属性特征对在线知识付费平台做了基本的分类，即在线教育类、知识平台类、专业网站类和社交媒体类四大类。[66] 孟立甲（2017）基于不同的平台特点分析了四类知识付费模式，包括在社交媒体平台上的打赏类知识付费模式；以喜马拉雅 FM 为例的电商式知识付费模式；具有二手交易平台属性的 C2C 销售模式；类似在线教育平台上的课程类产品模式。他在第四种模式中指出，在线教育是以考试导向性的课程为主，而在线知识付费产品，如《好好说话》，属于自我提高型的课程，在线教育应与在线知识付费区别开来。[67] 陆春晖（2017）以喜马拉雅 FM、得到、知乎和分答四个主要在线知识付费平台为例，分别分析了在线知识付费市场里的主流模式，即内容平台提供 PGC（专业生产内容，Professional Generated Content）或 UGC（用户生产内容，User Generated Content）的产品给消费者，包括课程类、直播类、问答类和线下约见类等。[68] 喻国明（2017）认为，知识付费平台没有采用广告折现、注意力变现等二次售卖的传统盈利模式，而是将资金直接对接到流量，这一方面提高了知识生产者的收益；另一方面拓宽了平台的盈利模式，实现了优质内容的正向循环。[69]《2016内容电商研究报告》总结出了在线知识付费所处的内容产业电子商务的商业路径，如图2.7所示。从商业路径显示图可见，针对内容电商产业里所涉及的所有利益相关者及处于此产业的在线知识付费平台而言，通过商业路径可以找到自己在产业链中的位置，以及相关联的利益关系网络。

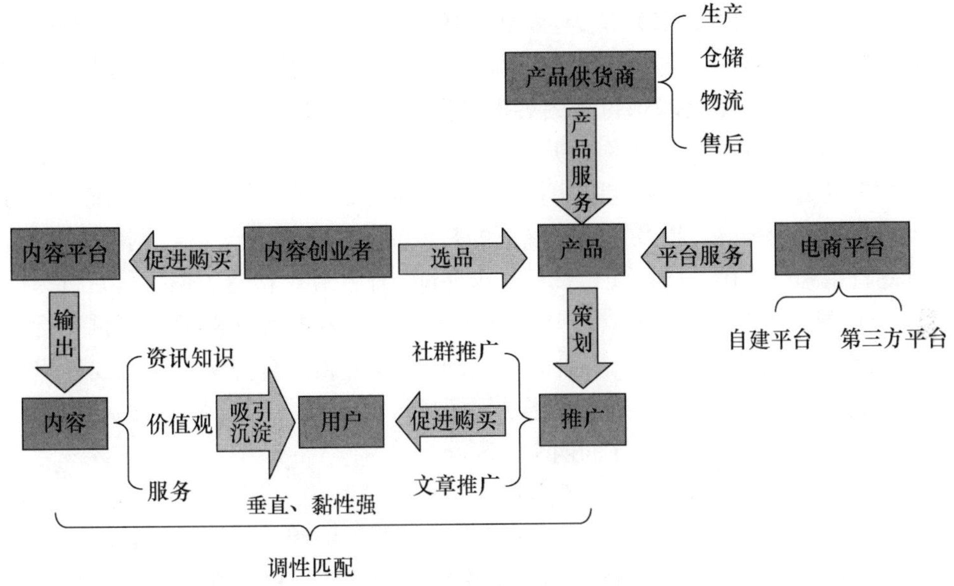

图2.7　内容电商商业路径

从在线知识付费平台的分类来看，理论界并未对在线知识付费与在线教育做出明确的区分，往往将其放在一起进行平台的分类研究。

此外，从在线知识付费平台的商业模式来看，它具有颠覆传统企业商业模式的典型特征。例如，发展较早且较为成熟的优步对传统出租车生态的颠覆，其商业模式与在线知识付费商业模式可以进行跨行业的对标，优步的独特之处正在与其对商业模式的变革创新，它绕过了调度员、高额成本，通过移动手机应用程序就把用户与出租车司机有效地连接起来，充分调动社会资源。同样，在线知识付费平台依托移动应用程序将内容生产方与消费者相连接，它们都是以用户对其服务的需求推动了商业模式的变革。

四、在线知识付费的用户影响因素

目前，用户影响因素角度的分析同样是在线知识付费研究领域的重要研究内容，即对在线知识付费影响因素的研究视角里，多数研究者从在线知识付费平台的消费者、体验者、感知者的角度进行研究。有关用户影响因素的研究有如下成果。

有关用户付费意愿及用户使用影响因素的研究较多，如周涛，檀齐（2017）通过调查问卷收集数据后运用结构方程模型的方法，对用户付费的行为进行了分析与研究，结果表明，社交连接、信任度及相同的目标是用户产生付费意愿的主要因素。[70] 喻国明（2017）认为，专门领域知识的稀缺性、跨界性与问题的解决性，降低或减省人们获得知识的时间与精力付出，以及能够提供个性化的知识服务定制，这四类在线知识付费内容的特点是当今用户愿意为之付费的原因所在。[71] 张帅等（2017）通过对用户原始访谈资料的质化分析，整理出用户参与知识付费的七大关键因素，包括个体层面的需求，认知与主观规范、系统层面的信息质量和便利条件，以及市场环境下的替代品与经济因素。[72] 李刚等（2018）以计划行为理论对用户的在线付费行为机理进行了探究，构建了用户付费行为模型。[73] 杜智涛，徐敬宏（2018）从用户需求与体验两方面分析了用户付费行为的影响因素及机理问题。[74] 范建军（2018）则以得到平台为例，从在线知识付费平台的角度出发，对用户付费的影响问题进行了研究，并认为平台的功能性与内容质量是付费用户最为关注的两个因素。[75]

另外，有学者对用户付费的持续意愿进行了相关研究，赵保国，姚瑶（2017）构建了如用户感知有用度、满意程度等要素的用户持续性付费的理论模型。[76] 何慧雪等（2017）主要针对大学生用户持续使用的情况进行了分析，通过调查问卷从直接及间接影响两维度，对大学生用户持续性使用行为进行了影响因素与相关性研究。[77] 此外，袁荣俭（2019）[78] 从经济学角度阐释了知识付费之于用户的意义，包括消费者需要的是什么，提供者可以提供什么，以及如何定价的相关问题。总体来看，针对用户的研究多数都是探究用户参与知识付费行为的影响因素，都是直接从描述用户行为出发。

第三节　本章小结

本章主要对商业模式、商业模式创新与在线知识付费进行了相关文献的收集与研究。通过对文献梳理分析可以看出，有关商业模式及商业模式创新的理论已经形成相当成熟且系统的体系结构，包括国内外的众多文献及各类理论著作等，为论文针对在线知识付费平台的商业模式创新的研究奠定了扎实的理论指导基础。

理论界对刚兴起的在线知识付费的研究还有待进一步深入，相较而言，在线知识付费的理论研究滞后于行业实践。在线知识付费的研究还不够系统化与理论化的具体表现为：在线知识付费的概念尚未清晰界定；在线知识付费与在线教育或其他内容付费没有统一的区分，有的学者认为在线知识付费包括在线教育，有的学者则做了明确区分；对在线知识付费商业模式的探究多采用静止化、定性的研究方法。目前，有关在线知识付费领域的理论性著作也较为少见。

另外，本章通过梳理相关文献发现，虽然在线知识付费的商业模式天然具有自媒体商业要素特征，但它们的商业逻辑思维各有所异。自媒体具有轻资产特点，往往借助较大的平台来进行个体运营，而在线知识付费可以说是自媒体从轻资产转型为独立平台运营的典型方式，也可以说在线知识付费属于自媒体商业模式的一个分支。

综上所述，移动互联网时代下的商业模式，无论从内涵、要素体系，还是创新本质上，与传统工业经济时代的商业模式相比都发生了极大改变，原有较为重要的商业模式构成要素在今天看来已经弱化甚至逐渐消亡，而由移动互联网环境发展起来的在线知识付费领域，其商业模式的要素与体系结构的相互影响机制必然有别于传统的商业模式。因此，本书将基于商业模式理论，结合互联网对传统商业模式产生的影响与变革，深入研究在线知识付费领域的商业模式特点、产品类型、传播特征等，以此从理论层面找到其商业模式要素与创新影响机制，运用前沿的思维与方法进行针对在线知识付费平台的商业模式的创新研究。

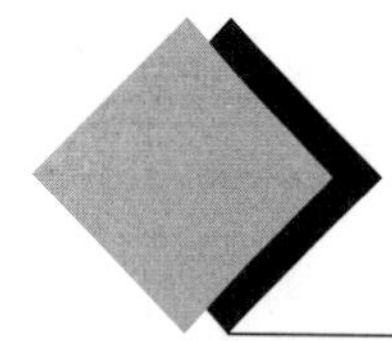

第三章 在线知识付费市场的发展及现存问题

提到互联网文化，首先想到的就应是它的免费文化，不理解免费的商业模式，就无法真正理解当今互联网所发展的付费商业模式。因此，在对付费商业模式进行研究之前，有必要首先对互联网的免费模式进行简略分析，以考察互联网免费文化对付费商业模式的影响，与当今付费文化形成的环境条件。

第一节 “免费”到“付费”的转变

自万维网联盟创始人蒂姆·伯纳斯·李（Tim Berners-Lee）在1990年开发并推出第一个网页浏览器后，互联网科技开始迅猛发展，它成为改变人类生活的重要技术之一，形成了工业革命后最重要的信息技术革命的新时代。互联网的诞生可以与两百多年前人类第一次工业革命相媲美。如果说人类社会经历的第一次工业革命塑造了文明体系，那么互联网革命则颠覆了工业社会的体系框架，进一步推进并重塑了人类社会的新文明。不仅如此，互联网革命紧接着推动了一系列技术创新浪潮——人工智能、VR、无人驾驶、区块链技术等，它们都成为人类下一次技术革命的主题。然而，互联网对人类社会最大的影响不只是物质生活与科技层面的，更是观念理想层面的。随着互联网的快速发展，工业时代的传统商业模式必须要经历互联网化的变革，最主要的就是互联网理念的改变，即平等、开放、协作与分享。吹响商业变革号角的预言家——克里斯·安德森（Chris

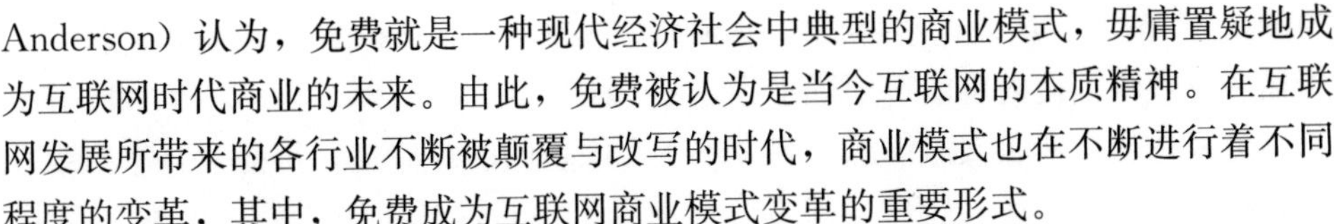

Anderson）认为，免费就是一种现代经济社会中典型的商业模式，毋庸置疑地成为互联网时代商业的未来。由此，免费被认为是当今互联网的本质精神。在互联网发展所带来的各行业不断被颠覆与改写的时代，商业模式也在不断进行着不同程度的变革，其中，免费成为互联网商业模式变革的重要形式。

在互联网采用免费商业模式的环境下，内容方不直接向接受信息服务的用户收费，因此，他们实际不是为用户服务，而是在为广告商服务。

一、数字化支撑的免费模式

数字化这一概念所包含的范围非常广，可以说，凡是连接机器与机器、人与机器和人与人的技术都属于数字化的范畴。从微观层面看，它影响着产业变革、企业策略、营销理念、用户体验、产品开发、技术平台、企业运营等。数字化带来的是新的理念与技术，它早已成为企业的核心，变革着或重构着企业的商业模式。数字化超越了传统的商业模式中盈利与损失为主的商业模式元素，在对以往技术和经验的变革之下重塑着数字化商业模式。

要理解免费商业模式的原理，首先要认清“实体经济”与“数字经济”的本质区别。克里斯·安德森认为，免费成为未来商业的笃定源于网络对“数字经济”的建构，以及对传统经济的颠覆。“数字经济”与“实体经济”最大的区别在于，前者是一种以电脑字节形式存在的经济学，而不再是一种物理建构上的经济学。在物理世界里，时间是无限的，而空间是有限的，随着时间推移，空间变得越来越小，在这样的环境下，物品获得空间展示的难度在增大，而获得空间的物品则会逐渐升值。然而，在“数字经济”下，所有原来的实体物品变成了数字的存在，无限空间的数字存储出现了大量数字内容，在数字环境下内容开始变得便宜。在21世纪之前，“免费”还是物品营销的一种手段，而如今它已经成为“数字经济”之下的商业模式。换句话说，在“数字经济”理念下，宽带不仅为受众获取信息提供了免费的传播渠道，而且可以使生成的内容以价值符号的形式在不受时空限制下瞬间完成传播。数字化之前，企业很容易进行危机管理，压制不利于企业品牌形象的负面信息，而在互联网基础上，用户可以在短时间聚集发表意见，同时用户的问题也会以数字的方式永久保存下来。另外，数字化也将话语权交给了用户，用户可以通过数字化渠道谈论企业的品牌，带来口碑传播效应，如果企业不能很好地满足用户需求，用户则会转向其他品牌。由此可见，数字化的优势首先在于其高度的流动性；其次，“数字经济”时代颠覆了人们以往的生产模式及生活模式。与实体经济从生产到传播需要消耗有形资本不同，数字化的最大特点就是消除了对有形资本与物理空间的需求。正如杰里米·里夫金认为的，“产销者”正以近乎零成本来制作分享内容。生产的零边际成本，让人们传播和下载数字化内容的费用近乎为零。

数字化从技术层面为信息内容带来了无限空间的存储量，传播、分享数字化内容的零成本，倒逼一些付费的内容产品开放免费模式，如“今日头条”应用，这类网络媒体对新闻、资讯类内容的免费开放，彻底颠覆了以报纸为典型代表的付费内容提供的模式，使内容的免费提供成为互联网“数字经济”环境下的主流形式。

二、广告支撑的免费模式

与传统媒体的“二次售卖”商业模式逻辑相同，互联网企业在占好各自的市场份额之后，开始走上以在线广告支持的免费模式。新媒体在线广告的兴起快速冲击了传统媒体的广告规模。在线广告的明显优势在于利用互联网技术推动的广告创新，如 LBS 技术、大数据技术等，这些都在极大降低成本的基础上做到了广告的精准投放，有效提高了用户的转化效率。传统媒体的广告是牺牲 80%厌烦广告的受众来覆盖 20%对广告有兴趣的受众；而在线广告做到了牺牲 20%的受众来覆盖 80%的广告目标受众。在线广告业务规模的不断壮大，使传统媒体的广告业务锐减，如报业广告规模成“断崖式”下降，直接威胁到了传统媒体的生存问题。传统媒体为了转型，开始将原有付费订阅式的内容放开到互联网上，以免费的模式为用户提供信息内容，以此重新获得广告市场的份额。大量传统媒体对互联网内容的免费提供，又再次丰富了互联网的免费内容信息。虽然免费模式短期不能带来盈利，但通过免费内容获得用户后，这些用户流量将变为实现企业长期盈利的重要资源。

三、早期互联网企业“流量战”对免费模式的支撑

从互联网与家庭 PC 机开始普及的那一刻，全球用户就面对着从传统的收费产品转向一切都免费的互联网世界。在这个“注意力”成为稀缺资源的时代，互联网通过免费模式，不仅快速使传统消费者完成了身份转变，也成功捕捉到了网民的“注意力”。可以说，互联网免费模式带来的明显效果包含以下几个层面：首先是可以形成巨大流量，即积攒互联网人气。以盛大、巨人为代表的网游，通过“游戏免费、道具收费”的免费策略打破了 2005 年以前网游按时收费的模式，这使其用户规模在四五年时间里迅速从 1 000 万增长到两亿多；从收益看，其收益也从约 20 亿元猛增到了 300 亿元左右。[79] 其次，可以训练用户对互联网的认

知，使其接受免费的基础服务，为互联网未来的发展形成安全可靠的网络环境。网络安全卫士 360 在 2006 年采用免费模式，为用户提供免费杀毒软件服务，还在界面上打上了“彻底永久免费”的标识，其产品需求表现强烈，普及率迅速从 10％提高到了 90％。最后，通过提供免费优质的服务不仅可以引来流量，还可以提高企业品牌在用户中的认知度。免费与付费的早期较量有很多经典案例，如网易与 263 的电子邮箱产品竞争，网易重点开发免费邮箱服务的竞争策略迅速挤压了 263 的收费邮箱业务，致使 263 用户规模急速下滑，最终脱离了互联网企业排名第一的阵营；与此同时，网易在技术与资源上的大量投入，为自己带来了对网易品牌认知度极高的忠实用户，也为其游戏业务带来流量入口。免费商业模式成就了一批经典的互联网企业，世界上最大的互联网企业谷歌就曾用免费策略抗衡了对版权收费的微软，国内也有百度、腾讯等巨头型企业。这些互联网企业有着共同的特点：利用免费策略抗衡以收费为商业模式的传统企业，它们的成功实质就是免费模式的成功。

在互联网企业数十年的免费模式实践过程中，全球互联网用户数量激增，特别是像中国这类人口基数巨大的国家，快速形成了互联网用户的规模化发展。在市场规模不断扩大的时期，“流量战”成为互联网市场发展的主要特征，企业之间的竞争就是流量竞争，免费提供服务是互联网企业争夺市场份额的优势竞争力。但商业的本质是提供价值获取盈利，免费模式在短期内不带来盈利的事实可以看出，在抢占互联网市场份额后，企业必须开始思考如何盈利的问题。

四、从“免费”商业模式到“付费”商业模式的转变

无论是免费商业模式还是付费商业模式，二者绝不是彼此较量的关系，相反，两种由互联网而来的商业模式呈现出的是一种相互支持、相互补充的关系。以目前的在线知识付费市场为例，所有平台都不是完全的付费模式，而是免费与付费相结合的商业模式。如果说“数字化”时代导致了“内容贬值”，那么付费则是以“内容增值”来满足用户需求为核心的商业模式。

中国经济与互联网、移动互联网的高速腾飞，让中国始终处于免费到付费发展的前沿阵地。正如克莱·舍基在《免费》中所描述的那样，中国已经成为世界互联网中心的前沿，在互联网时代中国是观察免费的最佳视角，今天，在移动互联网时代，中国无疑还是观察付费的最佳视角。

在互联网的历史潮流中，免费模式伴随互联网快速发展了十几年，十几年中，人类社会摆脱了内容匮乏与信息不对称的问题，进入了内容丰富、去中心化的时代。但随着人们对互联网认知的不断成熟与应用的频繁，内容从充裕开始走

向泛滥，海量的信息导致用户搜索内容的成本不断增加。不仅如此，单纯的信息资讯已无法满足用户对优质内容的需求。“充裕的信息想要变得免费，而稀缺的信息想要变得昂贵。”[80] 克里斯·安德森所指的“稀缺信息”是指针对用户定制的、具有独特意义的内容。从这点可以看出，决定用户是否愿意付费的主要驱动在于内容对用户的价值影响度。从内容发展经历的中心化阶段的内容匮乏，到内容去中心化的充盈，再到内容泛滥带来的注意力匮乏，用户在有限的时间与无限的信息里寻找符合自己的内容几乎不可能。从用户角度来说，便捷地获取有用的内容比在信息海洋里四处寻找内容轻松得多，由此用户逐渐从依赖免费内容的习惯中增强了自己的付费意愿。

在 PC 互联网时代，“世界是平的”，在智能移动互联网时代，“世界是碎的”，这个“碎”不只是时间、场景的碎片化，更是用户需求的多样化。这里可以借用社会学家沃尔泽所提的“一般供给”和“特殊供给”的理论，“一般供给”是所有人都可以享有；“特殊供给”则是通常不具有排他性的一种个人利益，为个人利益供给从某种程度上是有利于社群发展的，本质上区别于彻底排他性的私人利益。具体来说，“将一笔公共基金用来为所有或绝大多数人谋福利，而不是将它分配给个别人时，就是一般供给；当将物品分配个别成员时，就是特殊供给。”[81] 从这个理论视角看，互联网的免费内容属于用户共有的，是大众的公共权利，属于内容的“一般供给”，诸如 TED 演讲这类优质内容因具有普适性而被大家免费享有。然而，“一般供给”的内容无法满足用户细分化与多样化的需求，免费模式更大满足的是公共利益的公正、平等分配的基本原则，对于个人的需要则没有强调。而付费模式属于针对个人或某个社群的需要而进行的“特殊供给”，用户通过付费动作而获得“成员资格”，企业通过“成员资格”来甄别不同的个体与社群，并提供融入智慧劳动带来内容价值增值的服务来满足其特殊需求。

可见，在线知识付费的出现正符合“特殊供给”的必要性，在移动互联网用户群体需求的多样化环境下，付费的商业模式已经成为基于免费商业模式上的重要补充。

第二节　国外在线知识付费发展现状

国外对相关领域的称呼与国内的在线知识付费不同，一般的概念有数字学习(Digital Learning)、在线教育（Online Education)、在线课程（Online course）等。但是，从平台与产品的定位看，以上概念基本可以与国内在线知识付费的概念相对应。为方便研究，本节将以在线知识付费的概念指代国外相关领域。

美国互联网产品一直走在世界前列，其中内容生产者如播客，仍主要以广告获取收入。对于在线知识付费平台而言，美国虽然出现较早于中国，但从规模化角度看，中国在线知识付费市场的发展已经超越了美国。目前，美国最大的知识分享社区 Quora、技能分享平台 Skillshare，还有 Udemy、Masterclass、Lynda. com、Creativelive 等应用平台是国外在线知识付费行业的典型代表平台。

从 2010 年成立的 Creativelive 的发展来看，它主要将内容定位在了创业领域，是专注创业相关问题的应用平台，其目标市场相对垂直。Creativelive 平台侧重提供创业类的培训视频课程等，为不同类型的创业者提供学习服务。创业课程的内容类型较为广泛，包括软件设计类、电影艺术类、商业技巧类，以及生活服务类等，如丽萨·克龙的“如何变成写故事的天才”。平台定位为“帮助用户培养创造性和创业经验，扩大用户的业务并进一步开启用户的职业生涯或一个全新的领域。”Creativelive 平台与相关各领域里具有很大影响力的大师级人物合作，以成立工作室成为讲师的身份拍摄高清画质的优质课程内容，如获得普利策奖的摄影师文斯·拉弗雷特，电视剧摄影导演大师苏·布莱斯等。课程设置一般是十几个视频构成一堂课，十几堂课构成一整套课程，每个视频时长十几分钟到二十几分钟不等。在平台上，用户可以看到课程的目录、课程介绍、课程学习目标、课程资料下载，以及课堂所涉及的话题领域关键词等。此外，每个课程都设有用户评价机制，评价不是五星打分制，而是投票制，即简单的“顶”或“踩”，还可以留言。另外，平台还搭建了外部社交媒体平台以增加与用户的社交互动性，用户可以在互动社交平台上免费观看深入现场的研讨会，向讲师提问，或与其他课程参与者联系，还可以在研讨会结束后保持联系，成为专业创意人士的一分子。如果用户错过了直播或者在观看课程后想得到更多资料，还可以购买每门课程的副本。Creativelive 的收费机制主要由两个维度构成：一是单买课程，课程定价根据内容确定，一般在 29 美元到 149 美元之间；二是按一年购买，全年价格一般为 299 美元，相当于充值会员，平台上的许多课程都可以免费观看或下载。自 2010 年成立以来，Creativelive App 在短短两年内就获得了来自 200 多个国家、近 100 万的用户，平均每个课堂有近 6 万名用户在学习，有的甚至高达 15 万。近几年，Creativelive 在盈利与课程数量上正在以每年 4 倍和 5 倍的速度增长，它正在成长为美国在线课堂市场的领军力量。

此外，美国类似的平台如“专业分享”在线平台（Skillshare）、“你的大学”（Udemy）、“大师课”（Masterclass），都是 Creativelive 的激烈竞争对手。在这些平台中，以专注技术领域的 Skillshare 为例，它以付费、社交两个维度构建了自己的价值体系，通过社交服务带来用户之间裂变式的分享，并从中获取价值。Skillshare 以 UGC 模式生产视频内容，吸引有技术专长的用户来平台上传视频内容，以分享自己擅长的技术。这些用户可以在平台开设自己的课程，并面向有兴趣的用户进行授课，课程类型涉及健身领域、生活领域、工作职场领域、娱乐星座领域等，每个想要学习各类技能的用户都可以根据自己的兴趣偏好选择课程。目前，Skillshare采用的是会员制，如10美元包月，用户可以随意选择学习观看平台上的课程。从平台创立至今，Skillshare的UGC内容数量已经达到约 5 000个，其“学生”用户人数已经超过了300万人。在国内知识付费出现爆发式发展的2016年，Skillshare平台已经通过良好的市场表现，获得了来自多家风投公司的B轮融资，资本金额约1 200万美元。直到2020年8月10日，Skillshare在线课频课程平台已获6 600万美元D轮融资。

而在美国早已形成影响力的知识社区型平台Quora，可以说是在线知识付费领域最具天然优势的社交平台之一。Quora拥有全美国最优质的社交用户，它在2009年创建初期，就以问答的社交形式吸引来了高质量的用户，这些用户都是为知识付费的优质用户。Quora的上线开拓了一直处于低迷的问答市场，并很快引领了硅谷风尚，吸引前来的用户包括各类互联网企业创始人，如脸谱网创始人马克·扎克伯格（Mark Zuckerberg），美国知名好莱坞演员，如艾什顿·库奇（Ashton Kutcher）等。Quora起初是以邀请制运行的封闭式平台，也因此吸引了很多社会明星和智慧人士，平台内的问答质量非常优质。后来平台逐步对外开放，普通用户可以通过谷歌或脸谱网账号登录，这一方面可以防止搜索引擎检索内容；另一方面也可以让更多的用户参与进来。到2010年8月，Quora放开了对搜索引擎的限制，这标志着Quora逐渐成为向大众开放的开放性平台，接着，它又与脸谱网等社交网站合作开放功能。Quora的成功在于与以往的信息对接信息的问答平台不同，它是以信息为渠道完成了人与人的对接。在平台上用户可以订阅感兴趣的主题，也可以订阅某一个问题的答案或某些人的活动，当用户关注的主题有新的问答出现，或有人回答了用户的问题时就会收到提醒。同时，平台还利用类似“掘客”（Digg）的投票机制来提升对问答内容质量的把控，用户可以根据内容的质量选择“顶”或“踩”的投票动作。值得一提的是，Quora在鼓励用户提供高质量问答内容时，运用了“堆栈溢出”（Stack overflow）的软件基础，如果用户想要在答案堆栈中靠近顶部而让所有人都看到答案，除了需要给出高质量的答案，还需要尽快回答，因为问题提出一阵子后再回答，很可能会错过重要人士的阅读致使无法进行投票。Quora平台的价值主张非常明晰，即从信息泛滥的环境中筛选信息来给用户创造价值。著名风险投资人哈吉特·塔格（Harjeet Taggar）曾在Quora上回答过用户的问题，他表示“我更偏爱在信息量少，但质量高的信息环境里找寻我需要的内容，而非在聚合类的平台上获得信息”,[82] 可见，对于在线知识付费而言，他们都是具有付费意愿的优质用户，这也是 Quora 未来在知识付费领域里发展的核心资源。经过近九年的精心打造，Quora 市值从 8 500 万美元一路涨到目前的 18 亿美元，快速增长的价值有两大驱动力，即用户的增长与测试广告效果的正向表现。从用户数量来看，Quora 拥有超过 1.9 亿的用户，已成为用户获取专家建议的主要来源渠道，而庞大的用户规模与用户对平台的关注度吸引了大批广告商，用户查找答案展现的高度明确的意图，使他们很可能会购买与其找到的答案相关的东西。Quora 会在用户问答下面展示相关企业的品牌和产品描述，而这一广告测试效果的良好表现，成为投资者看好 Quora 的重要参考指标。Quora 创始人迪・安格罗表示，平台显然关注的是用户和使命，而不是盈利，但面对如此之大的创意市场，商业会不断地追随。随着 Quora 不断开放的平台姿态进入大众，平台在流量不断增加的同时内容质量也产生了下滑，这也成为目前平台的现有问题。Quora 虽然在美国占据了在线知识市场的半壁江山，但在商业化道路上，在以广告业务为主的商业模式之外，平台也开始做出新的商业尝试。

在没有高质量竞争对手的情况下，Quora 有着充裕的时间向前发展。2017 年，Quora 平台推出了付费问答的新功能，即一方发起付费提问，吸引相关感兴趣的用户来参与回答，最优质的回答者将获得付费提问者的赏金。同时，Quora 还在付费专区提供不同的版本，如有专门针对白领或创业者等不同群体的版本，在兴趣、群体类别下划分类目，以让相关用户更集中地找到相关领域高质量的问答。但目前来看，这个功能暂时没有形成特别大规模的成绩。类似的问答平台还有 Answers On Startups、Fluther、Sirclelt、Hunch 和 PeerPong 等。其中，AnswersOnStartups 主打极客式风格，主要目标用户面向初创型公司，用户可以在其平台上咨询公司创业的相关问题，但这些问答类平台都存在着如何盈利的问题。

第三节　国内在线知识付费行业发展现状与传播特征

随着 2016 年在线知识付费元年的爆发，行业进入快速发展阶段，市场规模不断扩大，BAT 互联网巨头也开始迫不及待地涉足此领域。在线知识付费平台之所以在短短几年时间里引起了广泛的社会关注度，主要在于它强大的变现能力。从市场现状看，在线知识付费行业正在步入规范期，行业的商业模式需要进一步优化发展才能趋向成熟。

一、在线知识付费的发展背景

发源于美国硅谷的“黑客马拉松”（Hackathon）被人们称为程序员的“美国偶像”。早在1960年，“黑客马拉松”就以程序员之间的自组织形式存在，而直到20世纪90年代开始才逐渐形成了具有比赛性质的“黑客马拉松”概念，即一群编程高手聚在一起，在连续几十个小时内开发出一款插件并当场交作品，被誉为“这个世界里最酷开发者的狂欢活动”。[83] 国内在线知识付费前身正是基于一场“黑客马拉松”而来，其标志为2016年4月1日凌晨值乎的正式上线。

在知乎每年举办的“黑客马拉松”文化节上，值乎获得了当年应用开发作品的冠军，在知乎内部的代号为“码上有钱”。随后在2016年愚人节的前一天，值乎以“文字刮刮乐”的形式出现在微信朋友圈当中，瞬间获得裂变式的传播效果。“文字刮刮乐”以文字为主要载体，对关键词进行打码，用户需要通过付费来查看打码内容以获得完整的文字信息。可以说，“文字刮刮乐”的付费模式兼具了用户参与的趣味性与传播裂变的优势。首先，策划某领域里的大咖制作相关行业的知识干货，以文字载体形成需付费的优质内容产品，对该领域有知识需求的用户通过小额付费完成知识的获取，属于最早形式的“知识付费”。其次，每个潜在的付费用户也可以用同样的方式制作、发送与个人信息相关的“文字刮刮乐”，并制定不同级别的价格在个人社交圈中完成传播，而对社交平台的利用，使其具备了传播裂变的社交优势，在短时间内就形成了“病毒式”的传播效应。与2016年年初微信推出的打码付费照片相比，“文字刮刮乐”起初以行业专家制作的内容为主，本质上已经开始具备了知识信息的特性，之后在PGC的引流基础上，把趣味与小额支付引入熟人社交平台环境，有效激励了用户参与式进入，即普通用户成为内容分发者的同时也成为内容的支付者。“文字刮刮乐”表面来看是借用游戏的方式通过社交平台达到了传播裂变的效果，而它之所以有用户付费参与，实际上是因为在某种意义上，“文字刮刮乐”创造了一种新的用户价值，即满足了用户对专业领域知识的需求和用户对多场景熟人互动的高效便捷的社交需求。

值乎的“文字刮刮乐”在成功打开用户朋友圈的同时，也成为知识付费的初期“试错者”。近几年不断火爆朋友圈的各类在线小游戏、小程序等层出不穷，从10秒钟把蔡依林从“凤姐”堆里找出来的休闲娱乐小游戏，到2018年年中刷屏社交媒体的“全国足迹地图”的“西瓜足迹”小程序，无一不满足了用户在分享这类内容时获得的优越感。不管是分享一首歌还是分享今天自己走了多少路，都是自己向朋友圈的自我展示，也是这些小程序类的产品满足用户价值的方式。

这类型产品通过简单的操作及二维码生成等手段，可以达到用户的快速裂变，但由于这类产品缺乏对用户价值的持续开发与变现途径，最后只能变成一次性的消费品。在市场上并不缺乏能够迅速聚拢流量带来高人气产品的环境中，值乎的“文字刮刮乐”创新性地解决了在聚拢流量之后将内容直接变现的产品盈利问题。但由于缺乏成熟的产品设计，“文字刮刮乐”也很快被更迭取代。从载体层面说，文字很容易被截图复制，当一个用户付费解锁之后，只要截图复制再免费分享给其他人，原有打码内容的付费价值就会消失，其他用户完全不用付费就可以在别的渠道看到免费的内容。从使用体验层面说，用户在点击打码文字时，微信会向用户做一个授权步骤，当授权之后，界面会直接进入值乎的广场页，而不是直接显示打码内容。从互联网消费心理学来讲，多一步操作过程就会损失掉将近90%的用户，这个流量损失是巨大的。因此，值乎的产品使用流程设计显然是一大败笔。[84] 基于文字、图片载体的问题，知乎平台在2016年5月14日接着推出“知乎 Live”。“知乎 Live”本质具有直播的属性，它以在线语音为载体，以一对多的语音直播场景将知识一次性地分享给直播室里的用户，并与用户进行对话互动，但进入直播室前需要付费，价格则由答主来定。

同年5月15日，果壳推出分答，这掀起了一阵语音付费问答的新热潮。同样，分答产品只用了10天不到的时间就开发出来，却在上线后的一个多月里获得了微信 1 000万用户的访问，如王思聪进入分答平台后，不到一周的时间就以32个问题获益超过20万。由此，分答也成为大家关注讨论的热门产品。基于值乎文字载体存在容易被复制的问题，分答以语音为载体掀起了第二场“付费”热潮。相对文字、图片媒介来说，语音媒介更具有时效性、不宜被复制的明显优势。以“付费语音问答”形式上线的分答，通过与网红、知识大V、明星等自带流量的大咖及各领域行业专家合作来吸引大流量，通过分答平台与用户对话。分答上线42天后，平台用户达到1 000万左右，其中付费用户在100万左右。由大咖引流付费后，33万用户开通答主页面，UGC语音问答达到50万条，付费的交易金额达到1 800万元，其中用户的复购率在43%左右，交易的频率在19万次/天。[85] 随后，果壳网推出的在行与分答获得A轮融资，估值1亿美金。从此，“知识付费”形式的产品开始受到资本界的关注。

随后，2016年5月，“罗辑思维”团队推出的得到App上线后，喜马拉雅FM付费专区、“在行一点”等针对知识付费的平台开始纷纷涌现，市场瞬间处于井喷态势。直到得到App创始人罗振宇在2016年跨年演讲时，明确提出“得到”的愿景是要做“中国最大的知识服务商”，由此，知识付费这个新兴的赛道才被正式界定。不可否认的是，2016年是在线知识付费市场开始明晰的关键一年。此后，在线知识付费行业开始进入快速发展期。

二、在线知识付费市场现状及商业模式特征

2016 年，在线知识付费迎来发展元年，以喜马拉雅、得到、在行一点、知乎等为代表的在线知识付费平台纷纷上线，其市场体系与规模正逐渐规范化。而随着付费用户群的迅速扩大与成长，在线知识付费进入了真正意义上的发展期，市场开始从增量期进入存量期，行业正在经过市场的淘汰机制形成较为稳定的市场格局。进一步优化业务结构、完善全产业链布局、用户价值提升，以及市场下沉将成为在线知识付费行业未来的发展方向。

（一）在线知识付费市场发展现状分析

从整体来看，在线知识付费经过了一年爆发期后，行业雏形基本形成。2020 年，知识付费用户规模突破 4.2 亿人，国内市场规模已达 392 亿元。艾瑞监测数据显示，2017 年 12 月，在线知识付费平台每月独立设备数量在 1.43 亿台，月度用户总使用市场则达到 4.1 亿小时，与同年年初相比，涨幅分别达到了 73.7%与 100.3%，在线知识付费市场的持续发力得益于用户对付费知识产品的热情。艾媒数据显示，截至 2021 年 1 月，喜马拉雅月活跃人数达到 7 990.23 万人，领跑知识付费市场。

由于市场受到在线知识付费的影响，以罗振宇“得到”品牌为代表的“时间的朋友”系列跨年演讲晚会、喜马拉雅打造的“思想跨年”活动等，为在线知识付费市场打造出浓厚的文化氛围，同时，此类现场活动还可以帮助平台有效识别出知识付费的潜在消费群体。北京贵士信息科技有限公司（QuestMobile）对参与“知识跨年晚会”活动的观众进行了现场监测，从其监测数据可知，喜马拉雅当晚的活跃用户在 21 点到 23 点之间出现峰值，在所有在线知识付费平台占比达到 11.3%。得到平台上的活跃用户在当晚相同时间点突破了 17.1%。2018 年年初，从在线知识付费 App 日活跃用户规模与人均使用时长的增长程度看，喜马拉雅 App 的日活跃用户规模的数据从 828.6 万增长至 946.6 万，用户的使用时长从 43.8 分钟增加到了 45.5 分钟；得到 App 的日活跃用户规模则从 59.0 万增长到 75.6 万，其用户使用时长从 12.8 分钟增加到了 18.0 分钟。[86] 这也可以看出在线知识付费用户需求市场端的高热情度。

从在线知识付费用户群特征看，果壳网“2016 知识青年付费报告”显示，初入职场的 90 后群体是在线知识付费市场中最大的用户群体，人数已经达到 5 000 万，[87] 且多为计算机和网络从业者。与年轻群体相比，极光大数据显示，工作 8 年以上、年龄较大的用户群占整体用户的 23%。然而，QuestMobile 在对

“2017年罗振宇跨年演讲”现场的所有用户进行大数据分析后发现，处于事业上升期的一线城市中年男性对知识的获取也具有较大的需求。数据显示，到跨年现场的人群多为高净值人群，具有高收入与高消费能力，且注重生活品质。这类人群“对股票交易等金融类应用有较高偏好；另外，对跨境电商、生鲜类电商、电影演出等方面的应用具有偏好的用户，在追求高品质的物质生活时，对丰富精神生活也有极高需求”。[88] 在线知识付费的用户结构层较丰富，精准识别用户层特征，是在线知识付费行业有效提高知识产品与用户匹配度的重要前提。

从在线知识付费行业的发展阶段看，平台发展优势显著，内容方的发展则相较滞后。[89] 早期进入在线知识付费赛道的平台大致分为两种类型：一种是原来的内容平台基于优质流量进入在线知识付费行业以完成平台转型，这类内容平台在过去积攒了大量具有付费潜质的优质用户，如豆瓣时间、喜马拉雅、知乎与36氪等；另一类为原生平台，这类平台前身多以自媒体为主，创建平台直接进入在线知识付费市场，如得到、在行一点、荔枝微课、小鹅通等。目前，在线知识付费市场存在多种属性的平台类型，每种平台其内容优势不尽相同。从主流类型来看，平台主要分为独立平台型、内容平台转型与社交平台转型三种。独立平台如得到、在行一点等，主要以平台自制内容为主，以优质内容打造品牌优势；内容平台转型类平台主要依靠原有的用户基础，开发多种盈利模式，如喜马拉雅、知乎、豆瓣时间、网易云音乐的付费频道等，其优势在于具有丰富的内容资源与内容运营经验；社交平台转型类的平台内容主要以问答型产品为主，其优势在于丰富的用户关系链与用户黏度，如微博的付费问答等。对于平台而言，内容供应方一方面构成了平台的上游环节；另一方面，内容方多数还是通过诸如微信公众号平台来积攒人气、吸引流量，在扩大影响力的情况下入驻各个在线知识付费平台的发展模式，对用户的开发及内容差异化的打造还不完全。与此同时，内容方成为新进入在线知识付费平台市场的强大候补力量，其用户价值深挖、产品细分、变现空间都将成为行业未来发展的新机会。从行业的从业人员特征看，在线知识付费行业从生产端引入了出版业、教育业、传媒业的优质人才。在线知识付费与这些成熟产业的业务流程精准对标，大量从事出版、传媒等行业的精英开始流入在线知识付费行业，这促进了知识产品的高质量与精品化。

目前，在线知识付费市场的格局基本稳定。从QuestMobile“2016春季App实力榜”提供的数据可知，喜马拉雅月活度是2 089万，知乎的月活度则为753万，它们在短短一年内均实现了1.6倍以上的增长，喜马拉雅保持了知识付费月活跃度第一。2018年，在eNet研究院与《互联网周刊》一起公布的在线知识付费产品排行榜中，喜马拉雅、得到、知乎占据了榜单的前三位。据艾瑞咨询统计，在线知识付费市场呈“腰部”结构分布，喜马拉雅、知乎、得到这三家平台占据了在线知识付费市场规模的35%，腰部与长尾分别占据市场规模的25%和40%。[90] 可见，在线知识付费的市场集中度不高，但市场格局的稳定与行业的逐渐规范，使内容生产、平台传播的规模化，人才引入，技术、流量基础等因素构成了行业的基本壁垒，垂直细分领域将成为新的知识付费创业者的最好途径。2018年艾媒咨询发布的报告显示，在线知识付费用户已经趋于理性，优质内容的需求成为用户关注的重点，未来行业将呈现大众化的发展趋势。[91] 从内容类型来看，目前市场中已经形成了诸如通实类、技术类、专业类等多元化的内容结构。喜马拉雅、知乎、得到三家平台为典型的针对大众化市场，即头部市场的主要力量。

（二）在线知识付费市场主要平台商业模式特征

1. 喜马拉雅

2016年，付费产品“好好说话”的上线，标志着喜马拉雅开始进入在线知识付费市场。经过两年的发展，喜马拉雅平台的付费精品已经形成了体系较成熟的知识付费运营体系。

喜马拉雅的知识付费业务主要集中在付费精品专区，主要以音频课堂为主，具体分为音频专辑、有声书与直播微课。音频专辑分为历史人文、亲子儿童、个人提升、商业财经、外语五大类目，在这五大类目之下又有具体的内容细分。音频专辑在类目划分的基础上，开设的课程产品包括大师课、精品课、小课、训练营与好书精读六类。从大师课与精品课的产品定位来看，它们同属于PGC头部内容，主讲人或老师一定是在某专业或行业领域处于意见领袖地位的专家学者，如大师课多为李银河的“说爱情”、余秋雨的“中国文化必修课”、易中天的“易中天说禅”、王东岳的“中西哲学启蒙课”等大家学者课程，这些大师级生产的内容基本属于通识类的知识产品；精品课由马未都的“国宝100”、郭德纲的“郭论·郭德纲品俗文化史”、蔡康永的“201堂情商课”、马东的“职场B计划”、清华教授朱武祥的“商业模式课”等具有意见领袖影响力的主讲人课程构成，内容与通识类比更有针对性。产品定价因主讲人咖位与专辑集数不同而不同，基本从99元（喜点）到299元（喜点）不等，专辑分期分集制作，专业化强。第三类课程小课与前两类相比体量较小，主讲人多为深耕各行业经验丰富的专家，主题内容较垂直。比如，李诞、池子的“幽默工具箱”，张萌的“高效打造个人品牌”，叶清的“好声音进修课”等，其产品定价基本在9.9元（喜点）到19.9元（喜点）不等。以上三类课程都没有用户评价功能。第四类产品训练营以外语培训为主，目前上架的节目共五档，包括与“有道考神”联合打造的“百日英语听力训练”、“不一样的剑桥国际少儿英语”、资深讲师培训师夏说的

“夏说英文—暴虐跟读集训营”、新东方名师的“安宁老师的日语课”、“高校汉语·零基础直达高级”等，价格分别是199元（喜点）、299元（喜点）、399元（喜点）、998元（喜点）。训练营内容具有培训课特质，属于目标导向型内容，价格也相应高很多，有用户评分评论功能。第六类产品好书精读，类似得到App的“每天听本书”，以请大师学者或行业专家对书籍进行诠释或品读为主，如李汤的“西方经典禁书精读”、彼得·德鲁克的“管理学精讲”、胡德夫的“胡德夫品读《飞鸟集》”等，产品定价区间在9.9元（喜点）到198元（喜点）之间，有用户对产品的评分与评论功能。

以上六类知识付费产品是喜马拉雅付费精品的主要形式，另外一种形式是类似知乎Live的直播微课。喜马拉雅的直播微课Live学院下分情感心理、教育培训、生活与外语四种类目，主讲人以与喜马拉雅签约讲师的形式建立个人直播间，用户付费即可进入直播间参加每期微课程。微课产品形式以语音＋图片为主，每条语音几十秒或不到两分钟的长度。用户付费进入直播间后，页面另设有打赏、点赞的互动功能，在主讲人直播的时候用户可以随时提问互动。每个微课产品以专辑形式划分集数，价格从几十元到几百元不等。微课主讲人一般都是有丰富行业经验的专家，内容垂直细分，属于咨询导向内容产品，如“小周情感课堂”、同先生说的“低风险稳赚高收益，年化30％的财富增长秘籍”、欢丸妈妈陈霜的“让孩子爱上古诗词”、大胡子说房“收入再低也能买！房产大佬手把手教你买房致富”等，产品没有用户对产品的评分与评论功能。

付费精品还有一种主要的付费形式是有声书，其分为文学、经管、言情、悬疑、都市等十个具体类别。有声书主讲人以机构和个人入驻平台的形式，通过平台创建自己的主页，进行有声书创作，而平台要构成有声书付费与广告结合的盈利模式，激励主讲人生产内容并与平台合作。有声书的形式包括主讲人以配音方式直接阅读书籍，如由机械工业出版社出品的“卓有成效管理者的实践”，也有类似评书的形式，如华音传媒的“西游记（李庆丰文化评述）”等，它们经过后期音效包装后形成有声书产品。为了方便用户根据喜好精准查找有声书，喜马拉雅的用户界面设计了推荐、最热有声小说、经典畅销书、男生最爱、女生最爱等标签向用户推荐有声书。有声书每集时长在几分钟到几十分钟不等，产品定价没有统一标准，区间在几元到几十元之间。

喜马拉雅知识付费特征更倾向对标淘宝，即知识电商平台，其所有知识付费产品都有完善的售后，如支持7天无忧退款、提供客服咨询电话等。平台通过会员免费、会员优惠价格等吸引用户充值会员，用户付费后还可以加入专属群。社群可以有效增加用户对平台的黏度，还可以深度服务用户需求，成为平台未来对用户价值深入挖掘并开发的保证。值得一提的是，喜马拉雅开设了“知识大使”

功能，以个人为节点进行分享传播，扩展知识产品的营销渠道，每当有一个人通过用户的分享成功购买产品，就能得到产品金额5%的佣金奖励。分享方式有链接分享、邀请卡生成、海报生成等。喜马拉雅平台商业模式如图3.1所示。

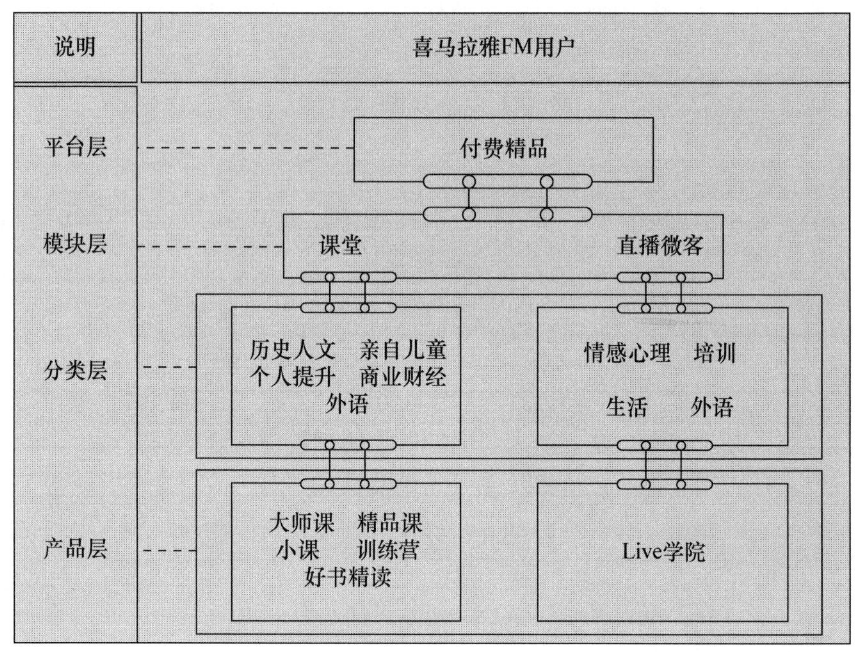

图3.1 喜马拉雅知识付费平台示意图

2. 得到平台

“罗辑思维”最早以付费会员培养用户的付费意识与习惯成功后，2016年又创建了得到在线知识付费服务平台。自此，罗振宇成为知识付费市场最典型的开创者。

得到由四大模块组成，分别是听书、电子书、商城和得到课程。听书模块产品“每天听本书”下设42种细分类目，几乎涵盖了所有知识领域，其中以自然科学、能力、商学、社会科学、视野与产业、文化艺术六类领域为“每天听本书”的“镇馆之宝”，再加上“精选书单”，这两块专区能够让用户快速甄选并聚焦最受欢迎的书单并得到优质生产的听书产品。“每天听本书”的第三块专区“品牌解读人”即让自媒体人、专家学者或内容生产机构以入驻的方式，在自己的主页里上架自己解读的书籍，用户可以进入主页查看他们的资料介绍并购买听书。比如，苗炜工作室解读的《美丽的标价》《杜拉斯传》等23本书，贾行家解读的《四大门》等18本图书等，这种将知识揉碎后“投喂”给用户的理念可以说是听书最基本的商业逻辑。“每天听本书”以音频为承载媒介，产品用户界面

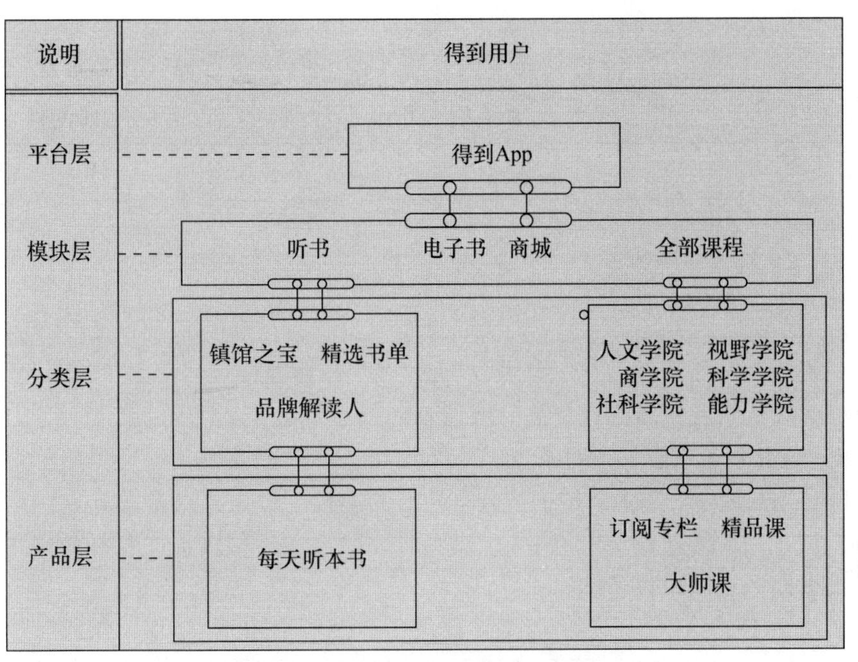

图 3.2　得到知识付费平台示意图

会显示产品的时长、所属分类、解读人简介、音频简介，以及对音频知识点的总结，用户还可以得到选书、解读与撰稿、审稿、录音与剪辑、校对上线的内容打磨团队的介绍。一般“每天听本书”产品统一定价为 4.99 元（得到贝），产品时长为二三十分钟左右，会员免费畅听，不支持免费试听，没有产品评分与评论机制。

得到的第二大付费模块是电子书，主要是向用户售卖各类电子书籍，包括“每天听本书”产品里所有被解读的书籍都可以在电子书里购买。电子书定价从 2.99 元（得到贝）到 100.80 元（得到贝）不等。

得到的第三大付费模块是得到商城，对标的是天猫或网易严选，此模块更符合电子商务的特质。相较于知识产品，得到商城售卖的是实务产品，包括数码产品、图书、书房装备、得到品牌衍生品，如得到台历、得到听书音箱、充值卡等，以及各类实务产品等，包括从“罗辑思维”就有的礼品专区等分类专区。得到商城同时也有电商的促销活动，如 2018 年的“双 11”，得到在自己的平台上发布“双 11”当晚八点的直播通告，“双 11 特别直播，罗胖坐镇得到大卖场，身份是店小二，请各位同学做好充值准备”，通过直播手段与罗振宇的影响力吸引用户。

得到的第四大模块是得到课程，课程下开设了六种专业分类，并以“学院”

对不同类别的内容进行划分，如人文、商学、社科、视野等，当有学院上架新课程会在学院首页提示。课程产品多以音频＋图文的形式呈现，专业性强，属于PGC头部内容，主讲人多为大学教授、行业专家等，具有意见领袖的影响力。比如，“薛兆丰经济学课”365讲，超30万得到同学加入学习，还有“万维刚·精英日课”“吴军的谷歌方法论”等，形成了以吴军、和菜头、李笑来等有影响力的主讲人为核心的得到课程品牌。得到课程时长一般在几分钟到十几分钟不等，课程价格按照主讲人咖位与节数数量来制定，一般在19.9元（得到贝）到199元（得到贝）之间。课程支持免费试听，没有会员免费福利，没有产品评分与评论机制。产品界面会显示总讲数与加入学习的人数，还会有老师简介、课程亮点、课程大纲及更新方式提醒。得到App平台商业模式如图3.2所示。

3. 知识分享平台——知乎

2010年12月，知乎以知识型分享社区的平台定位正式对市场开放，经过几年的发展，知乎接连推出“值乎”“知乎Live”等产品项目，这表明它找到了新的发展方向——知识付费。

截至2018年11月，知乎围绕知识付费开设了“知乎大学”，分别包含两个付费模块：“知乎课堂”与“知乎读书会”。其中，“知乎课堂”下设十类知识付费专区：职场成长、心理情感、培训考试、互联网、商学院、生活研修、科技科普、健康学堂、人文艺术和文学小说。每一专区的产品都是以“知乎Live”与“知乎私家课”两种形式构成。“知乎Live”的主要特征为，产品以语音音频作为知识传播载体，以一对多的直播形式开讲，参与直播的用户有机会与主讲人互动问答；从内容上看，产品较为口语化，更倾向于一对多的朋友之间的经验分享；产品时长根据主讲人的内容设计没有统一标准，一般在27分钟到249分钟之间不等；产品因主讲人的咖位不同没有统一定价，价格区间一般在9.99元到29元不等。“知乎Live的”产品都有一个非常明确的主题，主讲人都是相关领域的专家、某个行业的普通人、知名自媒体等。比如，“芝士就是力量”主讲的“校园招聘中的面试技巧”、金承志主讲的“只有这样的合唱，才能让你们刷屏”、“眯眼捕快”主讲的“入警、从警二三事”、翁昕主讲的“艺术经纪人这一行”等。

与“知乎Live”相比，“知乎私家课”产品更加系统化、专业化，内容提供者多为行业的专家学者或知名自媒体，更属于PGC类型。其主要特征为产品载体有音频，也有视频；产品内容设置以章节为主，每一讲时长在几分钟至十几分钟之间；产品定价随着咖位不同没有统一标准，价格区间一般在39元到99元不等且会员免费。此外，专业性较强的团队生产的内容价格会明显高于一般价格，如职场新人在线大学制作的“法律英语训练营”定价399元且会员不免费。从产品界面来看，“知乎Live”产品界面有内容大纲简介与主讲人的介绍，产品有打分、留言的用户评价机制，而“知乎私家课”的产品界面在产品包装上更精细，有知友的留言，但无打分机制。另外，两类产品都有免费试听或试看，其中“知乎 Live”在直播时生产的互动问答需要付费后才可以看到。总的来看，“知乎 Live”与“知乎私家课”的共同点是，都有明确的主题及侧重用户的针对性。

知乎另一个知识付费模块为“知乎读书会”，它包括免费专区、付费出版专区与知乎出品专区。免费专区是“知乎读书会”为知友提供的免费电子书区域，用户只要注册了知乎账户则可以免费在线阅读。付费出版专区提供的都是“知乎读书会”以购买版权形式上架的电子图书，如《乌合之众》《人性的弱点》等热销书籍。知乎出品专区的上架电子书都是由知乎自己出版的图书，生产方式通常是与“头部”内容生产者一起合作出品的电子书，如在垂直领域很火的丁香医生《准妈妈必修课》《房地产投资岗入门指南》等。值得注意的是，一些数字杂志，如《知乎周刊》数字杂志，一般是由知识讨论社区知乎上的用户创作产生，知乎平台进行再编排包装形成。这些杂志以免费订阅为主，不仅可以充分利用 UGC 的内容价值，还为知乎用户打造了知识分享社区的环境氛围，可以提高用户对平台品牌与价值的认同度，以更好地增加用户黏度。知乎平台商业模式如图 3.3 所示。

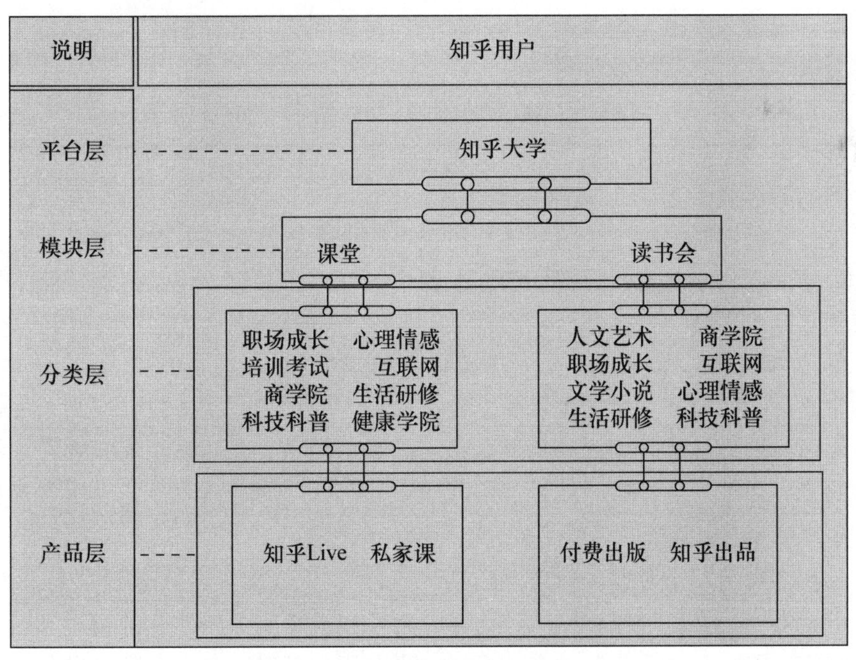

图 3.3　知乎知识付费平台示意图

4. 在行一点

2016 年 6 月分答上线明星问答产品后，因缺乏完善的价值生产体系而在两个月后迅速下线。通过两年对知识付费的摸索，分答重新上线，随即便获得了红杉资本与腾讯的投资，并更名为今天的在行一点。与之前分答的简单问答所带来的局限性相比，在行一点设计了更具有完整体系的知识付费产品线。

在行一点主要由课堂与问答两部分模块构成。课堂是基于之前问答产品的知识付费体系的重要补充，由工作、生活、学习成长与热门四大类目组成，各类目又有具体划分，如工作包括行业经验、求职面试、职业规划、职场人际等；生活包括房产、健康、个人形象、理财等；学习成长包括英语、心理、学习力、个人品牌等；热门有跳槽、搞定老板与行家讲书等。在这些分类的基础上，平台开设了“讲、课、班”三种形式的知识付费产品。2017 年年初，在行一点推出定位为轻课堂的“分答小讲”，其内容属于即学即用的实操攻略，通常是以特定场景解决具体问题为导向。比如，马晓楠的“实现双赢的 3 大商务谈判策略”、熊浩的“职场冲突别再忍，3 招体面化解”或如何理财等。“分答小讲”的主讲人基本为具有丰富经验的各行业专家，产品以系列的方式划分为不同期的小讲课程，每讲的时长通常在 20—30 分钟左右，产品定价区间为 4.9 元（在行币）到 9.9 元（在行币）。“分答小讲”的用户界面设有“小讲圈”，用户可以在这里与主讲人互动，或进入主讲人的主页进行一对一的付费问答，其他用户如果要听主讲人的答复需要支付小额的偷听费。

2017 年 6 月“分答班”上线。“分答班”以培训导向型内容为主，一般以传统班级的形式，进行线上培训。与提供单向输出的课程产品不同的是，分答班侧重导师的陪伴式学习，每节课在 15 分钟左右，产品总时长在 20 天或一个月左右，配备主教团队，除了学习外还有讨论、作业布置等深层互动。产品的导师陪伴特征使产品售卖具有时效性，即在上课当天会停止销售，用户只能等到下期开课再购买此类产品。产品定价一般在 99 元（在行币）到 199 元（在行币）之间。

2017 年年底，在行一点又上线了“分答课”。相比前两类产品，“分答课”更侧重系统化学习，主讲人基本为高校名师、行家高手，属于以通识类为导向的知识内容，以音频结合图文的形式呈现。此类产品总时长一般在十几到几十个小时之间，用户学习的持续时间在 3—6 个月之间，产品定价在 49 元（在行币）到 149 元（在行币）之间。

在行一点另一个重要的付费产品是“问答”，下设名人、兴趣、专家、机构、其他五大专区，并以健康、情感、法律、育儿四大类为“问答”的核心类目，设有“我问”“快问”“我听”的产品形式。平台用户可以就个人问题选择与专家学者、社会名人等进行一对一的付费咨询与提问，其他用户可以免费试听第一个语音回答，后面的问题回答则要付费。此类产品主要强调用户与名人专家、用户与用户之间的语音互动，以提问回答的方式进行收费。此类产品特征更加碎片化，主要针对较为简单的、有确定答案的问题，如想要得到快速答案或专家咨询等。在行一点的主要优势也是在问答专区，因为明星、网红大 V 的入驻，吸引了大量用户。提问的定价高低由答主的咖位来决定，基本在几元到几百元之间不等。在行一点平台商业模式如图 3.4 所示。

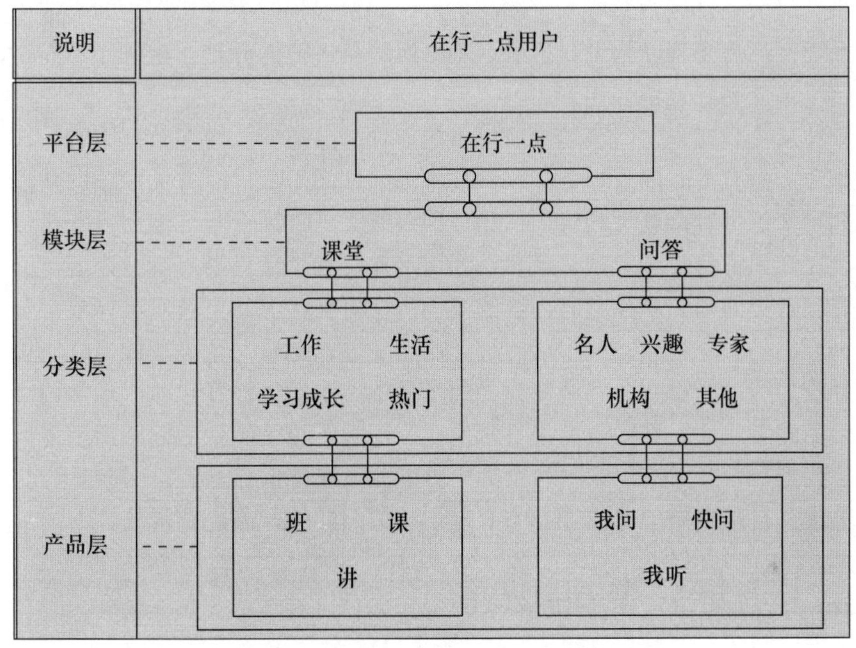

图 3.4　在行一点知识付费平台示意图

（三）在线知识付费产品类型

从在线知识付费市场整体来看，目前主要的知识付费产品类型有三种，分别是通识类产品、解读类产品、问题导向类产品。

通识类产品是当下知识付费市场最为常见的知识付费内容形态，是头部市场的主要类型产品。这类产品知识最为系统化，用户通过对此类知识的学习可以达到知识结构的丰富、思维格局的提升、精神的放松等。与提供具体解决方案的内容产品不同的是，其内容呈现出较强的理论性特征。通识类知识产品的受众最广泛，具有“理论普及”的特征，如得到 App 提出的“终身学习”的概念，就是针对这类通识类产品。

解读类产品往往在知识付费的垂直领域里，其产品定位侧重具体问题的解决方法，有很强的实际操作性。此类产品具有高场景度，内容更精品化，主要是针对特定场景解决具体问题，如在面试场景中教用户如何成功面试，或对某一行业的调研报告、行业数据进行解读等，需要相关领域的资深人士提供内容，如36氪的开氪就是主要针对创业人群做创投类的知识产品。

问题导向类产品主要涉及一对一的付费咨询，其内容没有固定标准，较为灵活自由，其优势是具有即时互动性，内容生产门槛低，不足是以问题为导向的产品知识性较弱，且用户黏度与复购率最低，问题得到解决之后用户就会流失。因此，此类产品需要不断精细化拆分，不断对场景进行拆分细化运营，不断对内容进行衍生才能更好地留住用户。

整体从在线知识付费市场中所提供的各种产品类型及内容数据来看，较为受用户偏爱的是有关时间管理、互联网技术等的产品类型，而有关职场的技能学习或规划是知识付费市场上的热门产品类别，有关理财、金融等偏向商业投资的产品类型在知识付费市场上数量最多，如房产投资和生活理财等细分内容产品。由于投资理财类的知识产品具有内容的非标准性特征，因此更具有个体或细分人群的咨询产品的服务特点。从生活兴趣类产品来看，音乐、诗歌、健身、历史等产品类别较为受市场欢迎。专业知识类的产品中，医学、教育学和心理学等类型最突出产品的专业性。其中，有关日常保健、疾病等相关的生活健康类型多以在线的问答为主，教育类则以亲自教育的学龄前儿童教育最受欢迎，另外，人与人的交流沟通、自我性格的养成等有关心理学相关问题的产品也较常见。

三、在线知识付费的传播特征

在线知识付费在短短几年间就形成了大规模的行业影响力，主要原因是在线知识付费平台具有移动媒体的属性，其依托现代信息技术所形成的社会新型互动关系，利用网络社交媒体优势产生了裂变式的传播效果。此外，与互联网媒体属性不同的是，它除了传播信息外，移动化社交所带来的即时性、服务性更被强化了出来。[92] 可以说，传媒载体已经不再只是工具，而早已融入了大众的生活，是当代社会最普通的生活方式。[93]

（一）在线知识付费的“自传播”特征

在线知识付费在产品的传播效果上有一个重要的考量指标是内容的自传播，即不采用任何外力的用户群体的自发性传播。在移动互联网时代，由于媒体市场基础的改变，传统的受众变为移动用户，他们被移动社交网络赋权，既是内容的接收者又是内容的生产者与传播者。用户通过网络多渠道接收到自己喜欢的内容时，会产生自愿转发分享的行为，这就给内容带来了二次传播效果；而用户以加强信任关系的“朋友圈”或社群作为传播渠道，能更有效地激发其他人的再次传播。由于“朋友圈”、社群等社交媒体环境具有多维度交叉关联性，每个人都在不同的圈子里进行切换，因此，这种内容的“自传播”可以很容易实现跨人群、跨边界的瞬间扩散，达到了裂变式传播的明显效果。在线知识付费正是基于移动互联网社交而来，先天具有的“自传播”特征优势，成为在线知识付费典型的传播特征。

（二）在线知识付费传播的“场景”要素特征

在打破空间限制的PC互联网时代，各种类型的在线社群出现，基于互联网的连接，人们之间的地域界限被瞬间打破，彼此交流、分享等互动建立起了一种特殊的情感网络关系。[94] 比如，早期的论坛、贴吧，到今天的微博等，人们把互联网空间认知为“虚拟世界”或“虚拟空间”。但伴随移动网络技术的更新迭代，网络世界与现实生活开始深层交融，如微信“朋友圈”、社群面对面创建功能、线上支付线下消费的移动支付模式等，这种对现实生活的移动网络化，带来的是线上的信任关系，与线下空间场景结合的强关系，它成为新型社会人们的生活方式，而不再是“虚拟世界”。可见，依托于移动网络的在线知识付费的传播终端是用户身处的多种现实场景，而场景本身又成为在线知识付费传播的新入口。在移动互联网开发之前，传统的PC机互联网时代，人们只能坐在家里、办公室或网吧这些相对固定的场所进行信息传播，而随着人们进入智能机移动时代，人们随时随地都在上网，这时的移动网络已经深入了人们的线下生活，开始强化网络用户所处的不断变化的各种场景，即开始侧重场景或情境的感知与信息或服务的一种匹配。[95]

对于在线知识付费平台的用户来说，采用传统的用户结构统计方式已不能充分理解用户的需求。在高频的移动环境中，用户因在不同场景而进行角色转换，每一个用户的需求也随着场景的切换而不同。也就是说，面对同一个用户，从场景入手，平台可以向其传播多种知识产品。因此，分析用户的多种场景并发现其需求，通过精准推送为用户提供服务，才能达到在线知识付费的有效传播。

（三）在线知识付费产品的高“伴随性”媒介特征

基于“场景”传播特征，在线知识付费产品的另一个突出特征是高“伴随性”。用户在使用移动终端的时候，往往伴随着其他事情，如吃饭、通勤、家务劳作，甚至工作或学习等，而这些时间的碎片化特点也决定了在线知识付费产品的特点。目前，在线知识付费市场里知识付费产品主要以音频为传播载体，音频所具有的天生优势赋予了在线知识付费产品的独特竞争性。与音频相比，视频虽然能给用户带来更加直观的视听享受，但视频的优势同样成为它在这个时代的劣势。在移动互联网视频内容泛滥的环境中，用户的“注意力”变得稀缺，视频内容频繁对用户“注意力”的“霸占”会导致用户的耐心与所愿花费的时间越来越少。而音频这种“非视觉”的传播形式给受众带来的是一种独特性强，且具有明显主观情感性的内容接收体验。[96] 音频媒介的传播抵达依靠听觉器官，这样就解放出了用户的双眼、双手，用户在接受知识传播的同时可以做其他事，也就是说，音频媒介具有高度的场景伴随特性。不管用户身处哪种空间环境与交流氛围当中，有哪些生活习惯与动态，都可以在移动环境下聆听音频内容。因此，音频媒介的优势在于私密性强，场景限制少。另外，在线知识付费以音频为载体，其伴随性和不中断性高，这也意味着声音的语速、音调、节奏、吐字发音等成为在线知识付费产品传播质量的重要标准。音频传递知识有利于人格展现，突出陪伴感，以此达到深层次的传播效果。[97] 相较于图片与视频，音频更有利于保护版权并降低生产制作成本。

音频制作的低门槛有效激发了用户参与，UGC 模式下用户成为传播者。用户参与价值创造成为在线媒体信息内容的主流生产模式，是共同协作下进行价值创造的新方法与路径，也是数字化与移动网络时代中，媒体价值创新的重要途径。[98]

第四节　在线知识付费行业的现存问题

在一个内容创业的时代，在线知识付费的兴起无疑给内容创业者带来了一个全新的竞争领域，无论是自媒体还是以 BAT 为代表的巨头企业，或是内容创业新人，都希望进入在线知识付费的赛道以抓住这波内容创业的新机遇。但是，随着在线知识付费市场经历了 2016 年风口期的“野蛮生长”后，从 2017 年的下半年到 2018 年上半年开始，在线知识付费行业的问题开始愈发明显。艾媒咨询提供的 2017 年国内在线知识付费市场的研究报告显示，截至 2017 年年底，喜马拉雅产品的用户复购率为 52.4%，在行一点为 43%。产品打开率、完课率等问题表明很多用户不再为知识付费产品买单，市场整体呈现降温的趋势。

在线知识付费行业仍在早期的发展阶段，市场不只存在移动化的消费场景带来的内容“碎片化”、产品复购率低、内容同质化、评估体系不完善等问题，还存在产业链条不完善、商业环节缺失、用户面亟待扩大等问题。如今，用户价值还没有得到深度挖掘，用户购买知识产品后，还是没有真正解决实际问题，在线知识付费市场的趋冷也在意料之中。但这并不意味着行业没有未来，在迅速的发展过程中遇到市场瓶颈是行业发展的必然。面对市场红利的结束与存量竞争的到来，在线知识付费行业首先要解决的问题应是行业与用户之间的信任建立问题，因为一旦信任纽带被破坏，行业将无法对用户展开持续的价值开发。因此，在线知识付费行业如何基于用户的信任感来持续创造价值，成为未来在线知识付费行业能否基业长青的关键。本节将从以下几方面来具体分析市场现存的问题。

一、在线知识付费平台缺乏优质内容

从内容上看，早期在线知识付费平台打造的爆款产品吸引了众多用户购买，如喜马拉雅推出的《好好说话》一天突破500万，得到的“李翔商业内参”两天就超过了400万的订阅量。然而，在不到一年的时间里，无论是知乎 Live 还是得到专栏，都在产品收入、打开率等方面大幅滑落，如得到的专栏打开率从早期的50％降落到30％，诸如此类的现象开始广泛在知识付费行业出现。[99]

虽然初期确实涌现出不少优质的在线知识产品，但随着市场不断扩大，产品数量迅速增多，产品内容整体质量有所下降，而质量的参差不齐破坏了用户对行业的信任度，从而降低了行业的复购率。同时，在线知识付费内容分类趋于同质化。由于管理、投资理财、职场等领域较受市场欢迎，容易获得用户的关注，而这类内容多以问题导向型内容为主，解决问题的路径方法也基本类似，因此市场上只要属于这类型的知识产品，其内容就会趋于高度的同质化。内容的同质化及价值含量低，带来的明显问题就是用户打开率低，各平台用户转化率不足及复购率明显降低，这反映了用户对行业满意度不高，表明市场的持续价值创造能力较低。

此外，移动互联网影响下的用户时间的零碎化，也使在线知识付费产品内容具有“碎片化”的特质。以分答为例，2016年6月上线42天以来，平台创造了1 800万元交易额，吸引了1 000万用户的参与，但其60秒语音媒介承载不了高价值的内容。虎嗅网提供的数据显示，在行一点的前身分答，新增用户数从十几万跌到一万左右，而日均用户提问的数量从1.4万降至后来的2 000。可见，“碎片化”的语音付费问答在持续创造内容价值能力上存在明显问题，而知识学习往往是系统化的学习过程，这就与依托移动联网发展而来的在线知识付费存在自相矛盾的问题。内容的“碎片化”也是行业经常被质疑的点，如何在“碎片化”学习与增强知识的“系统性”之间找到平衡点，是在线知识付费市场目前急需解决的问题之一。在线知识付费提供优质产品服务是吸引用户的核心价值，是用户付费购买的根本驱动力，质量的高低决定了在线知识付费市场的未来。

二、在线知识付费市场缺乏评估机制

由于知识产品属于在线数字内容产品，用户只有在付费之后才能获得质量好坏的信息，相较于一般的内容变现，它的效果更为长期，因此，对内容产品的评估可以帮助用户筛选优质内容，保护用户的权益。对在线知识付费产品的评估在知识付费元年就已有尝试。2016年，新知榜作为首家第三方知识付费评测机构，通过做知识付费产品排行榜帮助用户评测在线知识付费产品，并为用户选择购买提供付费决策依据。目前，接入新知榜的在线知识产品已经有4 000余个，该机构也已在流量入口最大的微信上线小程序，成为知识付费产品的搜索引擎。它聚合了各类平台的内容方便用户查找，提供的在线知识付费产品排行榜被认为是国内最权威、最专业的榜单。但该机构对知识内容的评价机制基本依赖平台内部的评价功能，如在产品用户界面设置评论区与打分功能，用户可以通过评分与评论内容来判断产品的质量，这样的产品评估机制很容易出现平台干扰评论的客观性问题，而且有些平台对PGC头部内容并未开放评价功能。另外，知识付费产品的主观性较强，需要一套科学系统的评估指标体系才能统一标准对内容质量进行评价。与娱乐类内容变现不同的是，在线知识付费，尤其是一年期的套课类型产品作用效果更为长期，而且有的课程是边制作边上线，虽然都有免费试听的功能，却无法保证以后的课程质量。比如，喜马拉雅与咪蒙共同打造推出的“咪蒙教你月薪五万”课程，为了吸引用户，产品以“3年后你的薪水涨幅没有超过50%，课程费用将双倍退款”为营销噱头，瞬间引来大量用户付费购买。但随着课程的更新，用户评价开始呈现走低趋势，诸如“标题党”“内容差”“退钱”等评论词频繁出现，内容质量上也出现一边倒的批评声，到了课程第六期，播放量与第一期比较跌幅约95%，仅为1 544。[100]《人民日报》公布的数据显示，课程上线后有11万人报名，但实际用户的完课率还不足三分之一。而三年后用户的薪资是否能超过50%不会有人知道，双倍退款也只是营销噱头，并不是真要对用户负责。从此案例中可见，缺乏第三方评估会导致生产者对内容把控的不负责，会给整个行业带来负面影响，降低用户对行业的信任度。

在缺乏完善的评估机制的在线知识付费市场里，头部内容成为内容质量的重要保障，IP、知识名人等是用户最直观、有效判断内容质量的指标依据。但对于腰部与长尾产品，还是需要平台具有科学的内容筛选机制以向更多元化的用户推广产品。否则，头部内容的增强会带来一系列马太效应，即头部愈强，腰部愈弱。这不仅会导致在线知识付费市场未来的用户受众面狭窄，更会影响市场内容生产的可持续性。

三、在线知识付费产品存在侵权盗版问题

由于在线知识付费产品的数字化特性与小额支付特征，一次性低成本购买再翻录音频、视频的现象频出，尤其以图文为载体的内容更容易低成本复制，加之传播的零边际成本，这都极大地降低了盗版的难度与成本。而盗版内容的传播对产品销售带来了巨大的影响，如知乎一年就遇到200多次的知识侵权。但相关部门并未对在线知识付费平台的知识版权建立保护机制，作为新型的知识付费产品，其在面对侵权问题时仍存在无法定义的边界模糊性。长期来看，在没有健全版权机制的保护下，不仅知识生产者的热情会降低，用户也会因缺少对原创内容的尊重进而转向购买低廉，或直接找到免费的知识产品资源。

目前，在线知识付费平台针对版权问题有两种处理方式，一种是设立自己的法务部来处理版权侵权问题；另一种是把版权问题外包给第三方公司，专门针对相关问题进行实时管理。

四、在线知识付费市场存在政策风险

在线知识付费属于跨多领域的融合市场，涉及教育、出版、传媒和多个行业领域，它不仅影响着其他行业的现状规则，也构成了国内社会精神层面的内容。与影视业已形成各方面较成熟的体系不同，在线知识付费由于是新兴市场故缺乏政策上的管制，导致市场或多或少存在管理漏洞。随着市场的不断完善，未来内容生产、平台运营等各方面可能会出现一系列的政策规制，如产品需要备案审查；内容生产者需要明确主体身份，经过培训持证上岗；知识多渠道有偿分发获得的收入、内容生产者的利益分成收入要按照一定比例交税等，此类政策变动会对行业发展产生重要影响。2018年3月，知乎出现了触碰政策红线的平台事故，其因传播违法信息内容，被相关部门通知下架一周整顿。另外，2018年年初新浪微博热搜榜被下线一周调整，凤凰新闻与今日头条的客户端因传播违法信息，也被相关部门约谈。网信办的一系列管制行为表明，国家已经开始加大对网络社交、资讯平台等的监管力度，能够传播影响社会价值观的信息平台都会有潜在的下架风险。因此，在线知识付费平台在缺乏内容监管审核标准的情况下，极易触犯政策红线而面临风险。

政策对在线知识付费市场潜存的规范问题进行管制将会引发行业的阵痛，不过从整体上看，相关政策的制定有利于其市场的规范化，将构成在线知识付费市场长期良好发展的重要保障。

第五节　本章小结

本章主要以研究国内在线知识付费行业的发展现状为主。第一节从免费模式到付费模式的过渡视角，提出以前以免费为主的商业模式发展至今，信息内容的泛滥及用户需求结构的升级等促使了以内容直接变现的付费商业模式出现的可能。另外，因国外并没有明确提出在线知识付费的概念，本章第二节中分析介绍了国外类似在线知识付费的典型平台产品与商业模式特征。本章第三节从市场规模、主要平台的商业模式、用户画像特征、产品内容类型、产品传播特征等多维度对国内在线知识付费行业的发展现状进行了系统的分析研究，并在此基础上，提出目前行业快速发展下的问题，包括在线知识产品质量参差不齐、评估机制缺失、自身版权问题，以及政策风险四个方面的具体问题。

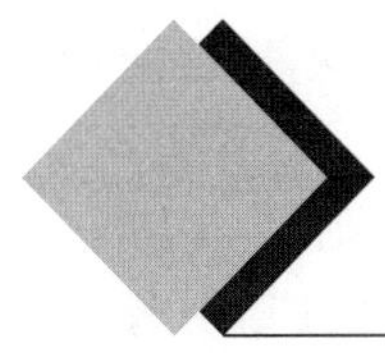

第四章 在线知识付费平台的商业逻辑及价值链

在线知识付费行业作为近两年快速发展的新兴行业，它与传统企业、发展成熟的互联网企业的商业模式变革相比，具有商业模式创新的原生性，即行业的兴起就是基于对商业模式的创新。可见，外部环境与内部驱动直接推动了在线知识付费行业的兴起与快速发展，这也是其能成功实现商业模式创新的主要动因。

第一节 在线知识付费平台商业模式创新驱动

从商业模式创新机理看，内外部动因是推动商业模式创新发展的重要影响因素，而商业模式的创新又是保证各种驱动因素有机结合的重要通道。一方面，信息技术的飞速发展与智能手机的应用普及，为在线知识付费市场的发展奠定了庞大的网络用户基数；另一方面，信息技术的发展从运营管理、盈利渠道、支付体系、用户体验等方面对在线知识付费的商业模式创新提供了强大的技术支撑，是在线知识付费商业模式创新的直接动力。[101]

一、外在驱动力

互联网商业环境的复杂变化构成了在线知识付费市场兴起的重要外部动因，包括信息技术的应用与普及、网络商业市场环境、互联网产业格局、资本市场的转变等。这些也都成为其商业模式创新的外部驱动力。不可否认，当今互联网世界的发展现状，成为新兴行业创业者观察商业发展阶段的重要参考角度与客观环境。

(一) 信息技术的应用普及

技术的创新发展是支撑市场需求的基础驱动力。从政策层面来看，信息技术的引领作用离不开国家对体制、机制改革的支持。中国改革开放的快速发展得益于科技的发展与市场经济的结合。1978 年 3 月的全国科学大会上，我国首次提出了科学技术为第一生产力的理念，这一论断让科技成为中国改革开放的重要变革力量。1984 年，在中科院副院长周光召提出的“一院两制”的改革方针下，我国技术与市场深度结合，科技成果开始作为生产力带来前所未有的社会经济效益。高科技跟市场经济相结合的典型区域——中关村，成为打开中国通向信息时代大门的重要力量，影响了全国的发展并形成了科技引领改革的规模化环境。

以联想汉卡、四通打字机、五笔字型输入法、方正汉字系统为代表的中关村“四大发明”，推动了中国计算机产业的第一次技术浪潮，同时为中国信息产业的未来发展奠定了基础。以联想汉卡为例，它在中国信息产业史上占有重要地位，是联想历史上第一个拳头产品，它是让起初只能在英文环境中运行的计算机识别中文的硬件，是计算机在中国推广的关键技术。前四年，联想汉卡累积销售 1.5 万套，销售额达 4 500 万元，到 1987 年年底，联想前身计算所公司已经拥有 7 345 万元销售收入，550 万元流动资金和 400 万元固定资产，为联想完成了资本原始积累。1987 年，中关村电子一条街已经有了相当规模，每天到中关村采购的流量最高达到 20 万人次，科技企业达 148 家，从业人员达到 4 407 人，总销售额有 9 亿多元，占海淀区社会总收入的 37%。1988 年 3 月 12 日，于维栋在《人民日报》发表的《中关村电子一条街调查报告》的抽样调查中的数据显示，在电子一条街工作的员工“收入增加 1 倍以上的占 87.5%，2 倍以上的占 52.4%，3 倍以上的占 23.6%”。为了提高技术企业的发展，同年 5 月，国务院发布了《北京市新技术产业开发试验区暂行条例》，对相关企业免征税三年，为这些企业减轻了税费负担。国家政策的改革不仅推动了中关村的发展，更为技术引领创新带动市场经济发展起到了重要的宏观环境的保障。随着改革开放的不断深入，政府在政策上大力推动互联网产业的发展，互联网在国内的运用迅速得到普及，到后来 3G、4G 移动网络体系逐渐建成，为中国信息技术产业的快速发展奠定了坚实基础。

从市场层面看，2017 年，工信部 10 月 19 日公布的材料显示，电子商务的快速发展，直接加快了第三方支付的发展速度。我国移动互联网与数字信息技术的发展已经走向了世界的最前沿，其中，我国移动支付的规模已经位居全球第一。

以我国第三方支付为例，前瞻产业研究院针对我国移动支付行业发布的研究报告数据显示，移动支付的交易规模从 2011 年的 0.1 万亿元增长到 2016 年的

58.8万亿元，同比增长率超300%。随着智能手机的渗透率不断提高与二维码支付业务规模的扩展，用户正在快速从PC端向移动智能手机端转移，根据数据资讯网（Statista）发布的《金融科技2021——数字支付》，2020年，中国拥有全球范围内最大的数字支付市场，规模达到24 965亿美元。随着移动支付开始深入网民的线下生活支付，多种类的支付场景逐渐丰富，展现在时间与空间上的生活特征也更加的碎片化，支付的随机性提高，而移动支付正满足了这种随机消费，几乎全面覆盖了用户生活、工作、旅游等各类场景。

对于在线知识付费的市场而言，2013年到2016年是其不断酝酿的关键三年。2013年是线上移动支付爆发元年，移动支付市场规模达到12 197.4亿元。移动支付技术的成熟与发展，不仅推动了移动支付领域的规模化，更为后来的在线知识付费市场提供了庞大的潜在付费用户基数。不可否认的是，移动支付技术的发展与成熟为在线知识付费提供了强大的技术支持，同时也成为其为用户创造价值的重要一环，是其商业模式在支付技术创新上的重要驱动力之一。

（二）流量红利的消失与互联网移动化的完成

从1987年我国第一封电子邮件发出到1997年，我国互联网发展走过了十年。中国互联网信息中心统计显示，1997年，全国联网电脑29.9万台，网民用户62万左右。可以说，1997年是中国互联网发展的关键一年，是以王志东、张朝阳、李彦宏为代表的中国互联网创业者开始发力的一年。到2000年，随着亚信、UT斯达康、新浪、搜狐等公司先后赴美上市，中国市场开始形成一种新经济的潮流——知识经济。与传统经济需要硬资源不同的是，知识经济的生产资源是知识与创意。在资本、企业和网民的共同推动下，同年，中国的互联网开始进入蔓延式增长阶段。互联网信息中心统计的数据显示，中国网民数量从1998年的204万户，增长到2000年的2 040万户，短短两年的时间就翻了十倍。上网、电子商务、个人邮箱、公司网站等成为这个时期的关键词，我国在很短的时间内就进入了互联网文明的人类社会。

然而，从20世纪90年代到21世纪初的互联网发展来看，一直困扰互联网公司的是如何找到一种商业模式来盈利的问题。这一阶段，互联网公司的广告业务增长缓慢，不足以支持其盈利，一方面是当时的企业还没有明显的营销意识；另一方面是民营企业还没有规模化，因此，互联网公司如何盈利的问题始终没有得到一个好的解决方案。但互联网公司并不缺资本市场的青睐。从投资角度来看，互联网公司的逻辑是经营者通过“烧钱”的方式吸引和聚拢用户，只要用户数量足够多，将来总能从中找出盈利空间，投资者看重的也是庞大的用户基数。只要有人在就有需求，那么总有一款产品或服务能让用户掏钱，而在规模化用户的基础上，每个人只要小额度付费就可以获得高额盈利。互联网企业的发展与业务拓展几乎都是依照这种逻辑进行的，如 2013 年在 O2O 领域里，腾讯的滴滴与阿里的快的在争夺出租车市场份额时，前期的“支付+红包大战”一直到 2014 年 5 月才结束，在双方近半年的红包补贴后，滴滴与快的共烧掉约 24 亿元人民币。从前期的高投入到后期占领市场份额获得稳定的持久盈利，正体现出互联网世界里企业的首要逻辑——争夺流量资源。中国庞大的人口体量为互联网市场带来流量红利，加之移动通信技术的四次代际更迭——“从模拟到数字、从语音到数据、从窄带到宽带”[102]——带来的移动基础设施的不断进步，我国移动用户的数量大大增加，极大地提高了互联网流量向移动互联网规模化转移的速度。

QuestMobile 的数据显示，2018 年上半年，我国移动互联网用户仅增加了 2 000 万人，移动网络用户规模基础总量为 11 亿。流量增长的放缓意味着流量红利的结束，我国移动互联网的发展开始从增量期转入存量期。流量红利已变成红海，而深耕用户需求、细分用户市场、完善盈利模式成为移动互联网下半场的主要特征。移动网络成本的降低与获取流量成本的急速提高，使新进入移动互联网的企业不得不重新思考商业环境的转变，在线知识付费企业正是在这种转变开始之时进入移动网络“战场”的。它以移动互联网所涉及的内容、社交、服务为接入口，以深挖移动场景里的用户需求来创造价值，从争夺流量市场份额转向精耕细作付费内容。可以说，从互联网到移动互联网的开始转移，再到转移基本完成的时刻里，后进入市场的企业在商业模式上不断进行着创新思考。随着移动终端不断深入用户的线下生活、工作空间，移动互联网服务场景也将更加丰富，未来，移动互联网必将有更多价值被创造挖掘。

近几年的内容创业得益于移动互联网的红利，但随着移动互联网红利的消退，整个国内的互联网市场开始进入下半场的用户注意力的争夺和用户黏性的培养，[103]在此基础上，形成的外部环境带来了在线知识付费平台商业模式创新的压力。

（三）BAT 巨头型互联网企业市场格局的固化

2018 年，我国互联网百强企业的整体实力大幅提升，成为带动信息消费的主要力量。据统计，2017 年我国百强互联网企业的总收入在 1.72 万亿元左右，占 2017 年互联网消费比重的 37.78%，带动网络消费增长 14.48%，其业务收入占据整体互联网业务收入的 25%。其中，百强前五名企业互联网收入又占百强企业总收入的 50%。[104] 根据中商产业研究院发布的我国 2018 年中国互联网企业百强名单，占据前三位的仍然是阿里巴巴、腾讯与百度。从 BAT 三家公司主要产品的移动端使用量级来看，其核心产品都有亿级用户，月均活跃用户都超过 2 亿，部分的日均活跃用户甚至过亿。截至 2021 年 1 月，我国前十名互联网企业的市值规模已突破两万亿元。从社交应用频率来看，腾讯仍然占据最高活跃量，成为社交为主的互联网巨头。根据腾讯 2021 年第一季度财报，2021 年 3 月底，微信与 Wechat 合并月活跃用户数达到 12.416 亿，同比增长 3.3%。而支付宝与百度拥有用户分别为 7.7 亿、5.56 亿。虽然百度已经退到互联网企业的第八位，但仍和腾讯、阿里巴巴等企业把控着流量的“超级入口”。

从三家公司的投资布局来看，阿里巴巴仍然占据着庞大的电子商务市场份额，其淘宝、天猫，毫无疑问是最接近消费终端链条的平台，而它们在大数据处理、庞大的用户数据库存储等方面也都有非常完善的技术。此外，在金融、云服务、大数据、文化娱乐等领域，阿里巴巴也具备高度竞争力。百度虽然在移动社交领域还处于追赶状态，但它在技术创新上发力，通过深度学习、人工智能和自动驾驶等商业化新技术的研究投入，积极开拓未来技术代际的领先机会。腾讯则在移动社交网络生态建立了自己强大的竞争优势，依托 QQ、微信两个主要的社交平台，搭建了线上到线下丰富的生活、消费场景。另外，在游戏产业中的布局，尤其是针对手游市场的迅速转型，也让腾讯获得了绝对的市场领先地位。

2016 年，随着流量红利的结束与移动化的基本完成，大公司的优势愈加明显与巩固，BAT 这类巨头型互联网企业的格局已无法撼动，且强者越来越强。新晋的互联网创业者面对的是巨头型企业构建的国内互联网商业生态文明，其已经固化为牢不可破的商业文明基础层，创业公司只有远离红海选择蓝海战略，而商业模式创新则是新互联网创业者在复杂变化的经济环境与产业竞争中实现竞争优势的必然选择。换句话说，创业者如果无法做到颠覆互联网产业格局，就应该在基于现有的商业生态中去寻找新的机会，利用巨头企业的资源在下一层与它们进行博弈，即深挖互联网细分市场的需求。以罗振宇的“罗辑思维”为例，微信平台成为移动社群快速商业化的土壤，“朋友圈”成为强关系和信任社交的平台，而微信自媒体“罗辑思维”，通过阅读类脱口秀节目和富有创意的微信运营，形成了拥有 400 多万粉丝用户，以及 5 万付费会员的知识社群，2014 年一年的会员费、产品私人订制的销售，共给平台带来约 5 000 万元的收入。[105] 2020 年，罗振宇的“得到”用户数已达 3 800 多万。因此，BAT 的互联网产业格局成为在线知识付费行业商业模式创新的外在驱动力之一，它选择的是在细分市场的基础上创新自己的商业模式，体现了在线知识付费行业避开相互厮杀的红海选择蓝海的市场战略。

（四）资本市场趋于理性

2014 年 9 月，李克强在夏季达沃斯论坛上公开发出“大众创业、万众创新”的号召，随即各地方政府开始出台“双创”政策，一股创业创新的社会浪潮随之而来。美国硅谷支撑科技创新公司发展的创投模式也开始在政府的鼓励引导下频现中国，民间资本的投资领域被拓宽，形成了“天使＋孵化”的新投资模式。2014 年资本市场的增长到了爆发阶段，经过两年的发展，2016 年，国内的资本市场开始转冷，整体趋于理性，如图 4.1 所示。从整体投融资数量和金额来看，2017 年网络社交市场投融资数据相比之前几年都有不同程度的下滑。从国内的社交网络发展来看，其市场已经进入成熟阶段，商业模式也较为成熟，在头部市场的挤压下，未来行业的创新机会会趋于更为细分的市场领域，而资本市场也会开始将关注点偏向于更为清晰、更富有创新的商业模式。

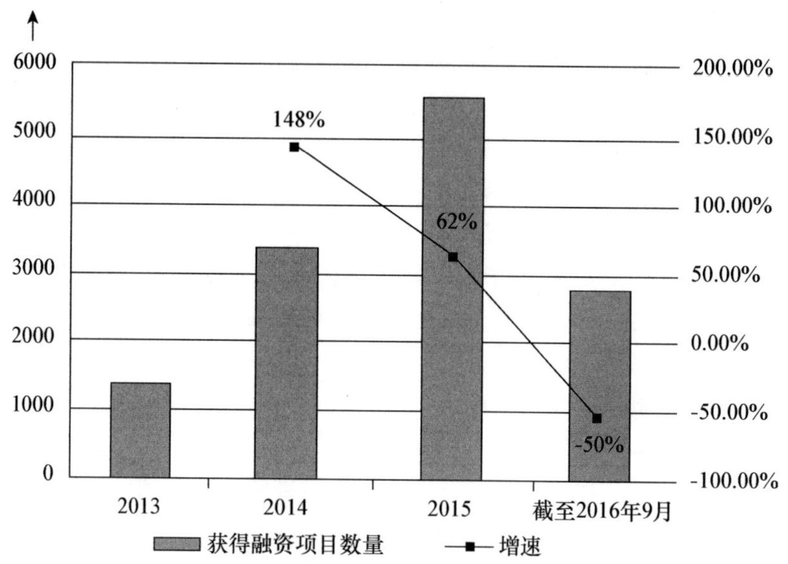

图 4.1　2013—2016 年获得融资的项目数量及其增速

从趋于理性的资本市场特征来看，内容类项目成为 2016 年资本热衷的领域之一，尤其是在线知识付费市场明晰的商业模式与更安全的现金流表现，获得了资本的关注，进一步推动了 2016 年在线知识付费行业的整体爆发。从融资层面看，2016 年以来，在线知识付费行业的融资状况表现良好。IT 橘子数据显示，2017 年行业在知识付费细分领域，总共完成了 210 次的融资，与 2016 年相比，一共少了 44 笔融资，但单笔的融资额度有所上升。随着在线知识付费领域头部效应的发挥，2018 年上半年，行业共完成 95 笔融资，共获得 24.28 亿元。针对在线知识付费的投融资市场来说，知乎、喜马拉雅、蜻蜓等平台分别完成了各轮融资，其具体融资情况见表 4.1。在相关投资机构中，不难看到有 BAT 互联网巨头的投资参与。对于在线知识付费市场情况，在产品与服务的不同成熟程度下，内容变现模式趋于成熟，各类在线知识付费平台有趋势在未来寻求上市。

表 4.1　2018 年的在线知识付费平台融资情况

公司名称	融资轮次	融资金额	投后占股比	领投方
知乎	D 轮	1 亿美元	10%	今日资本
得到	C 轮	9.6 亿元	15%	红杉中国
千聊	Pre-B 轮	1 000 万元	未透露	腾讯
在行	A+轮	数千万元	未透露	腾讯
喜马拉雅 FM	E 轮	数亿美元	未透露	百度
蜻蜓 FM	E 轮	10 亿元	20%	微影资本，百度
荔枝微课	A 轮	数千万美元	20%	高格资本
凯叔讲故事	B+轮	1.56 亿元	未透露	微影资本正心谷创投等
吴晓波频道	A 轮	1.6 亿元	8%	信资本

资料来源：IT 橘子，元时代智库整理。

2018 年，在线知识付费行业融资热潮不退，多个在线知识付费领域的公司获得融资。比如，“时间知道”在天使投资阶段获得微影投资的 600 万元融资金额；知乎完成了接近 3 亿美元的融资，平台估值达到 25 亿美元；“老路识堂”获得 2 160 万元的 A 轮融资；另外，“天天学农”也获得了千万级别的 A 轮融资，这 4 起融资总金额超过 20 亿元。[106] 在线知识付费市场在频繁获得资本青睐的条件下，行业规模迅速扩充，《新媒体蓝皮书：中国新媒体发展报告（2018）》显示，2017 年年底，国内的在线知识付费规模约为 49.1 亿元，同比增长近 3 倍。可见，从资本市场对内容细分类创业公司的热衷倾向，为在线知识付费在 2016 年的爆发奠定了资本条件，从经济上支持并推动了行业商业模式创新的不断实践。2020 年，我国知识付费市场规模已达 392 亿元。

二、内在驱动力

巴菲特合伙人查理·芒格曾说道：“宏观是我们必须接受的，微观才是我们能有所作为的。”联想集团有限公司董事局名誉主席柳传志也说：“环境改造不了，就努力去改造小环境，等待改造的机会。”从这些颇具影响力的人物观点可以看出，外部的宏观环境会在一定程度上给企业带来影响，但不会起到直接作用，而真正能影响企业的是内部因素。因此，与外部动因相比，内部驱动力是在线知识付费平台商业模式创新的直接动力，内部驱动才是真正的驱动力。随着互联网带来的用户消费结构的转变与升级，移动社交时代创业者面临的是用户新的个性化需求与用户场景的丰富，于是，垂直细分的需求端市场逐渐形成。自媒体在流量红利结束的时代里需要开启下半场深耕用户注意力与价值，其与绑定的流量平台客观上需要更完善的商业模式以实现内容的商业变现，加之用户付费意识的迅速提高，这三方面都成为推动在线知识付费平台商业模式创新的直接内在驱动力。

（一）基于移动社交网络的需求端市场驱动力

从移动社交网络层面看，在线知识付费产生的基础底层是移动社交网络，同时，社交产品也是在线知识付费的本质属性之一，如沟通工具、沉淀更多维度的社会关系等，社交网络的构建为在线知识付费提供最基本的用户价值保证。

根据CNNIC中国互联网发展状况统计调查的数据，截至2017年6月底，仅即时通信这一网络社交主流模式用户规模就达到6.92亿人，其中手机即时通信用户达到6.68亿人，占即时通信用户的96.5%。到2018年2月，移动社交市场活跃用户规模达到9.70亿人，占移动互联网全网活跃用户规模的99.3%。网络社交是目前互联网市场最为成熟的产业领域，是互联网社会化的典型产物，并随着商业模式成熟度的不断提升逐渐成为互联网发展的底层基础，在流量发布、内容分发等方面扮演了重要的角色。而随着移动互联网的不断快速发展，社交模式和厂商持续加速地从PC端向移动端迁移，并诞生了更多新的厂商和模式，多环节玩家联动共同搭建起蓬勃发展的网络社交整体产业。在目前的社交领域里，微信、QQ仍然占据着即时通信软件的领先地位，微博则是在公众话题领域占据主导地位。应用宝大数据中心的数据显示，用户排名前三的社交类应用汇聚了该领域85%的用户，表现出超强的用户黏性和活跃度。以微信为例，微信利用庞大的用户量及高用户黏度，通过朋友圈、微信公众平台、移动支付、订阅号、小程序等功能向用户提供线上到线下的连接，构建了庞大的网络社交生态。企鹅智库通过调查用户对网络社交的满意度发现，随着大量社交关系链与多维度社会关系的沉淀，有七成的移动社交用户对产品服务提高有所期待，[107] 这表明了社交用户的价值有待深挖，且具有强大的市场潜力，用户对产品服务的期待为产品创新带来直接动力，如图4.2所示。

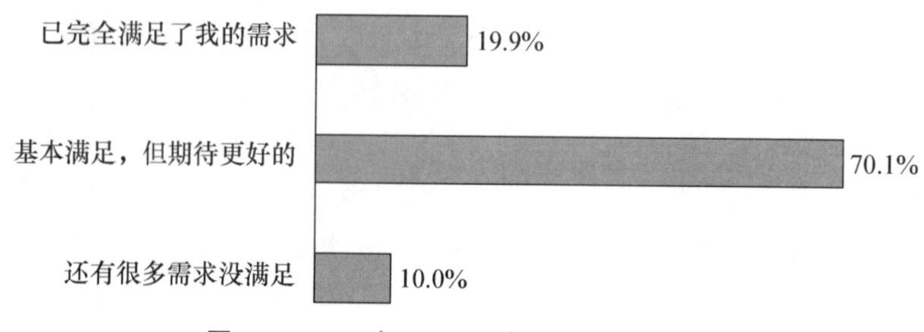

图4.2　2016年10月用户社交产品满意度

一方面，用户期待更好的产品体现着消费结构的转变。互联网在消费升级中的核心作用在于改变了人们的消费方式，快捷便利、扩大商品和服务的可选品类、降低消费成本等是其吸引用户的优势。随着社交网络人群的年轻化，年轻人为消费升级带来更多商业想象空间。除了物质生活，年轻人更重视精神消费的满足，对未来生活充满向往，物质需求在生活面所占比例会下降。[108] 随着消费结构的转变，以人力资本投资为主的教育、文化、娱乐的新消费结构正在形成，即从简单的物质需求型转向内涵丰富、层次更高的物质精神双重需求型。[109] 广告营销一直以来都是网络社交市场最为成熟的营收模式之一，而随着用户消费的升级，网络社交市场的变现方式开始多样化，其中用户付费项目尤为突出，包括增值服务、用户打赏、内容付费等。随着用户触网程度的加深，线上消费行为迁移、延展、深化，社交用户逐渐更有意愿通过付费行为获得体验升级、认知升级和富有价值的信息内容。[110] 因此，用户消费升级的客观需求成为在线知识付费商业模式创新的内在动因之一。

另一方面，用户个性化需求体现明显。随着社交信息量的过载，付费门槛能够帮助用户降低内容筛选的时间成本和注意力成本，过滤传播信息噪音平台的存在成为当今移动用户的基本内生需求。根据企鹅智库的调查，用户对社交产品功能的期待中，排在首位的一条是“屏蔽和消除垃圾信息”。聚集了大规模用户的移动社交网络成为信息生产和流通的主要平台，而当前出现的大量无效信息及信息量过载等问题，不仅打乱了用户的注意力，更增加了用户获取有效消息的难度。因此，用户亟须信息减负工具，以及提升信息获取效率的社交产品。此外，移动社交的多元化带来新的用户需求和用户场景，这使得用户对跨界的知识内容产生极大需求。比如，随着社交网络带来的垂直领域信息的不断丰富，用户社群化交流需求迫切，以满足各类社群的有效产品服务成为细分市场里的新机遇。真象大数据根据知识付费经济报告的一项“多少中国网民愿意花钱买经验”的调查数据发现，愿意为获得有针对性的专业知识或见解花钱的占 74.2%；愿意在节省时间和精力成本方面，以及学习积累提升自我花钱的分别占 50.8%和 47.3%；而愿意为拓展人脉和结交朋友花钱的仅占 12%。由此可见，在线知识付费是在移动社交的用户网络基础上，对用户价值的再创造，恰恰满足的是用户对移动社交产品更好的服务性更迭的需求。同时，个性化需求不仅带动了用户对内容付费的热情，而且迅速形成了各类垂直市场的潜在需求端。用户对精神消费的追求促使了内容产业的全面升级与再造，其强烈对有针对性价值内容的需求，成为在线知识付费商业模式成功创新的重要内在动力之一。

（二）基于自媒体的供给端市场驱动力

经过 2013 年到 2015 年的集中爆发，自媒体在不同的内容领域，尤其是垂直内容领域内开始出现具有影响力的自媒体人。从盈利模式来看，他们主要以B端的广告营销收入模式为主。然而，随着流量红利的结束及注意力的匮乏，广告业务开始出现增长放缓的趋势，自媒体上升路径开始收窄，这也促使其进入内容转型期，如自媒体内容的平台化和电商化成为许多自媒体流量变现的方式。自媒体的粉丝效应是从读者到消费者转化的基础，从"内容而电商"的角度可看作某种程度上的"粉丝经济"。以罗振宇的"罗辑思维"为例，其在2014年推出的付费会员是目前在线知识变现的雏形。在形成明确的在线知识付费平台——"得到"之前，"罗辑思维"做了一系列商业变现的"跨界实验"：在几个小时之内售罄不承诺权益的5 500个会员，募资160万元；一个半小时内卖出8 000套不预告书目的"惊鸿书籍"，每套499元；100天卖出40 000盒"真爱月饼"，每盒199元等。一年下来，"罗辑思维"自媒体平台收入一个多亿元。[111] 商业市场的良好表现不仅激励了其他自媒体人创作内容及内容变现的热情，更为以后在线知识付费商业模式创新思考带来了实践上的启发。换句话说，无论是授权会员，还是卖书或礼品，它们的商业逻辑都仍停留在将自媒体的流量进行"二次售卖"上，而在线知识付费却是直接售卖内容的逻辑，是内容的直接变现。由此，强调流量的商业价值转为打造内容生产者的IP、知识技能等本身的商业价值，并为在线知识付费商业模式的创新提供了新的商业思考维度。同时，从内容加电商的契合过渡能更好地让自媒体了解自己的用户偏好与需求，为在线知识服务提供强大的实践数据。

从以罗振宇为代表的自媒体的发展来看，其对多种商业变现的路径探索逐步酝酿了在线知识付费的供给端市场。一方面，在线知识付费的模式会直接提高大众的版权意识和原生内容的价值，并对优质内容持续供给方产生激励作用，为发展在线知识服务平台带来稳定的内容供给端口，其变现途径形成新一轮的知识经济；另一方面，在社交网络中形成的众多垂直领域里，已出现具有影响力的意见领袖的内容服务价值点，对其进行深度挖掘与价值释放成为在线知识付费商业模式创新的内容变现动力，如三节课、混沌大学等都是自媒体试水在线知识付费平台的典型案例。在线知识付费平台实现了自媒体从B端向C端拓展盈利模式的有效途径，也契合了内容市场从以广告为导向转为以用户需求为导向的知识经济发展趋势。自媒体持续的平台升级需求直接促进了在线知识付费平台商业模式创新的速度。对于自媒体而言，平台能够有效为其赋能，包括接入市场端、增加流量、获得用户数据、发现用户需求，并完成商业变现。围绕着需求端市场的个性化需求，平台方将会愈加强调内容服务的属性，自媒体内容提供方也会加强与平台的绑定。

此外，由于自媒体积极带动的内容变现商业模式市场实践初见成效，这不仅吸引了全新独立性创业公司的全新进入，也促使诸如豆瓣、知乎、微博等原有内容型社交平台开始探索其商业模式的多元化发展，尝试拓展内容变现的盈利渠道，进入在线知识付费市场“赛道”，并由此进行平台转型。无论是转型发展的自媒体、内容创业型的新企业，还是本来就具有广泛用户基础与内容生产的社交大平台，这些都构成了在线知识付费市场供给端快速规模化发展的重要因素。

（三）小额付费对用户付费习惯养成的推动

在线知识付费最难的部分在于用户为内容付费的意识，是否拥有具有支付意识的用户，是知识进行商业变现的关键所在。从用户的阅读习惯看，2013 年微信公众号平台的开放，彻底改变了用户的阅读习惯，用户在接受内容方面开始主要依赖社交网络渠道，大量流量转入移动端口，在线移动阅读成为用户的主要阅读方式。基于移动端的流量转移，2014 年付费“打赏”和付费阅读模式开始出现，此外还出现了一些用户自主尝试付费，如在知乎专栏和微博评论后开始出现二维码等自愿付费的早期付费形式。以微信推出的“打赏”为例，微信在每个公众账号作者的文章末尾处设置了“打赏”功能，用户可以选择已设置好的金额，从 2 元到 200 元不等，或者自己随意输入金额，通过“赞赏”付费的形式完成微信支付。打赏后用户头像会出现在打赏用户列表里，而这一设计则体现了用户的社交心理，即通过小费式的“打赏”，一方面展现了文章内容与读者之间的情感共鸣；另一方面完成了自我展示兴趣爱好与品位的机会。微信“打赏”的这一尝试，不仅是微信平台在自我商业变现探索中的实验，更为在线知识付费的用户市场打下了基础，培养了用户付费意识的整体环境，增强了用户与内容、付费的直接连接，而不再是广告、内容、受众的商业链条关系。

除了为内容付费的功能设计外，付费的小额度与付费的自愿性特征也为付费前期市场的培养提供了入口。无论是微信“打赏”还是微博推出的付费问答、付费偷听等，都有一个共同的特征——付费的小额度。小额付费内容更容易打破用户长期依赖免费渠道获取免费内容阅读的意识与习惯，同时用户通过小额支付还可以获取对新鲜事物的体验感。另外，付费的非强迫性反而从正向提升了用户自愿付费的意识。随后，付费微信群、付费分享开始逐渐成形，市场上也出现了一些应用产品。很快市场便形成了基于社交的内容付费的文化环境，这为后来在线知识付费产品的推出带来了强大的用户付费动力，用户对在线知识付费产品的接受度、付费意愿都呈现出良好的市场表现。因此，具有足够多的付费用户，成为在线知识付费平台商业模式创新实现的重要内驱力之一，在完成市场对用户付费习惯的培养之后，在线知识变现模式已经呼之欲出。

第二节　在线知识付费平台的商业逻辑

当今商业文明变革的大环境里，工业时代的商业逻辑早已不符合现代商业的要求，尤其在移动互联网时代，每一个用户都被赋能，以用户价值为核心，而非以企业自身的盈利为核心是其商业逻辑转变的关键所在。为用户创造幸福的生活，提供更好的服务是企业的首要逻辑，满足用户的需求并创造良好的社会效益才能获得更好的经济效益。在线知识付费平台正是基于这样的商业逻辑，在获得社会效益的同时带来了自身的经济效益。本节从四个方面具体研究了在线知识付费平台的商业逻辑。

一、跨界产业板块融合的商业逻辑

在互联网不断推动着各关联产业之间融合发展的大环境下，知识领域也出现了产业板块边界松动的现象。原来传统知识传授的三个大产业——教育、出版、传媒就出现了这样的一种融合契机，而这一契机恰是在线知识付费平台发展重要的商业逻辑之一。

以出版为例，传统出版业以书为终端载体来接触市场上的各种消费者，当把书交付到消费者手里后就结束了与消费者的接触，而他们的后续购买及阅读行为、反馈信息出版者并不能有效获取，无法获得消费者的画像信息是传统出版业的短板，这也成为传统出版业与网络平台合作融合的重要原因，即与在线知识付费平台的结合将为传统出版业带来大量的消费者数据，为其提供抓取精确数据的能力。对用户大数据的获取成为出版业积极与在线知识付费平台合作的重要因素，一些具有品牌影响力的出版社或内容机构开始重视与在线知识付费平台的版权战略合作，从而开拓了传统出版业在互联网中的发展空间。传媒业主要是通过占用消费者的时间与注意力来为广告商服务，而教育业本质上是一种现代社会的管束体制，他们与出版业一样，都不具有服务业的本质属性。这三大产业作为工业时代用来传递知识的主要体系，在移动互联网时代通过在线平台开始进行融合转型，完成各自在网络上的延展及角色转换。在当今互联网给每一个用户赋能的商业环境中，三大产业结合在线知识付费平台是向提供知识服务的服务业进行的融合转型，最明显的变化就是三大产业的服务角色转换，内容提供方虽然仍是以老师的身份出现，但与传统老师与学生的关系有着本质区别，在线知识付费的用户与老师的关系本质上是用户与知识提供者或服务者的关系，是对二者关系尊卑秩序的重新拟定，用户与知识提供者的关系秩序重构是在线知识付费商业逻辑的重要特征。

从在线知识付费平台的角度来看，专业且优质的知识内容及知识产品是体现在线知识付费平台价值的核心，而相关的教育、出版与传媒领域制作内容的高专业性及团队的高专业性正满足了平台对优质内容的需求。在线知识付费平台也是通过对不同的专业知识产品的版权进行资源整合，从而将平台本身变为大型版权内容服务平台，平台成为连接用户和知识版权方的中间组织。可见，在线知识付费平台的商业逻辑从产业角度看，一方面是教育业、出版业与传媒业从内容供应者开始向服务者转型，寻求融合发展的同时获得用户消费行为的大数据；另一方面，在线知识付费行业对知识的高品质内容的所需，平台在三大产业边界之间找到了结合点。在当今产业壁垒愈加模糊的市场中，在线知识付费行业的商业逻辑正是提供了一种产业间融合发展的解决方案。

二、用户时间效用价值的商业逻辑

在线知识付费平台的商业逻辑在于两方面：其一是为用户提高时间效用提供一种解决方案；其二是让用户将时间价值增值的部分花费到体验美好事物上来。互联网思维本质上属于时间维度而不属于空间的维度，传统实体市场交易需要物理性空间，这个硬性空间要求，限制了买卖双方必须在约定的时间内到特定的空间进行交易。而互联网平台摆脱了买卖双方时空匹配的物理限制，做到了在不同的空间与不对应的时间完成资源配置，这使得空间被无限延展而不再成为限制条件的同时，时间成为互联网思维的重要维度。换句话说，数字经济与实体经济相比，数字经济世界中最不缺少的恰恰是空间资源，而时间资源成为重要的稀缺资源。

从消费端来看，作为消费者的用户拥有两种基本资源——时间和金钱，在这两种资源里，时间是相对稀缺且不可增加的，每个个体均受限在一天 24 小时、一周 168 个小时的时间规模内。[112] 用户在庞大的网络信息中用于搜寻有用信息、交易活动等时间的增加就意味着效用的流失。与其他稀缺资源可通过努力获取不同，时间不可生产，时间资源只能通过不断节约来改善利用效率。[113] 随着互联网的发展与网络移动化的基本完成，用户数量开始进入增长的缓慢期，然而在网络用户基数较为稳定的环境中，各类信息内容的 App、创业公司等供给方却在不断快速增长，这时，用户的上网时间成为一个横定量。这几年数据显示，中国人平均每周上网时间基本固定为 26.5 小时，另外，企鹅至酷数据显示，2016 年 6 月，微信公众号已经达到 2 000 多万个，内容供应方已经超过内容接受方，庞大的互联网内容增加了用户固定的上网时间，带来了用户搜索有效信息的时间成本，导致用户注意力匮乏。正如物理研究员万维刚提出的公式——“$\lim_{n\to\infty} t-N=0$”，即“有限时间除以无限信息结果是 0”。面对用户时间资源的稀缺性与网络信息内容的无限性，一条信息在未来互联网世界里基本趋向于传播不出去。这与互联网强大的传播效应与传播便利性的认知正相反。原来每个个体都可以通过网络平台传播信息让世人皆知，但 2016 年以来，随着流量红利时代的结束，用户上网时间不再以规模化的流量涌入而增加，所有互联网企业都开始在同一个“时间池子”里争抢流量与注意力，流量资源的缺乏成为每个互联网企业都要面对的问题。如何将信息内容更好地传播出去并将用户留住，成为接下来互联网企业竞争发展的主要动力。

时间成为当今商业的核心战场，也成为创业者观察下一阶段商业特征的全新维度。Netflix 首席执行官里德·黑斯廷斯（ReedHastings）表示：“所有争夺时间的事情或企业，都是我的竞争对手。”可见，无论是新兴创业者还是业界巨头，在当今社会，都对获得用户的时间而焦虑。以时间为战场的商业逻辑意味着，用户向商家支付的不仅是钱，还有时间。怎样让用户愿意为产品支付金钱与时间，就要考虑二者之间的关系，要让用户的时间具有商业价值，即通过商业行为来创造时间价值的增值，而增值的部分就具有了商业价值，值得用户为其付费。具体来说，在这个“时间战场”的视域下，用户的时间资源成为在线知识付费平台商业模式创新的重要资源，如何让用户时间价值增值，提高用户的时间效用，成为在线知识付费平台重要的商业逻辑之一。首先，时间的无法生产性决定了平台提供的产品、服务要是可以帮用户节省时间的，而节约出来的时间用户可以用来做其他事情，如休闲娱乐、生活工作等，这部分额外多出来的时间实际上是通过平台进行消费的过程中所产生的时间增值。每一份时间对行为主体来说都对应着一定的时间价值，因而借助这类平台，消费时间价值发生了增值。[114] 其次，用户获得时间增值的部分是平台创造的用户价值，因此，平台也就抓住了用户的另一个资源——金钱。在线知识付费平台通过向用户收取一定的费用，为其提供具有预期的知识内容，减少了信息不对称带来的时间成本损耗的同时，与免费内容相比，用户还会更容易获得有针对性价值的有效知识内容与相关增值服务。

在互联网基础设施发展成熟的商业时代，过去围绕空间展开的商业机会正在饱和，而时间这个维度构成商业创新上的下一个新机会。在互联网上的消费体验本质上都是对时间的体验，即在某一互联网产品上所花费的一段时间。从设计更贵的产品到优化用户时间的维度来设计产品，体现着商业从空间到时间的产品设计逻辑转换。以电影为例，2016 年是我国电影票房停滞不前的一年，但荧幕数量却增加了一万多块，可见，我国电影荧幕的增长并不是市场需求所带动。从时间维度来分析，看电影的时间成本较大，往返路程的时间与看电影的时间是消费者为电影付出的时间成本结构。另外，观众看电影的时间一般在两小时左右，整块的时间特征加大了消费者看电影的时间风险，即消费者需要看完电影才能确定花费近两小时的时间值不值，从而加大了时间的机会成本。因此，在时间资源稀缺的互联网时代，较高的时间体验成本影响了消费者的观看意愿，低质量的内容再也无法生存的同时，能够优化时间的产品成为一种重要的产品逻辑。在这个大逻辑下，一个好的产品逻辑应该是能优化人们时间的产品。而在线知识付费产品通过整合优化用户的碎片时间，如几分钟到十几分钟不等的内容产品来搭配这种碎片化时间的特征，实现了用户充分利用零散时间的价值。得到 App 联合创始人李天田认为，在线知识付费是“形成一种机制让书中的知识落地，并且满足人们在碎片时间里高效获取知识的需求”。在线知识付费被期待为阅读的一种新的解决方案，如“每天听本书”不以替代阅读为目的，而是“在不具备阅读时间的条件下提供一种高效阅读解决方案”。与以往“听书”类内容不同的是，它并不是对书中内容的朗读、鉴赏或长时间的讲解，而是由专业讲师提供一个 30 分钟内的口语化、精简化的解读版本。总之，创造优化用户时间的产品并实现用户时间价值增值是在线知识付费平台所创造的用户价值之一。

三、知识服务升级的商业逻辑

当用户的有限时间资源被置于无限产品中时，商业环境就会发生变化，即用户在选择产品时由于时间匮乏，即使能被产品说服，却没有时间使用，用户耐心程度的减弱极大增加了商家产品交付过程的难度，这也成为新商业环境中商家必须面对的问题之一。那么，如何在解决用户时间问题的同时完成产品的交付，这也成为商家获得其商业逻辑的关键所在。

“内容本身并不值得付费，真正值得付费的是内容背后的服务”，这是在线知识付费主要的商业逻辑。知识服务的交付一般是通过知识的产品化来实现的，在线知识付费行业最重要的商业逻辑之一，即对知识产品化思维的构建。基于知识产品化思维的商业逻辑是其商业行为决策的依据，换句话说，在线知识付费的商业逻辑是关于以用户价值为主还是以收益价值为主的问题。如果侧重收益价值，商家则需要考虑各阶段投入产出的问题，在产品生产与销售时就要依靠用户的持续性消费来支撑整条产品生产线，但是这样就会因为产品不断跌代导致用户体验问题。以 36 氪的开氪为例，在以收入为目标的逻辑下，开氪产品的迭代记录显示有大量流量在进行支付，平台有更多的促销行为。但其产品在短时间的频繁上线忽略了对用户体验的有效把控，如连续收听功能用了一年的时间才得以实现，这导致用户对产品使用性能进行投诉，带来负面效果。因此，在线知识付费行业的产品线，首先要考虑的问题是如何优先支持产品的体验功能，来最大化地创造与满足用户价值，而不是收益价值。以用户价值为主要目标的产品生产逻辑需要前期的大量投入，包括资金投入、内容打磨、产品功能体验等。例如，《凯叔西游记》，产品由主讲人凯叔用了三年时间打磨完成，共 70 万字，包括《凯叔声律启蒙》，一共 90 段，相当于五个人连续工作 24 个小时。产品迭代 6 个版本才最终上线，成本共计 300 万元。产品售价 99 元，上线 24 天突破 3 万单，上线五个月突破 10 万单，年销售额 1 500 万元。[115] 侧重用户价值的商业思维，不仅体现了在线知识付费平台从原来流量思维到产品思维的商业逻辑的转变，也体现着一种乔布斯式的商业价值观："消费者并不知道自己需要什么，直到我们拿出自己的产品，他们就发现，这是我要的东西。""给用户有价值的产品"，也就是更有价值的服务，成为除了时间之外的第二种具有商业价值的因素，具体说是给用户提供他们还不知道的价值，包括产品及服务的使用价值、情感价值与体验价值，只有满足这些条件，产品才具有可交付性。在满足这些价值的背后，还要给用户的工作生活带来改变，这也是在线知识付费满足用户价值的主要目标。在线知识付费平台具有内容电商的属性，内容电商强调的不是一个搜索逻辑，它不仅仅满足于产品的功能性需求，还有这个产品背后的故事设计，它基于用户的是一个文化场景式的体验，所以内容电商的本质背后是一个信息的升级，即要让知识产品有温度。需要有一套完整的价值观，这就是场景文化的体验需求，从而让用户产生付费驱动。另外，在线知识付费平台还有一个商业逻辑是产生信任代理，如得到 App、吴晓波频道等，都有一个用户愿意信任的知识代理人，这就将在线知识产品赋予了人格化特征。而成为平台的信任代理可以促使用户为知识产品付费。

当在线知识付费产品满足了优化用户时间和可交付这两个条件，它就具有了付费价值。认清在线知识付费背后的商业逻辑，是在线知识付费平台企业能否在新商业文明环境下创造持久价值的关键因素。从追求高产能到更精细分工所提供的优质服务，这是匮乏时代到丰裕时代企业逻辑的转变，创新用户需求的服务业不是以低价诱惑的市场，而是能满足用户意想不到的需求便可轻松盈利，不存在营销难题的新市场。在线知识付费商业的真正机会实质并不在于内容的付费或免费，而在于它为用户提供了怎样的服务。

四、"超级用户思维"的商业逻辑

"超级用户思维"由流量思维转变而来。流量思维的商业逻辑不考虑流量价值，只考虑流量的基数，不用了解流量背后的每个用户的区别与价值，只要有大流量就可以进行商业变现，而“超级用户思维”是在流量时代结束后强调企业关注用户价值的商业逻辑。流量代表着用户的数量，而超级用户的多少代表着流量价值的高低，“超级用户思维”要求企业必须关注每个鲜活的个体，是“流量战场”向“用户主权战场”的转变。从流量思维到“超级用户思维”时代的过渡，其商业逻辑发生了改变，流量思维要求企业不断引入新的用户，而“超级用户思维”不同的是，它不主动吸引与平台价值共识不同的陌生用户，而是深耕已有的超级用户，在提供优质服务下，超级用户会自愿进行口碑传播，从而吸引新用户是自然的发生。

用户与超级用户的本质区别在于是否付费，超级用户是指那些为平台付费的用户，会员付费或为单个产品付费的用户都被看作超级用户。其中，会员付费是平台收益的主要来源，如视频网站付费会员的贡献率是一个免费看广告用户的20倍。然而，付费并不是平台的真正目标，其背后的逻辑是平台用来识别超级用户的有效手段，即企业不仅要关心有多少用户，更要了解有多少超级用户，而平台的资源及价值创造都会向超级用户倾斜，超级用户关系着平台能否持久创造并维持价值，更关系着平台的利益。以前的流量时代与传统媒体企业的商业逻辑基本一致，它真正服务的不是受众而是广告商，与受众不存在往来关系。而进入流量价值的时代，超级用户的概念就是企业将服务的对象从广告商转到用户自身，重视与用户关系的建立。

从收益角度来看，付费成为企业与超级用户建立正式关系的前提条件。首先，企业与超级用户建立关系最简单的方法就是会员付费。《引爆会员经济》的作者巴克斯特表示：会员经济在企业和消费者之间建立了一种可持续、可信任的正式关系。免费商业模式的假设是只要门槛足够低，用户就会因便宜而不断涌进来；而收费模式的假设是用户付费，平台与付费用户之间结成了正式可信任关系，平台一方会为付费用户创造专属价值，用户一方会主动支持平台的发展。得到 App 创立时只有 1 300 万用户，流量数量不多但质量高，付费用户与得到之间的信任关系与彼此互为荣耀成为平台成功的关键。其次，这种超级用户的逻辑不只是收费模式，更是商业文明的变革，即平台与超级用户成为整体。“超级用户思维”决定了平台的商业决策行为是在用户的监督下进行，任何行为都要首先考虑超级用户的感受，如在线知识付费产品不会进行打折销售的主要原因，就是考虑已经原价购买过产品的用户感受等。“超级用户思维”是商业环境变革的必然过渡，也是在线知识付费平台的核心商业逻辑，服务于付费用户而不是不断吸引无价值的流量，是在线知识付费与免费模式的本质商业逻辑区别。

第三节 在线知识付费平台价值链体系

在线知识付费平台的价值活动具体包括内容生产体系、在线知识产品的营销推广、内容分发与支付体系四个方面，它们形成了在线知识付费平台商业模式闭环。

一、在线知识付费平台内容生产体系

目前，在线知识付费市场上的内容来源主要由个体生产与机构生产两大块构成。其中，个体包括专家学者、行业大咖、网红大V、明星、著名自媒体人，以及普通用户；机构是指针对知识内容的专业生产机构（Multi-Channel Network模式），如米赢文化、蓝狮子主要有内容导向型和资源导向型两种不同的资源优势，以团队运作方式成为知识付费市场的另一种内容供给主体。基于内容来源的构成特点，在线知识付费平台与内容供给方大致形成了诸如PGC、UGC、PUGC，以及知识内容版权购买的几种合作方式。内容生产体系的价值活动构成了在线知识付费市场上游的内容供应方市场。

（一）PGC（Professional Generated Content）类型的内容生产模式

PGC内容生产模式是在线知识付费平台的主要生产模式，在线知识付费平台以PGC模式来打造头部内容，利用其意见领袖与优质内容的巨大优势吸引流量并激励用户付费。从市场现状看，产生规模化经济收益的知识产品都有一个共同特质，即生产者的高专业度、高知名度及行业的高影响力。比如，喜马拉雅付费专区推出的由马东团队打造的《好好说话》，当日销售额即突破500万元，一周总销售额超过1 000万元；得到推出的《李翔商业内参》上线3个月营收1 400万元。可见，平台通过与这些影响力高且自带流量的内容生产主体合作，一方面可以打开在线知识付费市场、建立平台品牌与定位；另一方面，PGC模式下打磨出的专业优质内容是增强平台用户关注，激发用户产生付费热情的主要驱动力。同时，PGC生产模式与平台形成了较为成熟的合作流程与利益分成机制。平台深度参与课程开发阶段，将课程打磨成产品的过程需要平台深度参与把控：基于内容创造价值，平台在做课程过程中会深入课程内容研发选题大纲、老师的逐字稿与讲述方式、视频的拍摄方法等，并对它们做出具体要求与把控，如老师的讲述内容不要有正确的废话，要不啰唆、不枯燥等。按照这些标准，平台跟老师做磨合，最终使课程达到平台要求。一般来说，平台与内容生产者的价值活动构成了在线知识付费最核心的价值创造。PGC 内容生产的价值活动流程如图 4.3 所示。

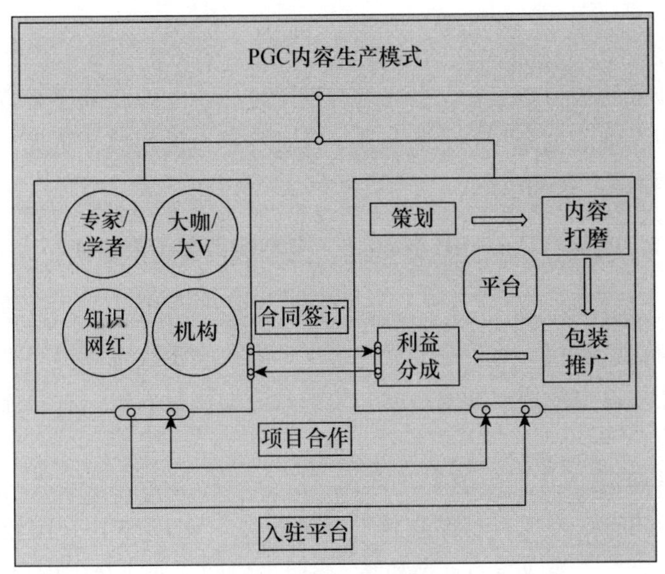

图 4.3　PGC 生产模式

与传统编辑出版、广播电视制作不同的是，在线知识付费的价值创造是以打造产品的模式进行的价值活动。平台的内容运营者除了兼具传统主编的角色外，还具备产品经理的思维模式，不只要把控内容质量，更要分析市场需求，对产品进行包装推广后，对用户负责。平台在前期内容制作上一般有两种方式：其一，在市场细分的基础上进行选题、策划，以选题方向寻找匹配的专业内容生产者；其二，先对接专业内容生产者，即影响度高的网红大咖、专家学者等，再根据内容生产者的特质确定主题。平台与内容生产方在达成合作，签订合约后，平台运营者便可以开始深度介入内容制作环节，包括对内容的打磨，如内容生产过程中平台运营者对内容基调的把控、制定内容大纲、内容生产者说话对象的虚拟建构等，还包括内容生产后的物料制作、打版，音频、图片、宣传、片头片尾等后期制作包装，以及对制作好的知识产品进行线上的推广营销。知识产品一般有两种上线模式：一种是对知识产品的一起输出，即把一套知识产品全部制作完成后上线；另一种是边制作边上线模式，即先上线前几期知识产品，同时制作后边的产品。

平台与大咖合作还有一种邀请入驻模式，也就是把行业大咖变为平台的专业性用户，再针对这些专业用户的内容生产制订产品计划与利益分成。比如，喜马拉雅邀请马东、蔡康永、高晓松等大咖入驻平台，他们以用户的身份制作专业内容，更容易吸引平台已有用户与潜在用户的关注与付费热情。目前，以 PGC 模式为主的平台有：独立平台型的得到、喜马拉雅的“付费精品”模块，垂直型的豆瓣时间、36 氪等。

另外，在 PGC 领域里，还有一种更具有垂直下沉的内容生产方式。一些更垂直、更专业的知识付费平台，其具有强烈个性化、专业化的服务特点，针对个人可以做出更精细的划分与专业的解读，这类型平台的权威性更大，如移动医疗领域的“春雨医生”App 等。

（二）UGC（User Generated Content）类型的内容生产模式

UGC 模式是在线知识付费平台内容生产体系搭建的另一种重要形式，其优势在于平台对用户赋权，将用户变成内容生产者。它不仅可以提高平台网络协作的创新性，还可以增强用户的参与度并为平台增加流量入口，主要体现为平台与用户共创价值。

UGC 是早期自媒体诞生的主要方式，每个用户都可以在互联网平台建立自己的频道生产内容，形成自己的粉丝群与影响力。UGC 的用户层较为复杂，它可以是普通人、业界精英或者团队机构。但 UGC 的本质不在于用户的特征类型，而在于互联网对所有人的赋能，每一个人都可以通过互联网上传自己制作的各类型内容，在不受机制约束的环境中生产内容以拥有属于自己的流量。比如，业界精英或以团队为代表的财经自媒体人吴晓波创办的“吴晓波频道”、罗振宇创办的脱口秀“罗辑思维”等；以普通人为代表的在互联网上传原创短视频走红的 Papi 酱、创建公众号发表情感生活类文章的咪蒙等。这类现象级的自媒体人以 UGC 的方式，通过各类平台制作上传不同类型的产品，打造了自己的品牌与社群，面对新兴的在线知识付费市场，这些自带流量与影响力的自媒体人后来成为在线知识付费 PGC 市场的重要内容供给来源。

在线知识付费平台运用 UGC 模式，以用户生产为中心的优势在于：平台通过对用户赋权来提高用户的参与度，激励用户的创造力，构建平台与用户之间的网络协作关系，以实现平台内容价值的共创，维持持续创造价值的平台活力。因此，UGC 更强调平台与用户的互动关系，其价值是从两者的互动中产生出来的。UGC 模式强调，用户也是内容的生产者，每个人在各自的领域都有专属自己的经验与认知。基于每个人都是自己领域里的专家，UGC 模式更适用于个性化咨询类的知识付费，通过咨询“有经验的人”的方式带来 UGC 内容的生产，典型产品形式有付费咨询等。这类 UGC 模式下的产品会呈现出一种散点化、高互动与多元化的特征。以知乎为例，知乎的用户都有个人主页，在主页上用户不仅可以管理规划付费内容，还可以建立自己的付费咨询，如向相关领域的答主发起问题，等待答主回答，如果其他用户也想收听回答，可以付少量费用“偷听”答案；用户也可以成为答主，即其他用户向自己付费提问，你可以收费回答。这类内容生产就是用户之间通过平台功能完成价值交换。平台利用网络协作的创新方式不仅可以提高用户的活跃度，建立社区文化，还降低了平台在内容生产上的成本投入。但 UGC 市场存在内容质量参差不齐，用户制作内容的专业度不高等问题。为了解决普通用户带来的内容质量问题，同时发挥 UGC 给平台带来的网络协作下内容生产的灵活性并维持平台活力的优势，以喜马拉雅为例，其平台开创了 PUGC 模式，即培养扶持普通用户计划。具体来说，就是从在平台申请了频道的普通用户中选拔优质内容生产用户，并通过审核认证对这些普通用户进行专业培训，等将这些普通用户转为专业性用户后，平台再与其进行利益共享。UGC 内容生产模式如图 4.4 所示。

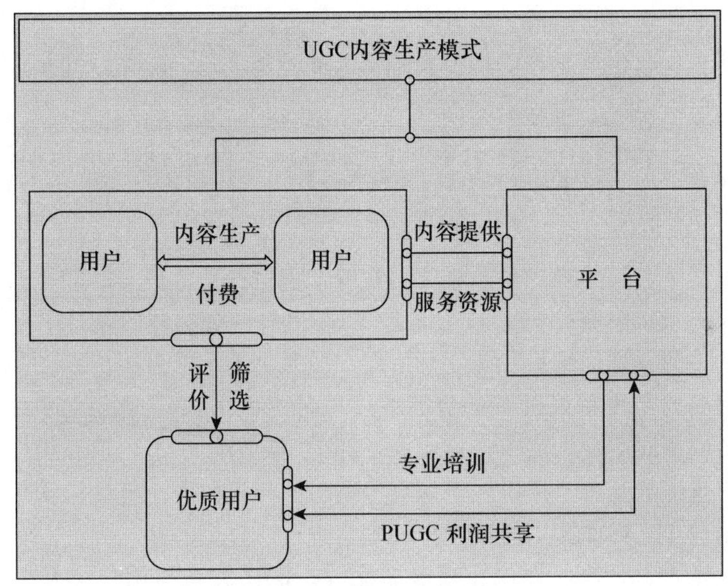

图 4.4　UGC 生产模式

二、在线知识付费平台营销推广体系

在线知识付费的营销推广目的是要推动用户产生付费行为，提高在线知识产品销售量的绝对增长。传统的营销体系主要由产品、盈利方式、销售渠道与传播渠道四个环节支撑，而在线知识付费平台的社交媒体属性使它的销售渠道与传播渠道界面化，以移动网络用户界面的方式超出了传统销售与传播渠道的概念。这里主要从两个关系维度来对在线知识付费营销体系进行考量：一是知识产品与用户的关系维度；二是平台与用户的关系维度。通过这两个维度，可以构建在线知识付费的营销体系。

从在线知识产品与用户的关系维度考量，即对产品进行商业包装，让用户马上就能知道这是他们需要的知识产品。成功的产品营销可以让用户在最短时间内发现他们的需求所在。在线知识付费平台为了让潜在用户发现自己的需求，往往会在产品界面附上一句简介，如“只给你地道的经济学思维”“从此成为一个懂财务的人”“迅速补上艺术修养”“帮你和全球精英大脑同步”“掌握一项陌生技能，就是这么简单”“请你相信，我所说的都是错的”等。这些知识产品的商业包装都以一句话简明扼要地戳中不同用户的痛点，以迅速让用户发现需求并产生购买行为，从而提高产品的销量。可见，对知识产品进行商业包装不仅可以帮助用户发现产品价值，同时也可以使平台实现对用户的有效服务。原有的知识产品因融入了营销创意再次增值。另外，针对知识产品类型的模块划分，可以增加用户的需求场景，这也属于帮助用户发现价值的营销手段。比如，知乎设立的“知乎大学”“知识市场”，得到设立的商学院、能力学院等，它们都可以吸引大批下沉用户。从产品的推广层面看，对于一些垂直类产品，其推广应遵循档期原则，如亲子类产品上线当期要避开考试周、开学周，在寒暑假时间档上更符合市场需求量。

另一种是平台与用户的关系维度。在线知识付费平台售卖的知识产品特征决定了其售后不只是电商的“七天无忧退货”，用户付费的开始就是平台与用户建立起连接的一刻，如何维护和深度开发用户关系决定了平台用户黏度与对平台的信任度。目前，在线知识付费的售后主要以社群的形式完成。通过对用户的分层，可以了解不同用户的需求，从而为不同的用户持续创造价值、提供服务，并在深挖用户价值的基础上提供线下课程等衍生的知识付费。平台应积极为用户创建友好的用户交互界面，用户交互界面是指平台所提供的互动界面服务，如精准推送、个人主页、分享、评论、社群文化等。信任关系与用户交互界面的良好度，直接影响平台能否可持续获利并开发多种盈利方式。一方面，用户对平台产生信任，会持续选择购买知识产品，或更倾向成为平台会员；另一方面，良好的交互界面可以增强用户的留存率。目前来看，在线知识付费平台的主要盈利方式由知识产品的销售与会员充值两大块构成。其中，在线知识产品的销售模式又分为产品单卖、以有声书为例的分集售卖。产品的定价模式有从时间维度出发的全年定价，即用户需要为未来的知识产品支付全年的费用，类似市场期货的形式，产品的制作与交付是同时进行的；也有从成品维度出发的全套定价，即用户为已经全部制作完成的成套知识产品付费；还有各类团购、优惠券、转发折扣等模式，其灵活的定价体系给用户提供了更多的服务选择。此外，平台提供会员服务带来的收益是其收益的重要来源。

从2018年上半年开始，一些如喜马拉雅的平台开始试着搭建外部的分销体系，建立用户“分销”机制，通过渠道分成来激励用户转发分享产品链接。比如，有人购买此产品，则转发用户会得到5%的渠道分成等。还有企业在BAT这类大平台上建立知识店铺，以吸引用户，增加销售量。随着在线知识付费市场的不断深入发展，未来将形成跨领域、跨平台的多元化营销体系。

三、在线知识付费平台内容分发体系

对在线知识产品的分发是在线知识付费平台的用户价值捕获环节，平台的盈利直接在此环节产生。平台通过网络分发体系完成知识产品从内容生产者到用户之间的内容交付，从而为平台两端的人群创造价值，使平台因提供相应的知识产品与服务获得直接收益。

知识平台将市场两端连接起来，一方面，各领域的专家大咖通过平台接触到更广泛的用户，尤其是垂直领域的专家可以迅速找到自己的用户群体；另一方面，用户因平台提供的个性化、专业化服务而付费，从而满足个体需求。从科斯提出的“交易成本”理论来看，当来自平台的交易收益超过直接交易的收益，平台就会出现。专家不再以物理空间传授知识或技能，这不仅降低了授课成本，更促进了受众的规模化。而用户则省去了在充满信息噪音的环境中寻找知识的精力与时间，这也是在线知识付费平台在降低信息不对称基础上为两端人群创造的主要价值。

为了达到高效率且多频次交付，平台要构建以用户接收端为核心的内容分发体系，结合信息技术手段开发创新内容分发体系网络。移动网络与智能终端带来了丰富的交易空间，在线知识交易场景虽然是在一个数字空间，但其内容分发面对的却是每一个用户自身所处的多种情况的现实场景空间。因此，在线知识付费产品交易强调的是个体场景的独特性，要利用信息技术进行全方位布局，包括自有平台、第三方平台、智能车载、智能穿戴等，以建立无缝连接的用户产品分发体验，充分创造用户端空间价值。内容分发环节中，平台依托信息网络技术建构与各种智能终端相匹配的链接体系，这成为用户价值的增值点，平台也因这部分价值的增值而获益。

四、在线知识付费平台支付体系

在线知识付费平台的支付体系是用户转化率高低的关键影响因素。流畅的支付体验、简洁的支付路径会加快用户购买行为的决策时间，而支付界面每多一步则会导致大量用户流失。因此，如何建立完善的底层支付体系构架，并在此基础上不断对用户诉求进行创新性支付优化，是在线知识付费支付体系首要考虑的问题。

以支付宝为代表的电商支付体系最为成熟，包括快捷支付、网银支付、协议支付、平台支付、虚拟币支付、账户支付、信用支付等，它们均通过第三方支付平台提供的支付接口等方式来实现。目前，在线知识付费的支付体系主要由第三方支付和平台内充值购买构成。第三方支付主要以微信支付、支付宝支付，或者用苹果手机的支付系统支付来实现。从用户价值来看，良好的支付体验是决定支付的那一刻到完成付费过程的流畅度。比如，在完成绑卡后，一些小额支付的免密功能，可以让用户直接完成付费，从而提高转化率，这类支付路径极大提高了用户的付费体验。同时，当用户完成付费后，平台还要对用户付费后能够快速进入购买的课程进行引导。

在线知识付费的支付产品技术团队要能够配合新的产品需求，立刻优化支付体系，其中快速的执行是优化的关键。但因为需要重新开发一套新东西，这就加大了二次开发的成本压力。比如，未来智能终端可能支持呼叫式支付，用户可以直接用语音支付等，这就成为支付体系优化创新的技术驱动。但这并不能成为企业的竞争优势，因为技术容易被模仿，唯独最早发现用户价值才是持续创造竞争优势的原力。

每一个工具的背后都需要承担一些二次开发成本，如果产品诞生后需要出一个需求就立刻优化，那么其优点就是能够快速执行，而缺点是总要重新开发一套新的东西。所以，在开发产品之初，要想清楚，先做一个通用的底层平台，并在此基础上去衍生其他工具。这点比较考验产品经理和开发架构师。

第四节　本章小结

认清在线知识付费平台背后的商业价值与商业逻辑，是在线知识付费平台企业能否在新商业文明环境下创造持久价值的关键因素。本章研究的内容包括商业模式创新的动因、商业逻辑，以及其价值创造体系。

（1）从商业模式的创新动因来看，本章阐述了外部驱动力与内部驱动力两部分。外部驱动力主要从移动互联网的商业环境变革的角度分析，包括以第三方支付为主的信息技术的应用普及；流量时代的结束及移动化时代的到来；BAT 巨头企业互联网市场格局的形成；资本市场从追逐各类风口到趋于理性的转变，四种外部驱动力为在线知识付费行业的商业模式创新起到了间接的推动作用。而内部驱动力是在线知识付费平台商业模式创新的主要动因，主要包括在线知识付费市场需求端、供给端的成熟，以及用户付费意识形成迅速带来的付费用户数量的规模化，这些都为在线知识付费平台的盈利模式奠定了庞大的市场基础。

（2）本章基于商业环境对在线知识付费平台的兴起与发展进行了分析。商业逻辑是在线知识付费平台商业模式创新的根源和基本思路，本章提出以传统知识传授的三大产业的融合与互联网化、用户时间效用的商业价值、知识付费升级，以及“超级用户思维”四个核心商业逻辑，形成在线知识付费平台商业模式背后的逻辑。这四大类商业逻辑将影响在线知识产品、平台运营、用户价值创造等各个商业上的行为决策。

（3）本章对在线知识付费平台的价值活动体系进行了系统分析，具体包括内容生产体系（PGC类型的内容生产模式与UGC类型的内容生产模式两种）、在线知识付费的营销推广体系、平台的内容分发渠道体系、平台的支付体系。四维度的价值创造活动构成了在线知识付费平台的商业模式闭环，其价值链上的体系活动如图4.5所示。

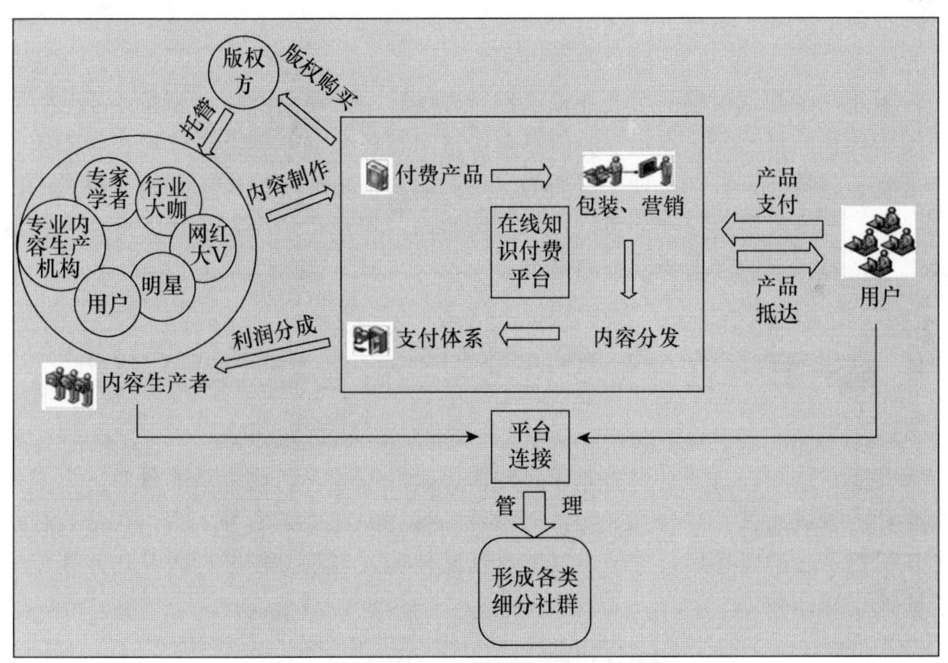

图4.5 在线知识付费平台价值链体系活动

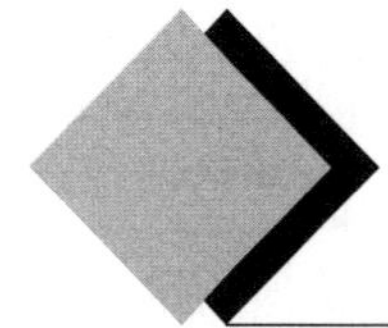

第五章 在线知识付费平台商业模式创新模型

构建在线知识付费平台商业模式创新模型，对于平台优化创新商业模式有重要的指导和监督意义。本章在分析平台经济运行原理的基础上，针对在线知识付费平台的独特性，分别从理论层面与实践调研层面提取并分析了其商业模式的创新要素，并通过定量研究分析构建了在线知识付费平台的创新要素指标体系，以及基于指标体系的商业模式创新模型。

第一节 在线知识付费平台商业模式创新要素

对于在线知识付费平台商业模式创新要素的挖掘、商业策略的分析，以及平台盈利的方式而言，找到其平台特征背后的运行原理是必不可少的。在分析在线知识付费平台的属性后，本节主要针对其商业模式创新要素进行研究，并构建了相应的指标体系。

一、在线知识付费平台运行原理分析

人类社会进入商业互联网时代的 20 年里，最具破坏性创新的变革体现于实体零售业。互联网基础服务商从固定宽带到移动网络的信息技术发展，以及智能手机的广泛覆盖，加速改变了实体与虚拟世界的一体化，导致了零售行业的不断

遇冷。而中间人式的商业互联网发展，成为破坏并变革传统零售行业的根源，[116]传统零售业强劲的变革动力正是当今主流的、中间人式的多边平台经济运行的结果。在互联网信息技术不断发展的大环境下，商业模式也在快速变革，其中具有多边经济属性的平台商业模式开始迅速占据市场的主流，而当今许多巨头型互联网企业也无疑都有了多边交易平台的属性特点。据普华永道（PwC）的调查，2018 年全球市值排名前 10 的公司中，带有中间人式的多边平台企业及与之相关的企业就占据了 7 个位置，包括苹果、谷歌的阿尔法特、微软、亚马逊、腾讯、阿里巴巴和脸谱网。这类带有多边经济属性的公司都有一个共同点，即都是将一个群体中的成员与另一群体中的成员连接起来，为参与到平台各方的用户群体提供相互沟通、交流、分享等互动服务，以创造并满足不同用户的需求利益。在多边市场中，发展较早且最为成熟的电商平台将卖方与买方连接，将人们的社会互动交流方式及生活消费方式，尤其是思维彻底颠覆。虽然多边平台模式已成为当今主流模式之一，但它也成为最难运用的商业模式之一。以下将从多边平台经济运行特征，包括盈利结构、网络效应与关键规模三方面对多边平台运行原理进行分析。

（一）多边平台的盈利结构特征分析

许多从表面看很不相同的行业，其实深层次上都有着同样的商业模式，即它们在不同类型的客户之间直接促进交易的进行。为了获取利润并生存下来，它们必须使用非传统的、违反直觉的策略，而学者为符合这类特征的商业模式给出了一个概念——多边平台商业模式，因为有些模式促进了两种以上客户之间的互动。[117] 企业一开始是选择单边平台还是多边平台决定了企业的商业性质。从单边平台特征看，平台一般会前期投入资金给供应商，然后将购买来的产品进行包装改造，再销售给终端消费者。这些企业的特征是在保证赢利的前提下出售产品或服务。而多边平台企业一般需要面对蛋鸡相生的难题，其最重要的资金流向往往投入客户方，如平台对某一类客户进行补贴的行为，以吸引客户参与平台互动。与传统经济学中企业必须考虑单位价格与其边际成本之间的关系不同，低于成本价格就无法赢利的基本规则无法适用于多边平台。如今的淘宝、天猫、滴滴打车、美团外卖等都属于典型的多边平台。又如针对在线租房市场获得成功的爱彼迎，其平台一端连接着房东，另一端连接着房客，平台为这些用户提供人们发布与查找各类房屋租赁信息的服务，同时一边向需要租房的人群收取一定的服务费，另一边向房东收取手续费，这属于新型的多边平台。再如美团外卖，它运用互联网为餐厅与食客提供了一种相互匹配的途径和实时联系的服务，并对食客进行奖励等；滴滴打车将司机与乘客进行匹配，为了吸引乘客参与到平台的互动中来，起初通过平台补贴的方式来吸引乘客。多边平台市场属于网络外部性市场，其盈利逻辑最显著的特征之一就是存在两种或多种不同类型的用户，他们通过一个共同的平台进行互动，从而产出最终利润。

（二）多边平台的网络效应特征分析

多边平台网络效应更为复杂。“要捕获你能捕获的所有眼球，然后想办法把它们变成钱”[118] 的逻辑还属于单边分析法的思维，依照单边分析法进行多边业务时会让许多网络企业误入歧途。“捕获眼球”是为了引起网络效应，表现为过于简单化地扩大市场份额的商业策略，但网络效应的实质要复杂得多，相关学者对网络效应进行的早期研究，为后来的多边平台研究奠定了基础。[119] 多边平台往往由直接网络效应与间接网络效应两大部分组成。最早研究网络效应的学者杰弗里·罗尔夫斯（Jeffrey Rohlfs）通过分析固定电话，发现电话只有被更多人使用才会更有价值，这种现象被称为直接网络效应。而间接网络效应存在于平台上的某一群体价值，取决于另外一个不同群体中有多少成员参与其中，如平台企业有两种甚至多种类型客户想要进行互动，那么，平台的间接网络效应的重要性就是显而易见的。[120] 但是，对存在服务多类群体参与者的企业而言，直接网络效应要比间接网络效应复杂得多。

（三）多边平台的关键规模特征分析

网络效应里有一个关键点是用户数量的关键规模，多边平台能够吸引足够多的用户数量直至达到关键规模，就会产生正网络外部性，即平台连接的人越多，参与平台的用户价值也就越大。比如，在线视频分享平台 YouTube 在平台建立初期就马上面对着用户规模的问题，即平台需要吸引多方用户来参与平台。而对于这些用户来说，是否有参与的欲望取决于平台连接的另一群体。具体来说，平台连接的是视频上传者与视频观看者，一方面，如果想激励人们上传自己的视频，平台需要保证有足够的观看者，观看者人数少，平台对于视频上传者的吸引力就会降低；另一方面，平台要吸引关键规模的观看者，需要保证内容的丰富，即需要吸引大量内容提供方上传视频，这样对来平台观看视频或搜索视频的用户来说价值才会大。因此，多边平台在解决如何吸引有价值用户参与平台这类问题时，通常会用的方法，就是补贴一方来吸引更多的群体参与互动，最终达到关键规模的用户数量，从而快速点燃平台的发展引擎。但是，多边平台不是简单聚集大量用户那么简单，必须保证吸引的关键规模用户是高质量的，即他们彼此都有相互参与互动的欲望，否则没有足够想要与另一方互动的人群，平台就无法保证他们之间进行的是有价值的交易。因此，平台在吸引关键规模用户数量前，需要明白如何培养一个活跃的市场，即有足够量希望互动的各类群体，而不是通过提供参与者不感兴趣的另一方参与群的方法，毫无选择性地扩大市场份额来弥补平台在某一方数量上的不足。企业需要精准找到市场中妨碍人们交易的阻力，再通过减少他们之间的阻力来创造价值。“小而专”的平台发展战略在活跃市场方面起到了关键作用，更容易促进平台上的各类群体形成正面间接网络效应，同时可以快速点燃多方用户数量继续增长的引擎。

（四）在线知识付费平台的多边属性特征分析

那么，要想判断和识别企业是否属于多边属性，是否需要遵循多边经济运行的原理，就需要弄清楚企业是否正在为两类以上的不同用户提供并创造着价值。[121] 在线知识付费平台具有多边平台的天然属性，它连接着多种类型群体的知识供给方与知识消费方。具体来说，一方面它通过把出版业、传媒业与教育业融合起来，将三大产业的各个类型的内容方与内容需求方相连接，为他们自动匹配相关产品与服务；另一方面，它带动了认知盈余的网络效应，认识盈余的网络效应体现在一对一的咨询产品领域，每个人在自己的行业里都有独一无二的经验与知识，平台把这些散落在市场中潜在的知识供给个体与需求个体相连接，便可以提供多边产品服务。从多边平台经济运行模式来看，在线知识付费平台要想获得成功而不进入“死亡螺旋”，就要快速越过蛋鸡相生问题，即先吸引哪类用户群体的问题，以此在活跃市场的基础上达到关键规模用户数量，保证平台能够持续创造价值生存下来。目前，进入在线知识付费市场中的平台企业，多数为已经具有良好用户群基础的已有平台，它们以创新业务类型的方式进入在线知识付费市场，或者像罗振宇这类在平台创建之前，在第三方平台上已经成功实践过知识付费的典型，以独立的在线知识付费平台的形式进入市场，这些平台一般都解决了用户规模的难题，从而取得市场的成功而获得可观的盈利。以独立在线知识付费平台得到为例，它拥有自媒体自带用户流量的优势，需求用户端的规模化有力提高了内容提供方参与到平台的意愿，平台为双方创造了有益价值；再如，喜马拉雅平台采用的是多边业务形式，基于平台自身的流量来吸引各方参与群体加入平台互动。此外，在 2016 年众多类型的在线知识付费平台出现井喷之前，各平台出现的小额付费语音问答等新颖的产品形式，带来了几乎全民性的参与互动，每个用户个体都可以向任何另一方用户进行付费发问或“偷听”，大量用户的参与营造了在线知识付费的活跃市场，成为后来平台迅速达到关键规模的用户参与人数的重要市场保证，造就了短时间内在线知识付费规模化的经济效益与社会效益。但对于那些靠着直觉来进行商业活动的人，尤其对采用在线知识付费这种商业模式的平台来说，其成功的概率会降低很多。这是因为，多边平台经济运行是为了解决关键规模等问题，它们通常会采用对一方重要的群体进行补贴的方法，在线知识付费的收益正是从一般多边平台经常作为补贴方（付费用户方）那里而来，因此，对于毫无准备的在线知识付费平台创业者，利用补贴方式来吸引重要客户，很快会在激烈的市场竞争当中被淘汰出局，因为这个市场的商业逻辑几乎没有给任何打算采用补贴策略的平台存活的时间。

这些多边平台利用技术手段提供的连接服务满足了社会中不同属性需求的网络用户，而其面对的价格问题也更为复杂，它必须平衡所有参与方的利益，以便让各方都参与这个平台，而它同时也需要考虑销量与利润之间的平衡关系。[122]在间接网络效应的作用下，每个群体的需求都与另一群体的需求相互依赖，他们彼此之间的依赖性决定了平台需要综合考虑各方的利益问题。毋庸置疑，加入多边平台的用户规模越大，其网络价值就越大。明确了在线知识付费平台的运行属性后，研究商业模式要素特征、用户价值体系，以及相关策略就有了原则性的指导依据，就可以避免后面的分析以单边商业模式的思维而进行研究的问题的发生。

二、在线知识付费平台商业模式的要素结构分析

在线知识付费平台商业模式创新不是颠覆性的商业模式创新，它是要基于商业模式创新理论，通过分析研究其商业模式要素，来使在线知识付费平台商业模式的表现更加有活力。

从本书的文献综述部分可知，商业模式要素的体系构成方式有很多不同角度的理解，其中奥斯特瓦德针对商业模式提出了其构成的九大要素模块，并通过商业模式画布工具分析了一个企业获取利润的逻辑过程。以下将运用奥斯特瓦德的商业模式画布工具，结合在线知识付费平台所具有的独特性，从理论层面上来对其平台商业模式的基本要素特征进行研究。

（一）在线知识付费平台商业模式的核心要素——用户细分

前边已经得出在线知识付费平台符合多边运行原理，而对于九大要素的第一个核心要素用户细分来说，在线知识付费平台拥有多边性的用户群体，对各用户群都有各自不同的价值主张与利益关系，这些用户群体之间存在着紧密的依赖关系。[123] 用户细分即平台预想取得或期望服务的各类目标人群与机构。如果把九大模块分为不同组件，那么，用户一定是商业模式的核心组件。用户决定了平台能创造多少利润，如何通过细分用户来满足不同类型用户的需求、行为及特征，关系着企业持续发展的关键问题。平台细分用户的过程，是为了更好地筛选关键

用户，以此把平台主要的资源提供给这些用户。在线知识付费平台的关键用户是付费用户，而不是免费用户，那么，平台就会把所有知识资源提供给这些付费的用户，专注地为这类关键用户创造价值。为了提供更优质的服务，平台要针对这些关键用户进行系统且个性化的深度理解。因此，在线知识付费平台需要梳理好各类用户细分后，才能明确平台在为谁创造价值。典型多边平台如谷歌、苹果等，它们的关键客户都是广告商，它们从广告商客户手中赚钱，而浏览者或内容提供者是平台的补贴方。在线知识付费平台最大的不同在于，它将广告商剔除出多边平台的关键用户群体，提出了以用户为核心基础的新价值主张：不为广告商服务，而为平台的付费用户服务。

在线知识付费平台的用户细分中的关键用户主要由两大类群体构成。

第一类是决定平台是否产生交易的付费用户群体，这一类群体中又具体分为平台的付费会员与单独购买知识产品的付费用户，他们是平台产生收入的重要来源。

第二类是知识生产者，包括具有影响力的个体、出版社及机构团队等，这类用户对付费用户的价值产生直接影响，如高流量网红名人、业界大咖等会自动吸引来平台付费的大批用户群。

另外，有的在线知识付费平台还存在第三方用户群体，即自愿参与平台知识产品分销的用户。其中涉及的分销模式与谷歌提供的第三方服务——AdSense 模式极其相似。谷歌的关键客户还是传统的广告商，第三方可以利用 AdSense 提供的服务，将谷歌的广告发布到自己的平台上来，根据第三方平台用户点击广告的数量参与谷歌广告的收入分成。在线知识付费平台也逐渐开始利用第三方用户分享的方式促进产品的销售，第三方用户因此可以获取一定比例的利润分成。

通过对在线知识付费平台用户细分，可以使平台明确目标用户，平台是在为付费用户及知识生产者创造价值，平台应将所有资源倾向这类用户，并为他们创造用户价值。可见，在线知识付费平台商业模式用户要素中最独特的地方在于，它改变了多数媒体将广告商作为重要客户的用户细分结构。

（二）在线知识付费平台商业模式的价值主张

价值主张是商业模式的重要核心要素。对于多边平台商业模式的价值主张，一定要在考虑多方用户群之间的利益关系，以及为他们提供精准匹配连接服务的基础上提出。例如，平台提供的服务可以减少他们之间交易的阻力，从而降低交易成本等。在线知识付费平台的价值主张明确了它为客户群体创造了哪些有价值的产品和服务，帮助用户解决了什么样的问题，并满足了他们怎样的需求，价值主张是平台对用户创造价值利益集合的承诺。关于具体价值主张的设定，平台需要制定一套针对某个特定用户群体，由各元素重新组合来为该群体创造价值的方案，[124] 企业所创造的价值一般表现在数量或质量上，如价格、服务响应速度等。2019年年初，苹果公司对中国市场的苹果手机价格进行了下调，很快销量就有了明显增加，可见，企业通过产品价格的调试可以增加或减少用户的价值。质量上的价值创造最主要地体现在产品设计、用户体验方面。如今以免费商业模式获得大量成功的多边平台案例数不胜数，它们以广告商为收益方，赚取利润以支付平台的日常运营并提供免费内容或服务。在线知识付费平台一开始就以提供付费的产品与服务为商业主张，以如何创造用户价值，向他们传递价值，帮他们解决问题满足需求，面对多类型用户提供什么样的产品和服务的组合为平台价值创造的核心。因为对于具有多边属性的平台而言，能否创造用户价值是获得平台自身价值的基本前提。奥斯特瓦德总结了企业对用户价值创造影响的一系列因素，有创新、性能、定制、保姆式服务、设计、品牌/地位等十一种有利因素。[125] 其中，第一个影响用户价值的就是创新因素，体现在价值主张维度上的创新，即创造性地提出并满足用户还不知道的全新需求，这类价值主张正在创造的价值是市场上前所未有的。从这点来看，在线知识付费的价值主张具备了增加用户价值的创新性因素，包括利用移动碎片化时间进行用户时间管理与学习，为来自教育、出版与传媒业的从业人员提供对接市场的服务价值，将知识进行产品化生产以零售的形式融进内容付费领域等，这些都体现了在线知识付费平台价值主张的商业创新。

（三）在线知识付费平台的渠道通路要素

在线知识付费平台商业模式要素中的渠道通路直接关系着用户体验中的用户接触端，关系着平台能否将其价值主张顺畅地传递给用户端的关键环节。传统企业商业模式的渠道通路多数是指销售产品的渠道，供应商等产业链条之间的渠道等。但对于在线知识付费平台而言，需要针对其渠道通路要素做出适度的理解变化。当企业进入互联网，尤其是移动互联网时代，渠道通路对商业模式的关键性影响就被弱化了，网络互通打破了之前较为闭塞的信息沟通环境，任何企业都可以通过网络获得或直接建立自己的渠道，网络平台促进了渠道通路的开放性。因此，在线知识付费平台的渠道通路要素除了包含传统意义上的接触市场的含义，如自有平台、第三方平台外，还包括了接触用户的各种方式，如平台与用户的交互设计、社群、售后等。渠道通路保证了用户了解平台产品与服务的顺畅度，让用户可以更好地感受平台价值主张给自身创造的价值，从而产生付费行为。另外，在线知识付费平台商业模式中的渠道通路是实现与用户建立联系、维护关系的重要因素。在线知识付费平台的渠道类型分为自有渠道与合作方或第三方渠道，它主要通过自有平台进行产品与服务的销售。也有平台如喜马拉雅侧重电商的模式，除了在自有平台上销售之外，也在如淘宝平台上开设知识店铺销售产品。目前，在线知识付费平台都以自己建立内部销售团队、运营，并以自有渠道为主，而平台与其他第三方渠道合作，可以增加产品与服务的销售量，接触更广泛的用户。

可以说，渠道通路在当今已成为共享要素，而不再是企业获得独特竞争优势的因素。在线知识付费平台在面对所有人共享的渠道通路下，需要以用户价值为核心来整合构建独特的渠道网络结构，以发挥最大的网络效用价值，因为只有这样才能在渠道通路环节获得竞争优势。在线知识付费平台所涉及的渠道通路基本流程包括五个步骤：知名度、评价、购买、传递、售后。首先，要通过利用渠道打开平台的知名度，在线知识付费平台一般用知识代言人的方式来打开产品与服务的知名度，具体就是侧重 PGC 内容生产，以专家、学者、明星等为产品代言人，吸引各类用户购买产品；其次，要建立用户反馈渠道，即用户对产品与服务的评价；再次，要构建顺畅的用户购买渠道，这也是最关键环节，平台要帮助用户顺利获得产品与服务，如果用户在购买产品过程中的体验不好，即使他们产生购买行为也会在中途放弃购买；从次，要了解用户在购买产品与服务后，是否很好地接收到了平台想要传递给用户的价值主张，以此来改进一系列接触用户的渠道设计；最后，要建立售后渠道，以对付费用户进行售后服务。

（四）在线知识付费平台的用户关系要素

用户关系主要是指平台与各类用户群体所建立的用户关系类型，商业模式决定的用户关系对整体用户体验会产生深刻的影响。[126] 在线知识付费平台的商业模式抛弃了传统的简单买卖的用户关系，而属于社区型、用户参与式协作创造的开放用户关系类型，它与传统的买卖关系最大的不同在于，当用户在平台上进行购买之后，就建立了与平台的长久联系，这是一种更亲近的平台与用户的关系。比如，知乎打造的知识共享社区，通过促进社区内在线用户之间的交流联系，来鼓励用户彼此之间进行知识交流，从而为各类用户带来价值；再如，以 UGC 生产模式为主的在线知识付费平台，它激励用户自我生产知识内容产品，同时为他们提供相应的技术平台帮助他们制作内容，与客户之间形成良好互动式的协作创造关系。这种类型的客户关系要求平台建立与维持的是一种公平互动式关系，而不是让用户被动消费，用户参与的重要性决定了平台价值的创造离不开用户本身，他们既是消费者，又是平台发展的主动参与者。

（五）在线知识付费平台的收入来源要素

收入来源是一个平台企业能否成功捕获价值并获得利润的关键。在线知识付费平台的收入来源可以具体分为平台会员费、用户单独购买产品或服务的收入，以及从分销渠道获得的收入，其中会员费是平台收入的主要来源。而具有多边平台商业模式特征的在线知识付费平台获取的收益，可以被看作知识经济人获取的佣金，即向知识提供者与知识需求者提供中介服务而获得的收益。平台从收入来源要素需要考虑的问题包括，平台通过产品与服务为用户创造了什么价值使他们愿意为之买单；分析用户为之买单的价值主张；通过支付方式分析用户在支付体验上的问题，以及收入来源在总体收益上各自所占的比例。另外，有些在线知识付费平台所打造的与知识产品相关的电子商城，也成为平台收入来源的一部分，如知识衍生品，包括书籍、礼品、办公用品、智能音响等。

（六）在线知识付费平台的核心资源

不同的商业模式具有不同的核心资源，对于一个企业而言，商业模式是否能顺利运行主要在于其具有怎样的核心资源，它是企业最为重要的资产。判断企业的核心资源是什么，可以从企业的价值主张、建立用户关系，以及创造收入来源等维度来考虑，核心资源是支持它们得以实现的关键要素。对具有多边平台属性的在线知识付费平台而言，其核心资源一定是自有平台，有了连接多边用户的平台，才能吸引来自各方的用户并为他们创造利益，它为用户提供内容匹配服务，为内容提供方提供内容变现服务，这些服务实现了配对的高度复杂的算法。在线知识付费平台由于是在线平台，与沃尔玛等这些大型零售商依赖实体资源不同，其传统企业的实物资源如生产设备、房屋、机器并不存在。在线知识付费属于知识密集型行业，其在线数字存储消除了诸如仓储网络、配套物流设备等庞大的实体基础设施，而用户数据库、在线知识产品库、知识版权、人力资源等一系列知识性资源成为在线知识付费平台的重要核心资源。

（七）在线知识付费平台的关键业务

在线知识付费以平台为核心资源的同时也决定了它的关键业务。关键业务与企业采取哪种商业模式有直接关系，具有多边属性特征的商业模式，其关键业务由平台管理、服务实现及平台升级三项具体活动构成。[127] 在线知识付费平台对其关键业务的明确，是保证平台正常运行的最为重要的企业行为。关键业务与核心资源紧密相连的具体表现在于，关键业务是为平台传递价值主张、赢得市场、与用户建立关系、维系用户关系，以及最终获取利益的业务活动，其实现程度需要平台拥有相应的核心资源。对在线知识付费平台而言，建立并维护平台与用户的关系、为知识生产者提供知识生产服务、为付费用户及时更新用户体验功能、平台运行管理、开发平台网络价值效应等，都是平台的关键业务。

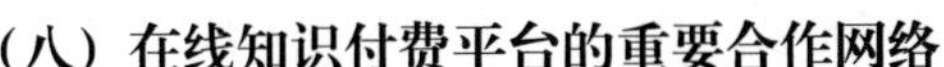

（八）在线知识付费平台的重要合作网络

商业模式要素体系中的重要合作模块是保证平台商业模式成功运行的基石，是优化自身商业模式、降低商业风险或获得资源的重要方式。重要合作是为了成功运行商业模式而建立的相关商业关系，如与供应商等建立的商家关系，与相关企业建立的战略合作关系等，每个企业都有自己的重要合作网络，商业模式的重要合作展现了平台的所有利益相关者。在线知识付费平台的合作伙伴不仅有知识供应商群体的合作伙伴，销售合作伙伴等，它重要合作的独特性还在于把付费用户，即消费者纳入重要合作网络，这也是多边属性平台的共通点。由于用户参与式的平台价值创造，用户不仅是平台的收益来源，更是平台价值创造的重要来源。可以说，用户是在线知识付费平台商业模式中最重要的合作伙伴，在所有相关利益人中，用户的利益是一切的核心，甚至超过了企业与股东利益。

（九）在线知识付费平台的成本结构

九大商业模式要素中的最后一个关键要素是成本结构，它关系着企业在运行商业模式时产生的所有费用，即平台运行总成本，其中包含了各种类的成本结构层。基于移动互联网的在线知识付费平台，其用户通过移动智能手机就可以访问服务器，他们购买产品或服务几乎是在瞬间完成操作，知识内容的传达与接收成本可以忽略不计。随着 5G 业务投放市场，未来用户访问、购买行为的成本将越来越低，这类信息内容的传输接受成本体现了技术创新带来平台成本的降低。

除此之外，在线知识付费平台的成本费用上还包括与内容提供者的合作成本、购买内容版权等相关成本；平台为多渠道获取用户流量的成本；平台运营上的人力资源成本；互联网、移动互联网服务提供商及操作系统、云存储、计算服务等成本。其中，流量成本将会越来越高。值得注意的是，一些在线知识付费平台采取的 UGC 模式，使得平台在内容生产方面的成本大大降低。总体来看，在线知识付费平台的固有成本包括了平台日常的技术维护、平台升级开发、员工工资，而知识版权购买、知识生产者的投入等成本属于变动成本。

在线知识付费平台商业模式画布如图 5.1 所示。

三、在线知识付费平台商业模式创新要素分析

商业模式可以描述一家平台企业的现行活动，也可以用来强调一次创新性突破。平台要想获得并维持成功，就必须要改变现在运行的商业模式。[128] 由此可见，商业模式的创新目的是保证平台不断发展的活力，在网络信息技术环境快速

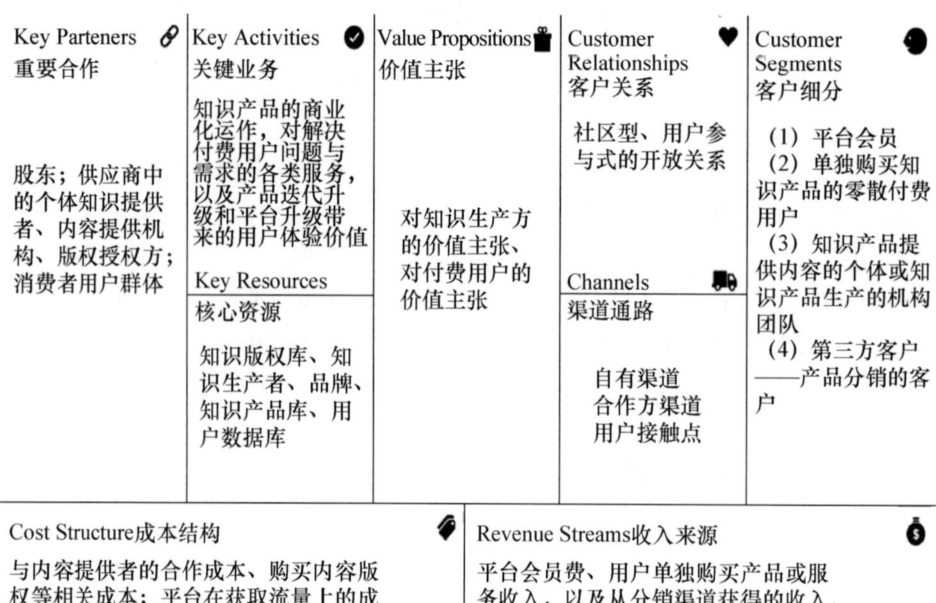

图 5.1　在线知识付费平台商业模式画布

变化的今天，平台需要对自己的商业模式不断进行审视，审视已跟进市场中不断更迭的需求。商业模式的创新不仅可以给平台自身及相关利益群体创造价值，更可以为社会不断创造价值。旧有商业模式的淘汰，新型商业模式的引入，富有挑战性的创新模式在不断改变着原有的“游戏规则”。

此部分从上述商业模式理论出发的视角，基于奥斯特瓦德商业模式画布理论，分析了在线知识付费平台的商业模式要素情况，以及要素构成特征。由于在线知识付费平台本身是近几年才发展起来的新兴行业，其创新之处并不在于它所采用的付费商业模式，而是在于它属于内容产业。在面对网络内容以“免费”商业模式为主流模式的环境下，在线知识付费平台越过媒体平台、广告商、受众的商业模式关系，通过整合三大传统产业边界建立合作关系，对用户进行收费服务，这构成了它作为一种媒介内容在商业模式本质层面上的创新。从这一点看，在线知识付费平台正在实践的商业互联网模式是以前没有过的，可以说它并没有参照对象来为平台获取前人的经验。另外，在线知识付费平台虽然具有多边平台属性，但它与典型的多边平台企业模式相比，又具有自己的独特性。与之前在线出租车市场对乘客发放的烧钱式补贴不同，在线知识付费平台巧妙地迎合了当今消费结构的转变，即人们越来越重视精神上的消费。基于在线知识零售市场的空白，在线知识付费平台通过与高影响力、高价值的人物合作，吸引了许多付费用户，而不用向付费用户端进行资金补贴，这些用户在知识付费正式出现之前，就已经具有了为内容付费的经历与习惯。因此，与类似滴滴打车补贴乘客培养他们在线打车的习惯不同，在线知识付费商业模式最大的优势在于前期无须争夺市场份额的预支资本，即具有了无须补贴就可以直接变现的能力。

为了结合在线知识付费平台自身所处行业的独特性，本书基于商业模式要素理论，建立了在线知识付费平台商业模式创新影响要素评估的初始指标体系。以此为基础，为了保证研究设计的规范、合理和可执行性，我们还展开了面向在线知识付费一线从业人员及在线知识付费平台高端运行管理者的问卷调查。问卷采用专家打分法让行业的相关专家，包括得到、喜马拉雅、网易云音乐、在行一点、荔枝微课等平台专家，针对各项要素指标，对在线知识付费平台商业模式创新优化的影响程度与重要性进行打分，目的是结合实际市场的情况来准确提取有效、可操作的商业模式创新要素。问卷采取十分制，从 10 到 0，其中 10 表示影响力最大，最为重要，1 表示非常不重要，逐次减弱，0 为无影响。问卷主要包括三部分内容，第一部分是填表说明，第二部分是对本书建立的初始在线知识付费平台商业模式创新影响要素指标体系进行打分，第三部分是专家对初始指标体系中没列出的指标进行补充和打分。问卷详见附录 A。

问卷一共发放了 200 份，回收 195 份，剔除连续多项重复分数的无效问卷 8 份，得到的有效问卷为 187 份，问卷有效率为 95.89%。通过 SPSS22.0 对有效问卷数据进行描述性统计分析，结果见表 5.1。

表 5.1　描述统计

	数字	最小值(M)	最大值(X)	平均值(E)	平均值的标准错误	标准偏差
PGC	187	7.00	10.00	8.630 0	.153 74	1.087 08
用户来源渠道	187	6.00	10.00	8.300 0	.168 43	1.190 95
关系网络	187	7.00	10.00	8.150 0	.113 61	.803 37
大众化市场	187	6.00	10.00	8.010 0	.153 52	1.085 57
支付界面	187	6.00	10.00	7.970 0	.135 83	.960 50
企业家行业经验	187	6.00	10.00	7.960 0	.150 40	1.063 49
机构/团队	187	7.00	10.00	7.880 0	.112 99	.798 98
产品包装	187	6.50	9.00	7.870 0	.102 83	.727 10
参与型	187	5.50	10.00	7.840 0	.141 02	.997 14

续表

	数字	最小值（M）	最大值（X）	平均值（E）	平均值的标准错误	标准偏差
分发网络	187	5.00	10.00	7.670 0	.175 32	1.239 69
服务实现	187	5.00	10.00	7.320 0	.189 93	1.343 01
自有平台	187	5.00	9.50	7.260 0	.150 67	1.065 41
会员费	187	5.00	9.50	7.090 0	.146 87	1.038 49
社区型	187	4.00	10.00	6.980 0	.162 86	1.151 57
合作伙伴	187	5.00	8.00	6.930 0	.096 90	.685 19
渠道通路	187	5.00	9.00	6.920 0	.113 71	.804 07
版权购买	187	6.00	8.50	6.900 0	.093 68	.662 40
产品定价	64	3.00	8.50	6.802 0	.126 89	.897 27
单个产品与服务费用	187	5.00	9.00	6.800 0	.109 73	.775 91
支付渠道	187	5.00	9.00	6.730 0	.120 55	.852 43
差异化产品与服务	187	5.00	9.00	6.690 0	.151 11	1.068 52
市场垂直领域	187	3.00	9.00	6.680 0	.181 69	1.284 76
人力资源	187	5.00	8.50	6.600 0	.133 25	.942 21
可变成本	187	5.00	8.50	6.470 0	.124 06	.877 21
用户接收端	187	5.00	9.00	6.390 0	.136 49	.965 16
平台升级	187	3.00	8.50	6.350 0	.200 13	1.415 12
平台管理	187	3.00	8.00	6.350 0	.176 85	1.250 51
用户端场景	187	5.00	8.00	6.290 0	.122 13	.863 61
UGC	187	2.00	9.00	6.1500	.211 05	1.492 33
固有成本	187	5.00	8.00	6.140 0	.123 75	.875 05
衍生品	187	4.50	7.00	5.800 0	.086 90	.614 45
分销收入	187	4.00	8.00	5.730 0	.129 53	.915 90
长尾市场	187	3.00	7.50	4.840 0	.150 81	1.066 37
其他平台	187	4.00	6.50	4.700 0	.105 95	.749 15
版权销售	187	3.00	6.00	4.460 0	.117 66	.832 01
买卖关系	187	2.00	7.00	4.430 0	.165 38	1.169 38
支付方式	187	0.00	8.00	4.430 0	.214 77	1.518 63

从表5.1可以看出，除专家补充指标产品定价外，其余初级指标体系中的36个三级指标均有187个有效数据，无缺失值。各指标评分的平均值都远大于标准偏差，说明数据中无异常值。结合专家意见和建议，我们剔除了平均值在5.0分以下的指标，即长尾市场、其他平台、版权销售、买卖关系和支付方式五个指标。由于有64位专家补充了指标产品定价，超过了有效问卷数量的1/3，且均值为6.8，大于5.0，因此考虑将产品定价纳入指标体系。

为确保指标体系的合理性和科学性，本文在第一次问卷调查的基础上进行了第二次问卷调查。第二次调查的问卷设计和第一次相同，但对问卷第二部分的指标体系进行了修正，剔除了第一次调查结果中的5个不重要指标，并加入了产品定价。第二次调查共发放问卷100份，回收问卷98份，剔除连续多项重复分数的无效问卷3份，得到有效问卷95份，问卷有效率为96.93%。利用SPSS22.0对有效数据进行描述性统计分析，结果显示所有指标的平均值均在5.0分以上，无专家新增指标。因此，可以认为修正后的指标体系比较合理、科学。

最终，根据两次调查结果，本书建立了针对在线知识付费平台的商业模式创新要素指标体系，具体包括了用户、价值主张、价值链及盈利机制四大类一级指标，四大类指标下分别设了11个二级指标和32个三级指标。

(一) 在线知识付费平台的一级用户指标体系分析

从要素指标体系看，一级指标中的用户是在线知识付费平台商业模式的核心要素，也是最为影响其商业模式创新的关键因素，见表5.2。在线知识付费平台的商业模式必须先要明确其目标用户，这是用来分析哪些用户适用于在线知识付费平台商业模式的前提。用户一级指标下设两个二级指标，分别是目标用户与用户关系。

表5.2　用户三级指标

一级指标	二级指标	序号	三级指标	指标解释
用户	目标用户	1	大众化市场	这类市场的用户需求没有明显差异性，市场中的产品通常构成行业的“头部”产品。多数需求会集中在“头部”，可被视为一种主流或流行的市场
		2	市场垂直领域	其市场中的用户需求特征具有较强的专业性、针对性。侧重群体的特性，市场中的产品可视为“腰部”产品
	用户关系	3	社区型	平台与用户构建的开放式用户关系，可以让用户感受到企业的文化价值，其用户有很强的平台融入感
		4	参与型	让用户参与到平台的协作创造中，如UGC的内容生产模式、评论、转发等互动行为

1. 目标用户指标要素

目标用户包括大众化市场与市场垂直领域两个三级指标。目标用户明确商业模式中包含哪些细分用户，其中大众化市场是在客户需求中最为主流、广泛的，他们之间的需求差异不大，是在线知识付费平台重要的用户来源市场群；市场垂直领域则强调客户群体之间的差异性，包括针对性与专业性等方面，如35氪主要针对创业型用户市场需求来制定知识付费平台发展特征。目前，垂直领域的用户群市场已经成为在线知识付费平台，尤其是新进入该领域的平台下一阶段市场开拓发展的重要目标。这两类目标市场分别形成了在线知识付费行业里的“头部”与“腰部”知识付费市场特征结构。

2. 用户关系指标要素

用户关系下设两个三级指标，分别是社区型与参与型两种关系类型。其中，社区型是在线知识付费平台的重要特征，如知乎平台形成的一种知乎用户文化社区的用户关系，打造出了知乎平台在知识文化内容的传播、分享、交互等平台文化氛围。参与型则主要表现为两个方面：一方面是侧重UGC的内容生产模式，即用户生产内容，用户可以通过平台所提供的相关服务，建立自己的频道或专栏，以文字、语音、图片、视频等媒介手法，创建自己的产品，自生性地为平台提供活跃的内容；另一方面，用户参与型还表现为对PGC等专业化程度高的内容产品进行包括留言、评论、转发、分享等互动行为，有的PGC内容选题策划采用边制作、边上线的模式特点，即不提前明确主题，而是随着用户的不断反馈，来制定选题策划、生产内容等。用户的社区型和参与型的关系，不仅能够为平台创造内容“血液”的自生性价值，更突破了传统的简单买卖的用户关系，对其商业模式创新起到至关重要的作用。

（二）在线知识付费平台的一级价值主张指标体系分析

商业模式创新要素指标体系的第二类一级指标是价值主张，下设核心资源与关键业务两个二级指标与八个三级指标，见表5.3。

表5.3 价值主张三级指标

一级指标	二级指标	序号	三级指标	指标解释
价值主张	核心资源	1	企业家行业经验	企业家的行业经验会给平台企业的商业模式创新活动带来积极引领效果
		2	自有平台	知识付费自己的平台连接着多边用户，吸引来自各方的用户并为他们创造利益价值，是产生平台优势的核心资源

续表

一级指标	二级指标	序号	三级指标	指标解释
价值主张	核心资源	3	用户来源渠道	在线平台的流量来源情况，不同渠道来源的用户类型不同
		4	人力资源	在线知识付费属于知识密集型，其内容制作、平台运营等人才对平台是重要资源
		5	差异化且优质的产品与服务	差异化且优质的产品内容与服务能为企业带来市场竞争力
	关键业务	6	平台管理	协调着以平台为核心的各个价值创造环节中的问题
		7	服务实现	帮助解决并满足用户需求的实现，如产品的生产制作、产品售后服务等
		8	平台升级	平台升级关系着用户体验的良好度，以及对用户需求的更好满足

1. 核心资源指标要素

核心资源指标下设五个三级指标，具体包括企业家行业经验、自有平台、用户来源渠道、人力资源，以及差异化且优质的产品与服务。这五个三级指标彼此之间相互影响，其中用户来源渠道对于价值主张具有最重要的影响，它决定了用户的类型。要做到价值主张的创新，就要先明确平台所拥有或预想拥有的用户画像，以具有针对性地提出价值主张。而企业家行业经验对在线知识付费平台商业模式创新的推动影响也非常重要。由于此领域属于新兴行业，并没有可参考的前人经验，因此，企业家是否具有相关网络内容产业生产、运行、接触用户等方面的从业经验则更为重要。建立自有平台而非依托第三方平台，对于在线知识付费平台企业构建独立文化特征，拥有自己的优质流量入口等有非常重要的影响，它关系着平台对其商业模式创新的自主性问题。平台的其他核心资源是否可以得到充分发挥，基础在于企业家的开创性引领及自有平台的建立。另外，平台的相关人力资源与产品服务的差异化关系着平台商业模式的创新实践与竞争优势的具体体现。

2. 关键业务指标要素

关键业务指标下设三个三级指标，分别是平台管理、服务实现及平台升级。其中，平台升级对用户体验起直接影响，其创新可以更好地提高用户体验价值；而服务实现关系着用户与平台的关系，如良好的售后可以更好地维护目标用户的关系，是平台有效提供产品服务的关键因素；平台管理则保证了平台内部的正常运行，其创新性影响平台关键业务运营的效率。

（三）在线知识付费平台的一级价值链指标体系分析

在线知识付费平台另一个重要的一级要素指标是价值链，其下设了五个二级指标与14个三级指标。二级指标分别包括了知识产品的内容制作、知识产品的内容营销、知识产品的内容分发、知识产品的内容支付，以及重要合作，见表5.4。

表5.4 价值链三级指标

一级指标	二级指标	序号	三级指标	指标解释
价值链	内容制作	1	PGC模式	专家、学者、行业大咖、明星等具有流量影响力的人生产的内容，其优势是内容质量易把控，且具有权威性与有用性，缺点是产出数量有限
		2	UGC模式	普通的个人用户生产的内容，其优势是可以不断为平台提供新内容，缺点是内容质量难把控，平台易被低质量、无用的内容所侵占
		3	机构/团队	类似专家生产内容，具有自己成熟、独特的内容制作流程，强调内容生产的高专业性与团队性
		4	版权购买	直接购买内容版权
	内容营销	5	渠道通路	营销推广与销售所需的各类媒介渠道与平台网络
		6	产品包装	在明晰用户需求的基础上，帮助用户发现需求并分析其付费动机，通过一系列销售手段来激励用户产生付费行为
		7	产品定价	知识付费产品的价格制定，是用户对付费产品价值的直观判断标准
	内容分发	8	用户接收端	用户购买知识产品后用以接收的各类端口，如移动智能手机、智能车载端、平板电脑、智能穿戴设备等
		9	用户场景端	用户在接收产品时所处的空间场景特征，如公共交通、办公场景、休闲娱乐场景等

续表

一级指标	二级指标	序号	三级指标	指标解释
价值链	内容分发	10	分发网络	平台利用技术布局的各类内容分发网络体系，如针对线上的分发体系自有平台、微信小程序、搜索平台等；针对线下的内容分发等，以保证用户与平台的无缝连接体验
	内容支付	11	支付渠道	购买产品时可被平台支持的支付手段，如微信支付、支付宝、银行卡等第三方支付，或平台自有的支付体系等
		12	支付界面	关系着用户的支付体验，良好的界面可以帮助用户迅速完成支付过程，并在购买后引导用户进入产品使用界面
	重要合作	13	合作伙伴	投资人、内容供应商、消费者或用户、行业竞争者等利益群体
		14	关系网络	基于合作伙伴关系所形成的网络。关系网络构成关系着平台相关利益联系人，如与合作者或竞争者形成战略联盟，与内容供应商建立的关系等

1. 内容制作指标要素

知识内容制作是指知识内容供应方的类型，包括PGC模式、UGC模式、机构或团队制作，以及版权购买。从当前来看，在线知识付费平台最重要的知识内容生产制作是PGC模式，因此，平台与专家、学者、行业大咖等应该建立多样化合作模式，直接对现有商业模式进行创新或优化改进。此外，通过知识内容制作的价值活动，与PGC、UGC、机构或团队、版权购买在内容制作上形成相互交织的结构关系，可以从多方面构成平台的内容价值生产网络模式。

2. 内容营销指标要素

知识产品的内容营销包括渠道通路、产品包装，以及产品定价三个三级指标。渠道通路的网络建构可以提高知识产品的营销通道、销售渠道及平台的影响力；产品包装则体现的是平台对知识生产者的价值创造，即帮助他们打磨内容，制造产品以进入知识付费市场；产品定价则直接关系着内容制作方与平台的收益情况，是付费用户对产品价值进行评估的直观判断标准，对于学生等年轻用户群体具有较大的影响作用。

3. 内容分发指标要素

知识产品的内容分发下设三个三级指标，包括用户接收端、用户场景端，以及分发网络。用户接收端涉及用户通过什么设备使用平台的产品与服务，用户接收端的布局，如线上平台的直接学习或转移到智能音响的学习等，这里的端口布局是在线知识付费平台在模式创新上的重要一环。用户场景端则是指用户在什么环境中进行产品消费，用户往往会根据移动场景的转换而对产品与服务有不同的需求，这里平台需要利用大数据对用户进行画像分析，以深入理解平台的目标用户的角色，构建个性化的创新性服务。分发网络是针对整体移动互联网络的搭建，即形成平台产品的生态环境，这里对于商业模式而言具有较大的开创性。

4. 内容支付指标要素

知识产品的内容支付是平台获取利益的关键环节，共包括两个三级指标：支付渠道与支付界面，这两个指标一起形成了付费用户的整体支付体验。内容支付的相关创新可以极大提高用户的消费体验，如增加支付过程的流畅度、缩短支付路径等，平台应紧密结合技术的发展，不断创新支付边界的可能性。

5. 重要合作指标要素

重要合作对平台的价值创造活动起到了支持作用，平台的价值创造离不开与其他利益相关者的合作关系。一方面，平台积极与平台之外的内容制作者合作，如邀请知识界的大咖、自媒体红人、业界有影响力的专家学者等，这类与自带流量的内容制作方的重要合作形成了平台的合作伙伴关系，不仅能够最有效吸引优质流量用户，还能提高平台付费用户的转化率。另一方面，平台与其他个体的合作伙伴、第三方平台等所形成的关系网络，可以帮助平台在低成本的原则上最大限度地吸引有利于平台发展的资源，最终形成一种关系生态网，其涉及的关系网络的创新，可以将更多有利于平台商业模式发展的要素引入合作网络。

（四）在线知识付费平台的一级盈利机制指标体系分析

盈利机制指标下设收入来源与成本结构两个二级指标和六个三级指标，见表 5.5。

表 5.5 盈利机制三级指标

一级指标	二级指标	序号	三级指标	指标解释
盈利机制	收入来源	1	会员费	用户成为平台会员所付的费用。如年费、月费等
		2	单个产品与服务费用	用户在平台上采取分别购买单个或多个产品与服务的行为

续表

一级指标	二级指标	序号	三级指标	指标解释
盈利机制	收入来源	3	分销收入	第三方参与平台产品与服务的销售方式而带来的收入
		4	衍生品收入	基于平台知识产品的相关商品，如礼盒、书本影音等
	成本结构	5	固有成本	在一定时期和业务范围内，不受业务量增减变动影响而固定不变的成本，如移动互联网服务提供商及操作系统、云存储、计算服务；平台运营费用、员工工资等
		6	可变成本	随产量的变化而变动的成本，如内容供应方成本、内容版权、流量获取等相关成本

1. 收入来源要素指标

收入来源由四个三级指标构成，包括会员费、单个产品与服务费用、分销收入，以及衍生品收入。从目前的在线知识付费市场来看，在线知识付费平台的会员产品与服务收益占据平台收益的首要部分，其次是产品与服务的单个零散购买。另外是以喜马拉雅平台为例的第三方销售所产生的收入来源渠道。而以得到为代表的电子商城，其以电商的形式衍生了知识产品的书籍、用户的礼品、手办、办公用品、产品接收智能设备等，这些都是平台在收入来源上的积极创新，有利于在线知识付费平台商业模式的多元化发展。

2. 成本结构要素指标

成本结构包含固有成本与可变成本两个三级指标。通过技术驱动可降低平台的固有成本，如人工智能所替代的人力资本可以降低用人的成本费用。可变成本则要结合实时变化的商业环境，市场变革等因素，来对可变成本进行调整，这两部分的创新会直接影响商业模式在盈利机制上的变革。

第二节　在线知识付费平台要素作用机制与创新影响关系

对于商业模式创新问题而言，基于要素创新首要考虑的应是要素之间的适配关系。在上述分析的在线知识付费平台的商业模式要素之间，一定要达到一种平衡关系，才能在改变或调整某些要素的时候发挥正向的联动效果，否则要素的改变也许会严重影响商业模式优化的效果，甚至导致失败。另外，外部环境因素的改变对商业模式创新要素的选择、调整与匹配都起到一定的影响关系。因此，基于要素作用机制的同时，分析其平台商业模式要素创新时的相互影响关系，可以保证在线知识付费平台企业保持一个动态变化的系统思维，来审视平台的商业模式创新问题。本节以商业模式要素之间的作用原理，具体分析了在线知识付费平台商业模式要素之间的作用关系，以及要素与要素之间发挥作用的周期。同时基于这些要素作用机制，对在线知识付费平台商业模式创新与要素的影响关系进行了分析，为后面商业模式创新模型构建后的可执行性提供了基本思想。

一、在线知识付费平台商业模式要素的作用机制

针对在线知识付费平台商业模式，可以分别从用户群、价值主张、价值链、盈利机制四个维度进行具体分析，同时为后面的商业模式创新模型的构建奠定基础。上一节内容用商业模式的理论基础对在线知识付费平台商业模式要素进行了分析，并从市场调研情况对在线知识付费平台的商业模式创新要素指标进行了评价，提取出了在线知识付费平台商业模式创新要素的体系结构。基于调查问卷提取的在线知识付费平台商业模式创新要素，它们之间形成互相影响且相互协作的关系。

从要素之间的作用关系来看，商业模式要素之间具有联动性，商业模式创新的成功必须考虑它们彼此之间的联动关系及相互影响力。因此，如果在进行商业模式要素创新的过程中，只采用局部优化思维，从单项要素的视角思考商业模式创新的问题，而忽略要素彼此之间的联动效应与相互匹配的关系，就会出现“只见树木不见森林”的问题，造成要素彼此作用的矛盾效果，最终导致整个商业模式创新系统的失败。[129] 这就要求企业在进行商业模式创新时，用系统的思维来审视整个要素创新所带来的商业模式创新问题，包括要素的变化与调整给整个商业模式体系所带来的变化，以保证要素之间的相互匹配带来正向的变化。

与传统的知识传授相比，在线知识付费平台正在实践的就是一种商业模式创新。从用户群要素看，它服务的目标用户一方是愿意为知识付费的用户，另一方是愿意参与平台价值创造的内容提供方，它本身服务的对象突破了单边市场的特征。而服务用户群的多样性变化，同时带来了其价值主张的形成，即知识付费服务运营商，它改变了原有传统的知识传授过程中知识提供方与消费者之间的关系，使知识提供方与消费者直接对接。知识提供方与消费者直接对接的关系，体现了在线知识付费平台的价值所在，即为双方提供更好的连接服务。而为了传达

并实现这种价值主张，则会影响平台价值链的改变。价值链是实现平台价值主张的关键要素，体现着平台生产、提供产品与服务的方式。在线知识付费平台创造新的价值主张，不仅会牵动其价值链结构体系的创新改变，更会改变在线平台多以广告获取利润的盈利机制，如图 5.2 所示。

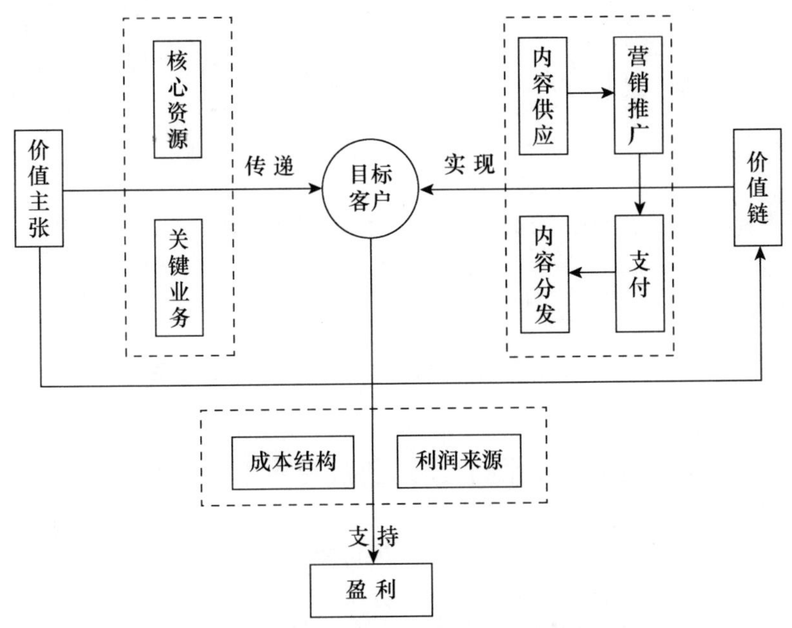

图 5.2　在线知识付费平台商业模式要素作用机制

在线知识付费平台商业模式要素之间搭建出的平衡关系，通过要素之间的作用关系，一方面完成了企业的商业盈利目标，另一方面也达到了满足用户需求的目标。具体来看，在线知识付费平台的商业模式基于其要素作用效果，形成了四大步骤：其一是价值主张的传达，价值主张通过平台的核心资源与关键业务来传递给目标用户，以吸引目标用户；其二是用户的反应，在线知识付费的用户在面对平台所要提供的产品与服务时，会判断其中能为自己带来怎样的价值，即这些产品与服务是否对自己有用；其三是用户的行为，针对自己的心理预期或情感意愿等一系列的反应，用户会产生相应的行为，也就是说，前一个阶段的心理反应会激发用户采取行动，以此来完成一个目标，而目标的完成需要平台的支持，来促成用户行为的实现；其四是用户与平台的交易行为，这是在线知识付费平台捕获价值的关键点，当用户将行为转化为交易时，这些交易行为包括了交易前对产品与服务的咨询，体现为售后服务或平台的在线支持，购买产品与服务的行为，以及对购买后的产品与服务进行评价留言等。交易行为是用户实现自我需求满足，平台完成盈利的关键过程，最终交易的发生则是判断是否完成用户与平台各自目标的标准，如图 5.3 所示。

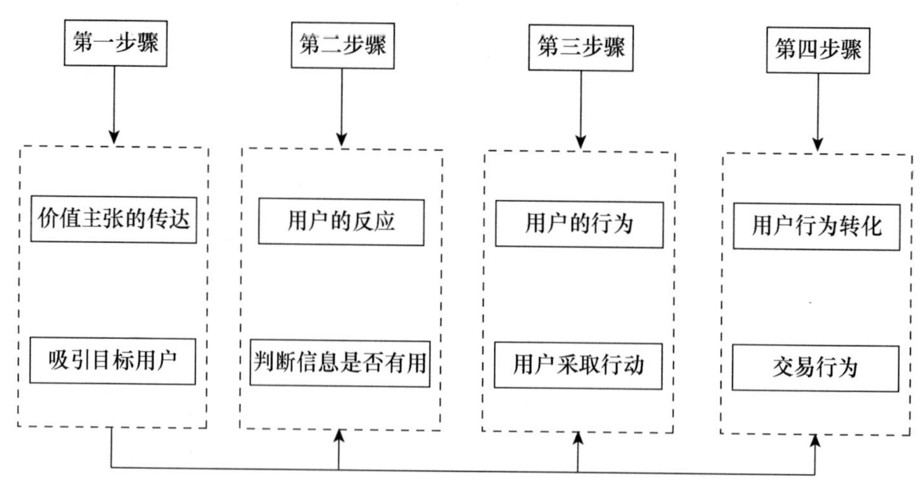

图 5.3　在线知识付费平台商业模式要素作用周期

二、在线知识付费平台商业模式创新要素影响关系

加斯曼的“神奇三角”理论为在线知识付费平台商业模式创新的要素影响关系提供了一个更加系统性的研究。它具体分析了通过用户、价值主张、价值链及盈利机制四大模块构成的在线知识付费平台商业模式体系，且将它们每个要素之间在商业模式创新方面的影响关系通过“神奇三角”更加具体地以图形化形式直观地表现出来，同时为将来平台企业的商业模式创新要素的影响关系奠定了基础。“神奇三角”的独特性在于，在商业模式创新方面，无论调整其中的哪一角，如优化右下角的价值链流程与活动机制，其余两个角便会自动做出相应的调整优化。

在线知识付费平台商业模式的四个维度具体描述的是，平台为谁服务、销售什么产品与服务，平台如何生产产品与服务，以及最终平台为什么能盈利等。这四个维度体现了商业模式内外要素的重要构成，其中，商业模式的外在方面由为谁服务和提供什么产品与服务两个维度构成；商业模式的内在方面由如何生产产品服务和为什么能盈利两个维度构成，如图 5.4 所示。

针对在线知识付费平台商业模式创新，必须要对上述四个维度中的至少两个方面进行调整与改进优化。例如，如果平台只对其商业模式外在构成中的价值主张进行创新优化，那么对于整体商业模式创新结果而言，只能实现平台提供的产品与服务的创新，而无法实现对平台企业商业模式系统化的创新。商业模式创新与产品或工艺创新有本质区别，前者的创新会极大影响“谁——什么——如

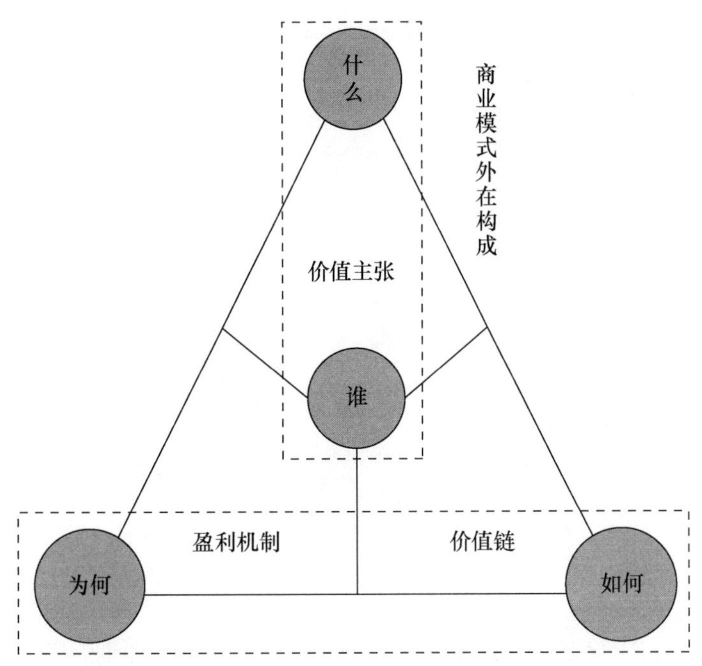

图 5.4　商业模式内外构成

何——为何”四要素链条中至少两方面的要素，[130] 换句话说，商业模式创新必然是对其中的部分要素进行了调整与优化，并且至少是对两个要素进行了改动；后者的创新则是基于原有的商业模式对其中的产品要素单独创新，并不影响整体商业模式的优化与改进创新。因此，在线知识付费平台商业模式的创新一定是基于两种以上的要素体系来达成的，基于“神奇三角”的要素间影响框架，分别包括六类商业模式创新要素可能，如图 5.5 所示。

第三节　在线知识付费平台商业模式创新模型构建

随着商业互联网的飞速发展，互联网产品的成功与否关系着互联网平台未来发展的潜力。越来越多的实践家与理论家发现，产品是否被市场认可，用户体验是最直接的影响因素之一。无论是早期的聊天工具 QQ，还是当今占据着大量即时聊天市场份额的微信，它们的成功都在于对用户体验的重视。它们不断更新，让产品迭代升级，以满足用户的喜好。因此，产品上市前要充分考虑用户体验，

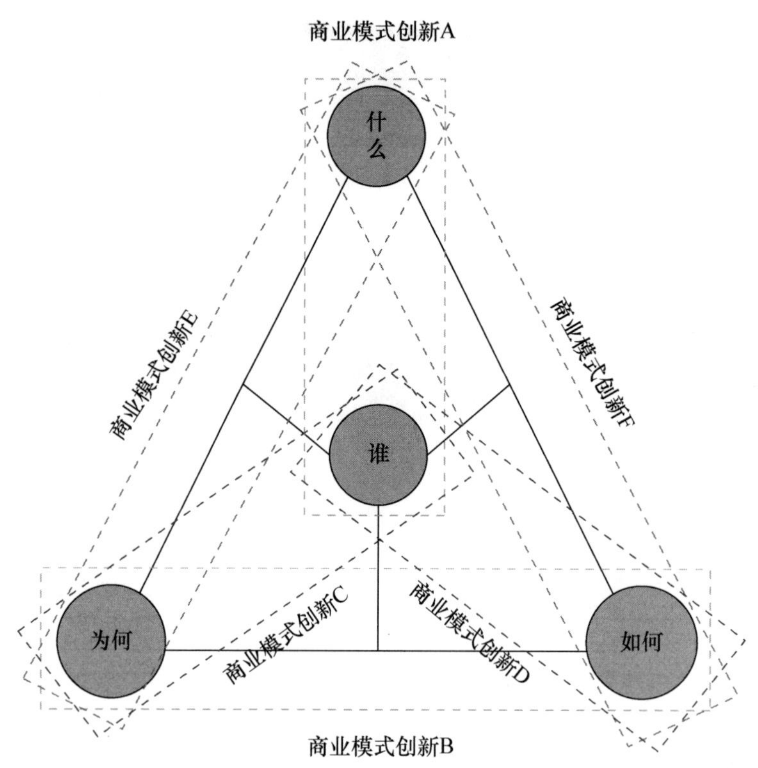

图 5.5 商业模式创新类型

并进行针对性设计，随后需要针对用户的使用体验进行数据分析，快速更迭，优化产品的功能，以此维持用户黏度。从用户体验概念来看，它是指用户在经过产品使用后得到的主观的感受，这种主观感受可以通过对一类用户群体的体验共性进行分析，并通过产品的设计实验将这种抽象的概念具化为一种可以被认识的、为创新行为导向的重要指标因素。对用户体验属性的深入理解，可以帮助平台设计出更贴近用户喜好的产品与服务。而对于在线知识付费平台而言，其采取付费商业模式，除了要给用户带来良好体验之外，还要考虑付费产品与服务对整体用户价值的影响问题。因此，本节在用户价值理论与 CUBI 模型相结合的基础上，构建了在线知识付费平台的商业模式创新模型。

一、CUBI 用户体验模型的基本原理

用户体验的概念最早是由设计师诺曼（Norman）所提出，20 世纪 90 年代被人们广泛所知，随之关于用户体验的理论研究也得以展开。关于用户体验与产品特征的关系研究认为，人们的实用主义与享乐主义综合决定了用户对产品特征

的感知特性，这也成为用户体验模型的基础理论与出发视角。实用主义关系着产品的功能与实际操作的问题，享乐主义则与用户的心理幸福感相联系。但整体来看，有关用户体验的研究主要还是基于用户的这两个维度，而缺少商业上的维度，对于商业角度的创新性行为设计并不具有实用性。本书所要建构的商业模式创新模型，是以用户价值，包括用户体验因素在内为核心导向原则，来进行商业模式创新的研究。从这个角度出发，科里·施特恩[131] 设计的 CUBI 用户体验模型，其最大优势在于融入了商业与用户的两个关键因素，这不仅增加了用户体验评估在商业设计上的方法实用性，也为以用户价值为导向的商业模式创新提供了有效、可借鉴的方法途径。CUBI 用户体验模型由四大模块构成：商业目标、用户目标、内容目标与交互目标。

（一）CUBI 的商业目标模块分析

商业目标模块具有四个基本要素，分别是运营、产品与服务、结果和使命。这四个要素之间具有联动关系且相互影响，如运营支持着产品与服务，好的产品与服务会给用户带来良好的用户体验，有了良好的用户体验他们便会采取行动以让企业达到商业利益的结果，而商业结果的实现是企业达成使命的重要保证，如图 5.6 所示。

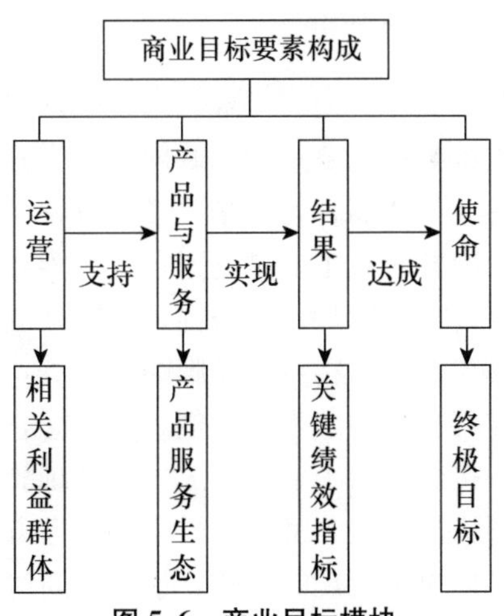

图 5.6　商业目标模块

（二）CUBI 的用户目标模块分析

用户目标模块具有五个要素，分别是用户类型、需求、动机、行为和结果。用户类型是企业分析用户需求的基础，不同的用户属性对产品与服务的需求各不相同。基于用户类型划分，通过挖掘相关数据可以找到用户的不同需求与预期，从而在功能、心理等更复杂的需求上满足用户。在用户需求被识别后，企业则要找到用户行为背后的动机，通过商业营销等手段来激发用户采取行动满足需求，如图 5.7 所示。

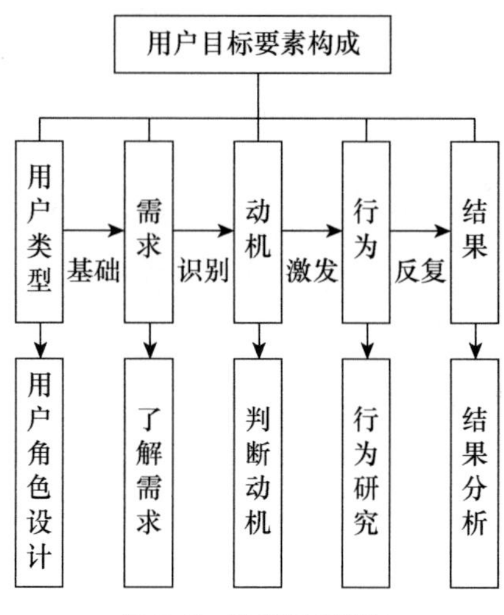

图 5.7　用户目标模块

(三) CUBI 的内容目标模块分析

内容目标模块包括内容类型、内容模式、内容处理方法、内容呈现方法和内容构架五个要素，其中内容类型主要是指承载内容的媒介，各类媒体的形式特征将为内容带来更多创造性。具体而言，就是要考虑各种类型内容放到场景中的情况，使其更具有针对性。内容模式主要是基于各种内容类型综合在一起的完整的模式，如产品的内容文字简介、图片、价格等。内容处理方法主要涉及一些具有美观意味的设计，用以反映企业的特点、品牌的文化等，如苹果手机的设计。内容呈现方法可以更好地体现一个内容表述的创意性概念，从而吸引用户。内容构架是信息的一个结构，连接着前三个要素形成内容系统。它们之间的关系表现为内容模式由不同内容类型构成，二者都要通过某种处理方法来体现企业价值，再经创新性的呈现方法为它们提供展现的形式，最后，通过内容构架来建立组织前四种要素的匹配结合，如图 5.8 所示。

(四) CUBI 的交互目标模块分析

交互目标模块包括模式交互、系统交互、设备交互、人机交互。模式交互包括标题、菜单、日历、地图等所有各类界面设计的资源库元素，可以重复使用。[132] 系统交互是用来引导用户进程与目标实现的，如流量、通知、反馈等，

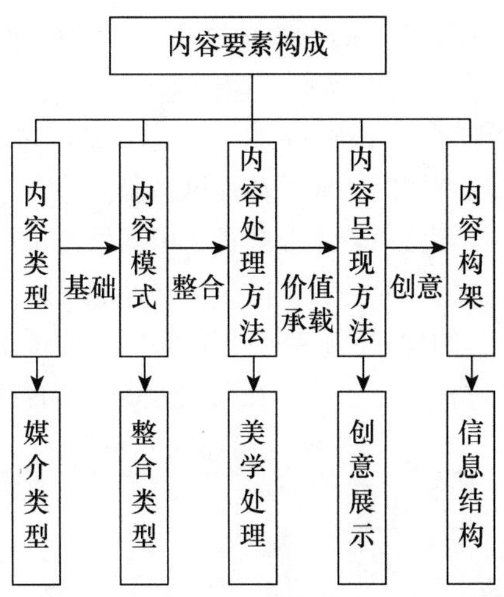

图 5.8　内容目标模块

其中动态的系统交互可以实现自我调节的功能，如支持认证信息或注册会员等的权限活动。设备交互要注意如今用户的多屏使用特征，因为不同的设备在屏幕大小、制式及其他因素上各有不同。因此，设计这一项交互内容时，要具有设备的针对性及连接性，要建立跨屏连贯体验的用户界面设计，如在手机观看某内容，当转换到电脑或 iPad 时，可以直接跳转到相关内容的播放界面，而不用在新的屏幕界面上重新打开内容，让用户体验达到无缝连接的效果。人机交互则是用户与设备的互动体验。整体来看，交互模块可以被看作一个系统，通过资源库建立系统交互功能，可以实现良好的设备支持服务以促进人机交互，如图 5.9 所示。

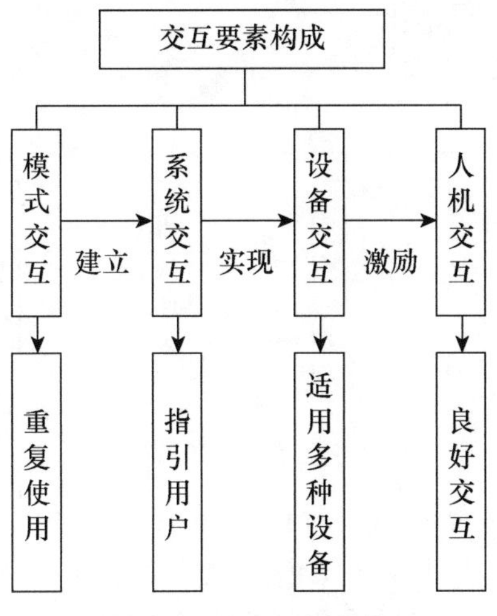

图 5.9　交互目标模块

CUBI 模型还同时提出了用户的有效体验中涉及的四个基本因素，包括品牌化体验、综合体验、有用体验和可用体验。这四个体验因素与 CUBI 模型的模块之间存在密切关系。品牌化体验的设计对应着商业目标要素，它是将企业的品牌与用户全部的接触点相融合，传达给用户的企业整体品牌体验。综合体验则涉及企业内容的构架合理性问题，其体验的好坏关系着企业能否吸引并留住用户。有用体验则与用户目标密切相关，即企业所提供的产品与服务能否很好地满足用户需求，达到他们的预期目标，以此来评价有用体验的相关问题。可用体验侧重的是企业的交互能力，表现为用户在产品与服务的消费过程中与企业的互动行为是否具有易用性，如图 5.10 所示。

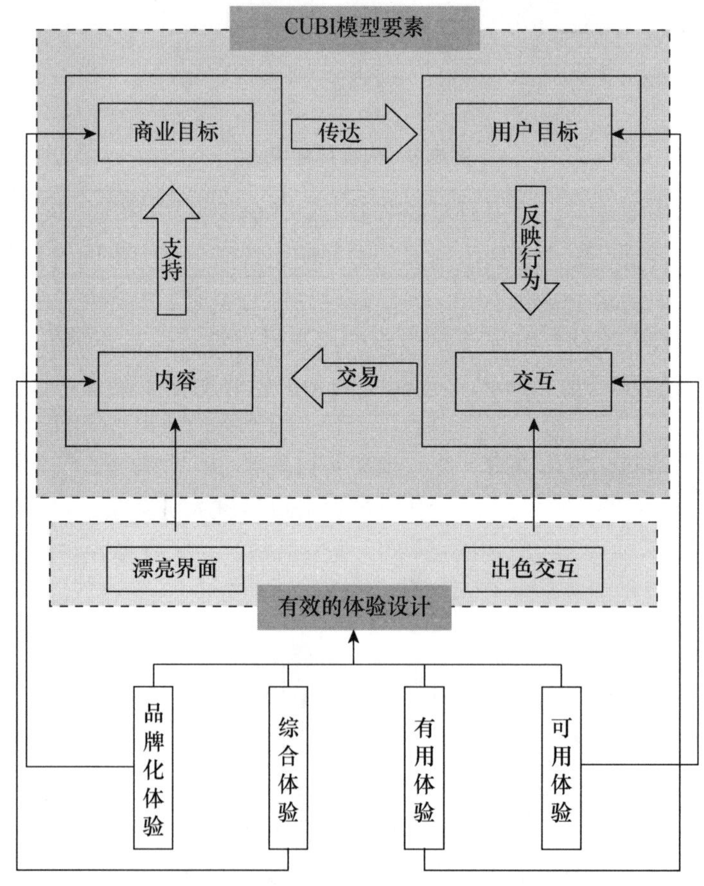

图 5.10 CUBI 模型原理

基于 CUBI 模型原理及前一节对在线知识付费平台的商业模式分析可以看出，CUBI 模型在结合分析商业模式创新上具有特定的优势。首先，CUBI 模型的商业目标与用户目标几乎包括了在线知识付费平台的全部商业模式内容要素。其中，CUBI 模式的内容模块属于商业目标与用户目标在内容结构上的具体表达，具体包括商业模式中重要的产品与服务环节的内容设计。其次，交互模块在产品与服务中具体化了用户体验行为的设计。CUBI 模型丰富的系统化体系将抽象的商业模式创新变得具体化，提供了更加具体、有效、系统的分析与描述方法。此外，CUBI 模型与在线知识付费平台都强调用户体验的重要性，在内容构成方面也具有重合性。作为典型的在线消费商业模式，在线知识付费平台采用用户价值为核心、用户体验为导向的商业模式创新，所以，无论从方法层面还是理论层面，CUBI 模型都具有实用性。

二、基于 CUBI 模型的在线知识付费平台商业模式创新模型构建

由于在线知识付费属于网络消费商业模式的范畴，基于前面对在线知识付费平台的要素提取与分析，此部分结合网络消费商业模式的内容组件的分类，[133] 将在线知识付费平台商业模式要素进行了模块化的整合划分，包括了核心模块、运营模块、支持模块、盈利模块四部分，构成了在线知识付费平台商业模式的内容模块结构，并最终形成了锥形商业模式内容模块结构图，如图 5.11 所示。

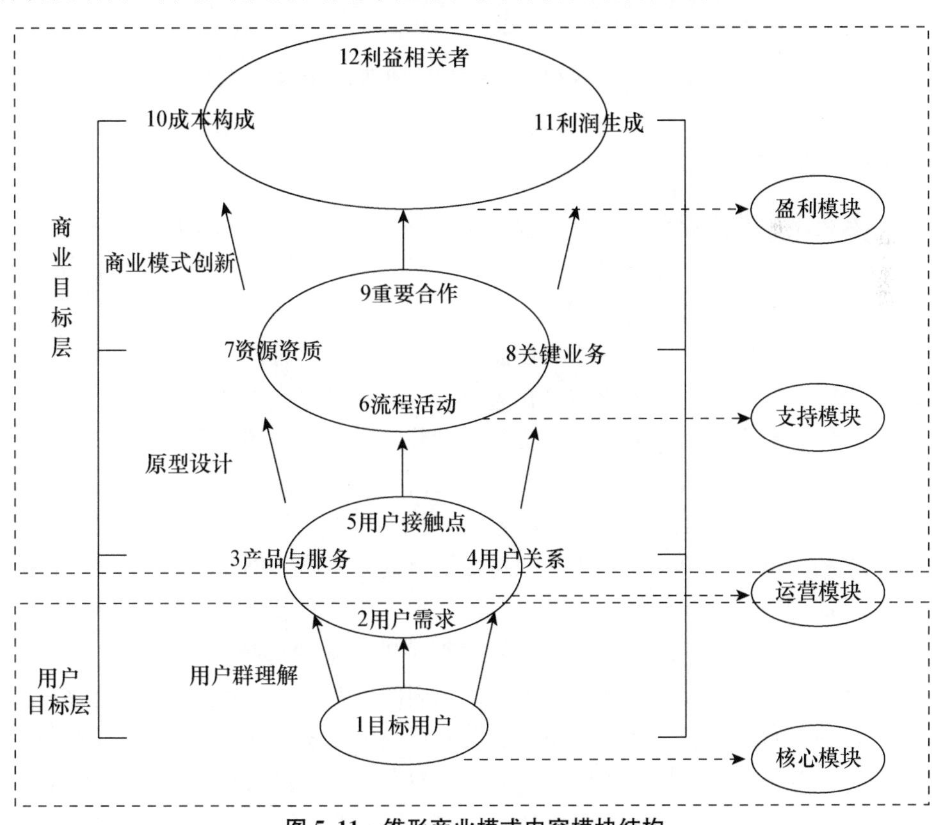

图 5.11 锥形商业模式内容模块结构

CUBI 模型中的商业目标与用户目标层的内容包括所有商业模式内容模块，因此，通过商业目标层与用户目标层就能够建立 CUBI 模型与商业模式的相互关联。将商业模式的内容模块融入 CUBI 模型，以此构建在线知识付费平台商业模式创新模型，如图 5.12 所示。

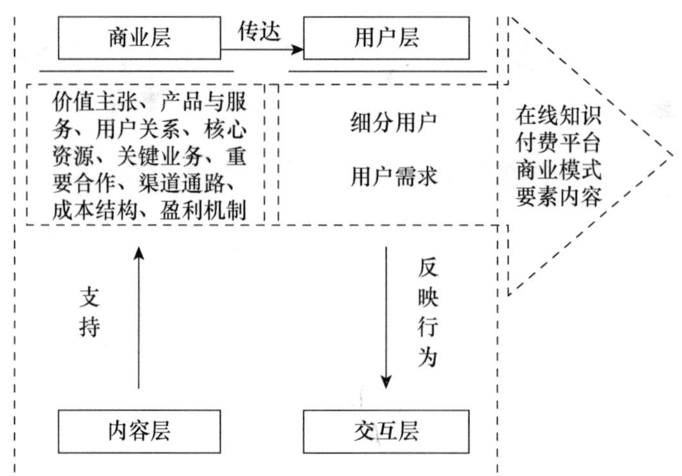

图 5.12　CUBI 模型与在线知识付费平台商业模式关系

（一）创新模型的商业目标层

创新模型中的商业目标层是在线知识付费平台商业模式创新结构中的战略支持层，是整个创新模型的最顶层，具体包括了平台企业的愿景、使命、价值主张、用户、价值链及盈利机制。

从一种抽象化的表达，具象为以商业模式其他要素对价值主张的传达，在线知识付费平台价值主张直接影响着相关要素的设定，包括了基于什么样的价值主张而设计的平台产品与服务、核心资源的划分、关键业务的制定、平台与用户关系的设定、用户接触点的设计、重要合作的网络架构、盈利机制的设计（平台成本构成与营收构成）。结合 CUBI 模型中商业目标层要素的构成，创新模型的商业目标层的内容主要包括了在线知识付费平台的运营体系创新，基于价值链体系的价值活动创造，以及价值的实现，另外还有平台使命愿景的制定规划内容。

商业目标层的内容结构通过 CUBI 模型中的商业目标要素之间的作用关系，可以构建出创新模型商业目标层七大要素之间的创新联动关系。首先，在线知识付费平台的运营关系着平台产品与服务的质量高低，平台的良好运营会给用户带来消费产品与服务时的更好体验，因此运营对平台所提供的产品与服务起到了基础支持作用。从运营的内容看，它包含了核心资源（企业家行业经验、自有平台、人力资源、用户来源渠道等)、关键业务(平台管理、平台服务、平台升级)、重要的合作伙伴(平台的相关利益群体)、目标用户的精准挖掘与用户关系的维护，以及用户接触点的设计。其次，通过产品与服务来构建在线知识付费平台发展所需的生态环境，平台自身能否在构建的生态环境中提出独特价值主张，关系着产品与服务的市场竞争力及用户吸引力。再次，产品与服务所带来的用户消费体验，会在平台上留下诸如转发、分享、评论等一系列的互动数据，构成评价产品与服务质量的关键绩效数据，如用户满意度的绩效，完课率绩效。好的产品与服务会带来用户回购等多次付费行为，获得财务方面的数据等。通过绩效数据分析的结果，可以判断在线知识付费平台是否完成了终极商业目标，如图 5.13 所示。

创新模型的商业目标层是针对在线知识付费平台商业战略层级的创新问题，属于其平台商业模式创新的上层建筑，是在线知识付费平台的商业模式创新的支持层。

从本章第二节可知，价值主张属于商业模式的外在构成，价值链与盈利机制是商业模式的内在构成，其中必须同时改变优化至少两个要素才能对商业模式起到创新的效果。在线知识付费平台在进行商业模式创新优化时，要注意在商业目标层中进行创新要素之间的匹配，不能单独对某一要素进行创新。如平台只对产品方面进行创新，并不能引起整体商业模式的创新，而只是对其产品要素的单独创新。因此，在这一层就要根据要素创新的相互影响作用，进行匹配研究，做出最具有创新效果的要素之间的共同优化创新。

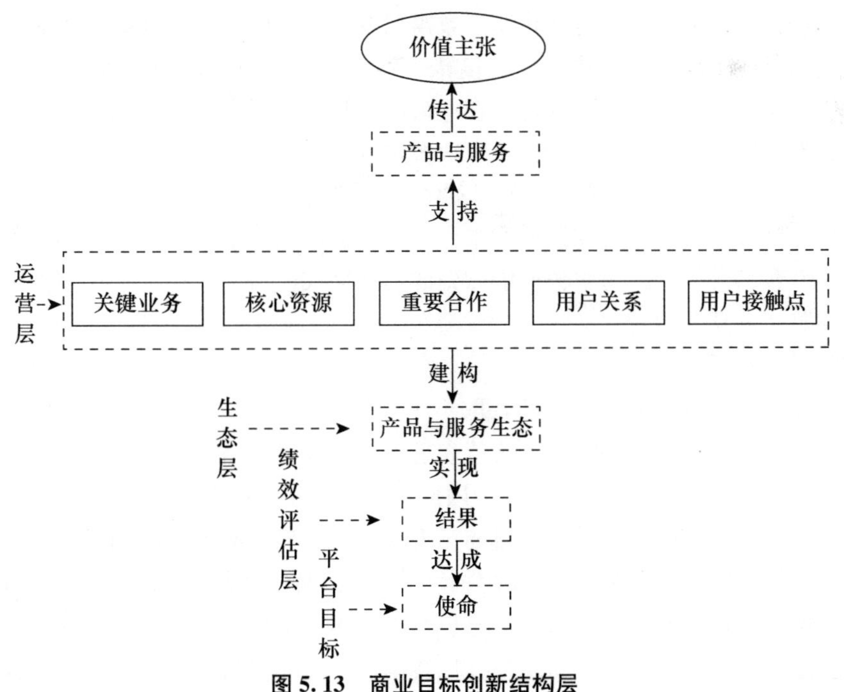

图 5.13　商业目标创新结构层

（二）创新模型的用户目标层

创新模型的用户目标层是整个模型的核心层，具体由用户的需求体验层与行为体验层两部分构成。两个层次分别表现了从用户细分到最后用户付费行为结果的用户原型分析，以及用户生命周期的循环。

1. 用户的需求体验层

在线知识付费平台企业在整个商业模式体系里要做的第一件事，是要深度理解谁是平台的目标用户，分清楚哪些用户适用于平台的商业模式，哪些不适用。毫无疑问，平台在做出一系列商业行为决策时，都要以用户为核心。CUBI 模型的用户目标层包括的目标用户与用户需求，是平台的商业目标能否实现的关键，即是否满足了目标用户的需求与预期。从前述对 CUBI 模型原理的分析可知，用户层要素结构包括了用户类型、需求、动机、行为，以及结果。首先，用户类型是平台对其用户角色的设计，可通过大数据挖掘分析得到较为精准的用户画像，这是分析用户需求的基础，先要了解不同用户群体类型的特征、习惯、爱好等，才能准确理解他们的需求。这里值得注意的是，不仅不同的用户需求存在差异性，同一个用户因为其所处场景的不断变化，需求也在随时转换。移动互联网的发展带来的最明显的改变之一是用户场景的快速转换，这一改变不仅需要在线知识付费平台解决用户群体类型上的需求划分问题，更需要平台注意解决同一个用户由于场景转换带来的身份变化所导致需求变化的问题。这是在线知识付费平台最大的商业逻辑转变，即从关注流量转变到对背后真实个体的深入理解。无疑，每个用户个体都拥有着多重身份，在办公室场景下，个体是工作的社会人，面对的多是有关职场发展、工作能力、专业技术等相关问题；进入家庭环境，同样的个体面对的可能就是亲自教育、老人的健康医疗等问题。因此，在不同场景之下的同理心分析，成为在线知识付费平台挖掘目标用户需求的新要求，而这类用户需求关系着平台的产品与服务所能做到的场景完成度情况，成为一种重要的判断用户体验需求高低的新标准。

2. 用户的行为体验层

价值是由当下情境所产生的，取决于评价性判断发生的环境。[134] 同样的产品与服务在面对不同用户时，其价值表现不一，有时甚至会有正负向的表现，出现“吾之蜜糖，彼之砒霜”的情况。因此，深入了解用户价值的构成才能更准确地理解用户需求，以识别需求背后的行为动机。用户价值由互动相对偏好体验来展现，包括了四要素，分别为互动性、相对性、偏好性和体验性。[135] 针对在线知识付费平台提供的互动性而言，它包括了主体（用户）与客体（产品）之间的互动，主体（知识生产者）与主体（付费用户）之间的互动，即用户之间及用户与购买产品的内容生产者的互动等。互动带来的价值受到用户身体或精神特征的影响，但互动价值产生的前提是用户对产品与服务的欣赏。相对性则包括了产品与服务之间的比较、人与人的比较、个人所处的环境情况，即具体场景不同对产品与服务的比较。偏好性是对用户判断评价产品与服务的统称，具体包括倾向（正面与负面）、态度（有利与不利）、想法（赞成与反对）、定向行为（接近或逃避）、判断（好与坏）、评价（喜欢与不喜欢）。体验性不是产品的购买，而是强调的一种消费体验。可以看出，由这四要素构成的用户价值要素框架主要针对的是用户的行为体验，包括了互动体验、差异化体验、偏好评价体验与消费过程的体验。由此，基于用户价值要素框架可以提炼出三个关键维度：外在与内在、自我导向型与他人导向型，以及主动与被动，这三个维度可以反映用户价值的类型特征，见表 5.6。用户价值类型可作为用户行为体验的标准维度，而在线知识付费平台可以通过三个关键维度，来深入理解不同价值类型用户会产生哪些行为体验感受，这也是判断分析用户需求心理与情感的依据。

表 5.6　用户价值类型

自我导向型	主动（积极性）	效率（方便度）（外在）	娱乐（有趣性）（内在）
	被动（反应性）	优质（品质）（外在）	审美（美/漂亮）（内在）
他人导向型	主动（积极性）	身份（成功/影响）（外在）	道德（公正/美德/道德）（内在）
	被动（反应性）	自尊性（名誉）（外在）	精神性（信仰/神圣）（内在）

基于用户需求及对用户价值类型的理解，在线知识付费平台可以以此找到用户动机，并形成激励用户行为产生的分析方法，最后在平台上留下用户行为结果的数据，以通过分析结果再次划分用户类型，从而形成一个循环。如图 5.14 所示。

（三）创新模型的内容架构层

创新模型的内容构架层是前两个层次在信息内容上的具体化展现。首先，商业目标层的内容构架主要包括了在线知识付费平台创新要素中的产品与服务的内容标准制定、用户关系维护方式、企业使命愿景，以及盈收表达等。其次，CUBI 模型中的交互模块融入用户目标层的内容架构层，为用户的行为体验设计提供了方法依据。具体来说，内容构架层主要关系着在线知识付费平台的信息构架问题，如得到出品的《得到品控手册》就是基于商业与用户目标在内容构架上的信息化表达之一，包括得到平台的使命愿景表述，得到词典对信用、对象、知识、人格、交付、服务等的定义，得到产品的心法（价值主张）、用户画像生成、产品线，以及平台企业的内部文化等。它们是在线知识付费平台在商业目标与用户目标双重层面上的内容构架展现，分别涵盖了产品与服务的制定、用户关系及

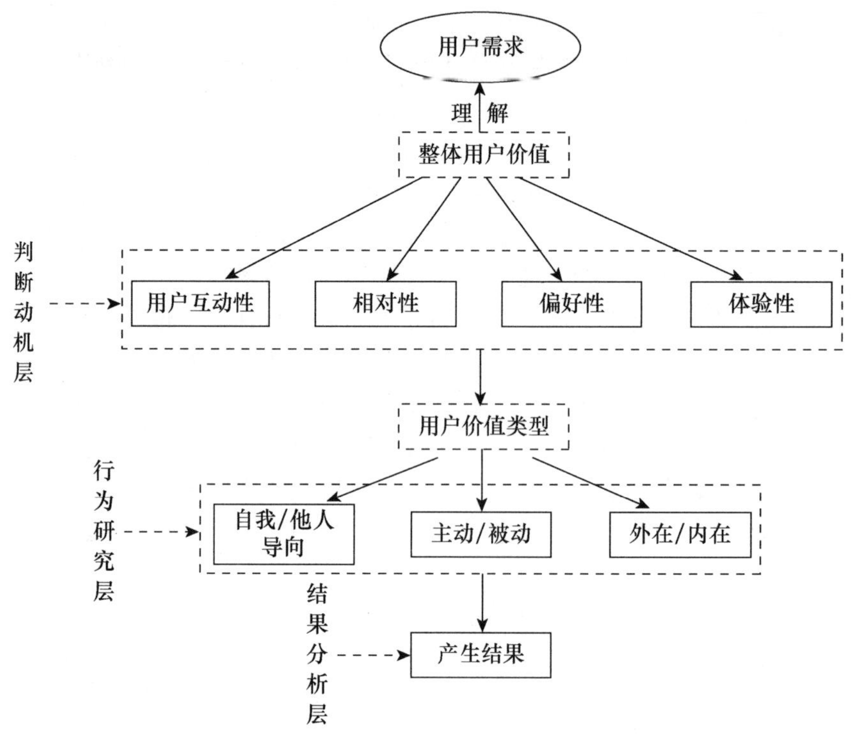

图 5.14 用户目标创新结构层

用户在平台支付产品的所有接触点。这里的内容构架具体表现为：知识产品的类型划分、知识产品的逻辑概念、知识产品的生产内容模式与呈现方式、知识产品的处理、知识产品生产者的要求等。

另外，为了实现上两层级的目标，在线知识付费平台的内容构架层不仅要搭建好具体的实施内容，还要明确如何通过外部驱动来辅助内容在实施过程中的优化改进，以矫正内容构架层中出现的内容偏差。这就要求平台关注信息技术、大数据等先进技术手段的发展，推动在线知识付费平台在内容构架层上的改进创新，如通过技术驱动来提高产品的稳定与优质的用户体验，通过大数据技术驱动以分析产品的购买数、用户学习完成度等，并以此改进产品的优化策略。在此基础上，在线知识付费平台的内容构架层可以形成对上两层级由下至上的逆向创新推动力。

（四）在线知识付费平台的 BRBC 商业模式创新模型

BRBC 创新模型是基于 BEEC 网络消费商业模式创新模型框架发展而来。由于在线知识付费属于网络消费的一个内容分支，因此，BEEC 创新模型框架较适于作为在线知识付费商业模式创新模型构建的基础逻辑框架。同时，基于上述对商业目标层、需求体验层、行为体验层与内容层四个层级的搭建与分析，在导入

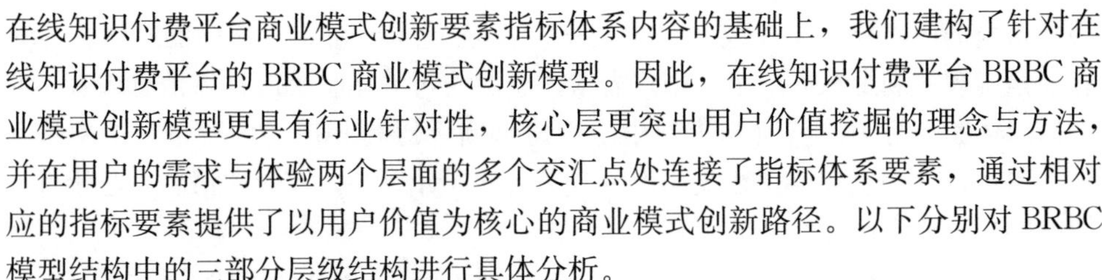

在线知识付费平台商业模式创新要素指标体系内容的基础上，我们建构了针对在线知识付费平台的BRBC商业模式创新模型。因此，在线知识付费平台BRBC商业模式创新模型更具有行业针对性，核心层更突出用户价值挖掘的理念与方法，并在用户的需求与体验两个层面的多个交汇点处连接了指标体系要素，通过相对应的指标要素提供了以用户价值为核心的商业模式创新路径。以下分别对BRBC模型结构中的三部分层级结构进行具体分析。

1. BRBC模型的商业目标层

在BRBC模型结构中，B（Business）代表平台的商业目标层，针对在线知识付费平台的商业逻辑的创新与审视，属于创新模型的上层建筑。这一层级的内容包括了在线知识付费平台商业模式要素的一级、二级指标，这些要素指标的创新程度直接影响着平台战略、愿景的创新层面，同时影响着下层的创新方向。

2. BRBC模型的用户目标层

模型中的中间层属于用户目标层，它是BRBC商业模式创新模型的核心层，主要由用户的需求体验层与行为体验层两部分构成，体现着以用户价值为核心，用户需求为导向的商业模式创新原则。具体来说，R（Requirement）代表平台的用户需求体验层，需求体验层具体包含了目标用户的确定、用户需求的挖掘两个要素内容。平台通过用户需求体验的分析来判断用户类型，并从用户目标或细分用户角度来进行商业模式在用户市场的创新。该层级主要进行用户角色的设定研究（原型研究），研究内容包括用户类型识别、需求分析、动机和结果分析。模型中的第二个B（Behavior）代表平台的用户行为体验层，主要针对用户在购买知识产品时所产生的行为过程，并利用信息技术的创新来达到用户行为模式的创新体验，促进用户购买周期的频率。该层主要涉及用户参与平台及消费产品过程的所有接触点和效率的体现分析，以及用户之间的行为互动与呈现的互动状态分析两个要素内容。它们针对的是用户行为过程，即从用户接触平台开始到完成购买的用户行为周期的分析，其过程包括了认知接触、行为互动、消费、离开的行为分析。值得注意的是，在线知识付费平台的用户行为与普通消费购买产品有不同之处，普通的消费行为一般消费者在购买完产品后就不再与商家发生关系，而在线知识付费的用户在购买完产品后，会立即产生一系列后续行为，包括支付后打开产品学习，随后用户会分为多次访问平台，进行学习，直到学习结束，开始再次回购产品。同时，平台为了维护用户关系，通常会建立付费用户的在线社群，用户在购买产品后，就与平台建立了持续不断的关系，如用户会在社群中进行分享或沟通等，而不是在简单的购买行为结束后就离开平台。

3. BRBC模型的内容构架层

BRBC模型的最下一层，即基础层，C（Content）代表平台的内容信息构架层。这里的内容要素是在线知识付费平台商业模式创新要素指标的三级指标内容，是实现并满足核心层中的用户需求体验层与行为体验层的具体信息内容，它在需求体验与行为体验所构成的用户价值创新下进行相应的内容信息的对应调整。内容构架层主要体现在线知识付费平台的媒介属性，媒介即信息，基于什么样的媒介就会生产什么样的内容。

综上所述，在线知识付费平台 BRBC 商业模式创新模型包括了商业目标层、用户需求体验层、用户行为体验层、内容构架层四个层级结构。从四个层级的相互影响关系来看，商业目标层为顶层，关系着平台的愿景与战略方向，是整体模型的支持层；需求体验层与行为体验层之间形成螺旋交织的关系，是创新模型的核心中间层，它同时是体现整个创新模型以用户价值为核心、用户需求为导向原则的关键层；内容构架层为创新模型的基础层，是整个模型的操作实施层，即呈现上两层的具象信息内容，如具体的产品与服务的设计制定、运作流程、用户接触点、界面优化、交互设计方式等。

BRBC 创新模型形成了两个不同方向的创新推动力。首先，是由上至下的创新推动，即以用户价值为核心的引导下，对上层建筑的创新，如战略层面、价值主张、目标用户、合作网络等的创新改进，从而推动在线知识付费平台商业模式的整体创新。其次，是由下而上的创新推动。从内容构架层来看，其在运行商业模式的过程当中，以技术与大数据为驱动力，对具体的实施操作不断进行改进创新，由此打通了由下至上的逆向创新通路，即通过在具体执行上层模式时，如由技术的创新引入等方面的改进，来实现推动在线知识付费平台商业模式的整体创新。BRBC 模型结构如图 5.15 所示。

值得注意的是，在线知识付费平台属于数字化变革型的互联网企业。与传统企业为了实现转型而不得不做的反应型商业动作不同，在线知识付费平台就是建立在数字化作为商业核心的基础之上的，是以付费用户为中心，全渠道、多元化建立并整合起教育业、出版业和传媒业这三大产业的生态系统，是以可视化的数据、云计算等技术迭代推进企业不断发展为特点的全新行业。因此，变革型的数字化是企业对商业模式的彻底改变，反映着数字化时代下用户体验、购买及用户与企业所提供的产品服务的互动方式。这些特点决定了在使用商业模式创新模型时，要遵循动态而非静态的商业模式决策过程。静态与线性的计划通常会反应迟钝，而动态计划则强调循环更新的过程，可以使企业在执行决策过程中对突发事件及情况进行快速调整、适应和变动，这才能使企业更具有竞争优势。动态计划执行的关键点在于信息的重要构成元素——传递模式，在线知识付费通过移动平台建立了内容生产方与内容消费方的连接，但内容消费方抵达平台的方式、用户在平台的所有接触点都反映着在线知识付费的传递模式，而动态原则的终极目标

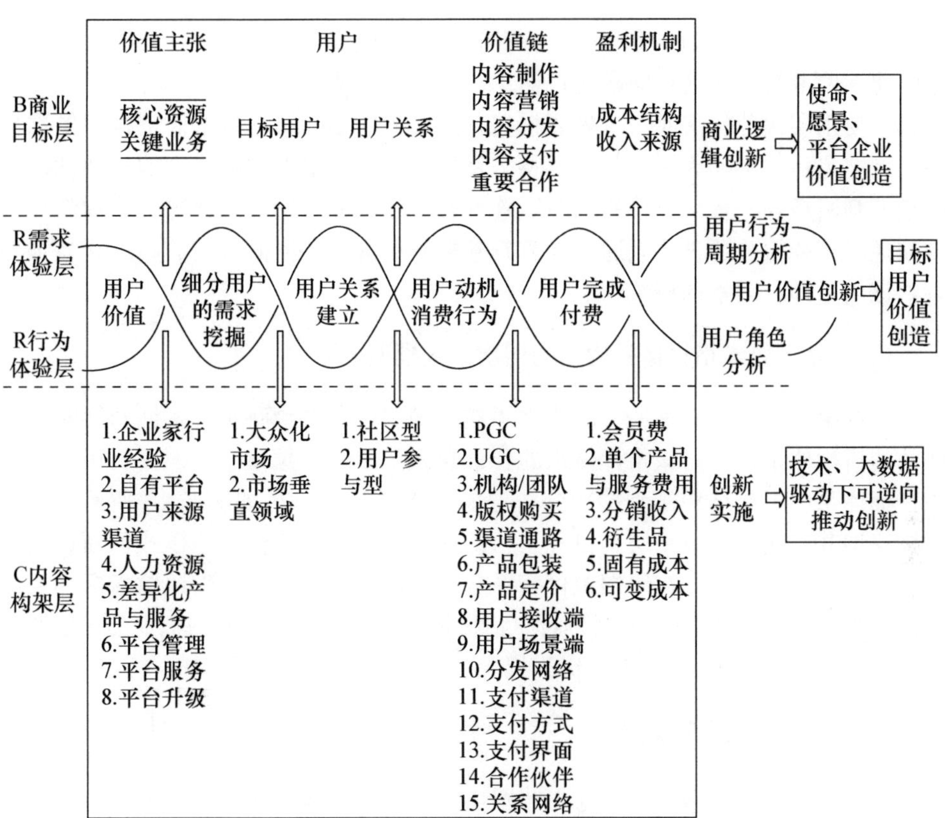

图 5.15 在线知识付费平台 BRBC 商业模式创新模型

就是要让平台的一切接触点与内容付费用户建立起重要的情感联系，从而提高内容付费用户的购买决策速度。

三、基于层次分析法的 BRBC 模型要素权重计算

本书基于 BRBC 模型框架导入了在线知识付费平台的商业模式创新要素指标。为了更清楚地分析要素指标对商业模式创新模型的影响程度，以下运用了层次分析法（Analytic Hierarchy Process，AHP）对各级指标要素进行了要素之间的权重计算分析。通过计算要素指标权重，可以让在线知识付费平台更有效地针对其商业模式的某一方面加大相关要素的创新，从而达到阶段性的创新效果。

（一）层次分析法

层次分析法，又称 AHP 方法，它在 20 世纪 70 年代中期由美国运筹学家托马斯·塞蒂正式提出。层次分析法将定性与定量相结合，是系统、科学的研究方

法。在解决问题时，如果有多个目标存在，很难确定各目标权重，此时可以将问题转化为两两对比，使得问题变得简单。

在使用层次分析法时，首先要根据各个因素的不同属性自上而下构建层次模型，确定目标的影响因素，其次要将多目标影响因素根据重要程度构建两两因素比较的判断矩阵，最后要检验判断矩阵是否一致，如果检验未通过，则重新构建判断矩阵，如检验通过，则通过计算判断矩阵的最大特征值对应的归一化特征向量，该向量即各因素的权重。

（二）基于要素指标体系构建的层次结构模型

本章第一节通过专家调查法建立了在线知识付费平台商业模式创新影响要素评估的指标体系，并将该指标体系的要素导入了 BRBC 模型中。因此，可以采用该指标体系的层次结构作为层次分析法的层次结构模型，如图 5.16 所示。层次结构模型共有四层，第一层是目标层，即在线知识付费平台商业模式创新，第二层包含 4 个部分，对应在线知识付费平台商业模式创新影响要素评估指标体系的 4 个一级指标，第三层共 11 项，对应指标体系中的 11 个二级指标，第四层共 32 项，对应指标体系中的 32 个三级指标。

（三）构造两两判断矩阵

论文根据层次结构模型设计了两两比较的调查问卷，即对各层次的所有要素都进行两两比较，根据各要素的重要程度，引用数字 1－9 及其倒数作为定量衡量，其含义见表 5.7。由此可以将两两因素的定性比较转变为 1—9 及其倒数表示的定量比较，形成判断矩阵，如 B 判断矩阵，见表 5.8。本次调查共邀请在线知识付费行业领域里的 30 位专家填写，根据问卷分别建立了 30 个 B、B1、B2、B3、B4、C1、C2、C3、C4、C5、C6、C7、C8、C9、C10、C11 矩阵，矩阵共计 480 个。

表 5.7　判断矩阵标度含义

标度	含义
1	表示两因素同等重要
3	表示前一因素比后一因素比较重要
5	表示前一因素比后一因素很重要
7	表示前一因素比后一因素非常重要
9	表示前一因素比后一因素极为重要
2，4，6，8	表示上述相邻判断的中间值
倒数	若因素 i 与因素 j 的重要性相比为 b_{ij}，则因素 j 与因素 i 的重要性相比为 $1/b_{ij}$

B
在线知识付费平台商业模式创新要素
用户
B1
用户细分
C1
大众化市场
市场垂直领域
用户关系
C2
社区型
参与型
价值主张
B2
核心资源
C3
企业家行业经验
自有平台
用户来源渠道
人力资源
差异化产品与服务
关键业务
C4
平台管理
服务实现
平台升级
价值链
B3
内容制作
C5
PGC
UGC
机构/团队
版权购买
内容营销
C6
渠道通路
产品包装
产品定价
内容分发
C7
用户接收端
用户端场景
分发网络
内容支付
C8
支付渠道
支付界面
重要合作
C9
合作伙伴
关系网络
盈利机制
B4
收入来源
C10
会员费
单个产品与服务费
分销收入
衍生品
成本结构
C11
固有成本
可变成本

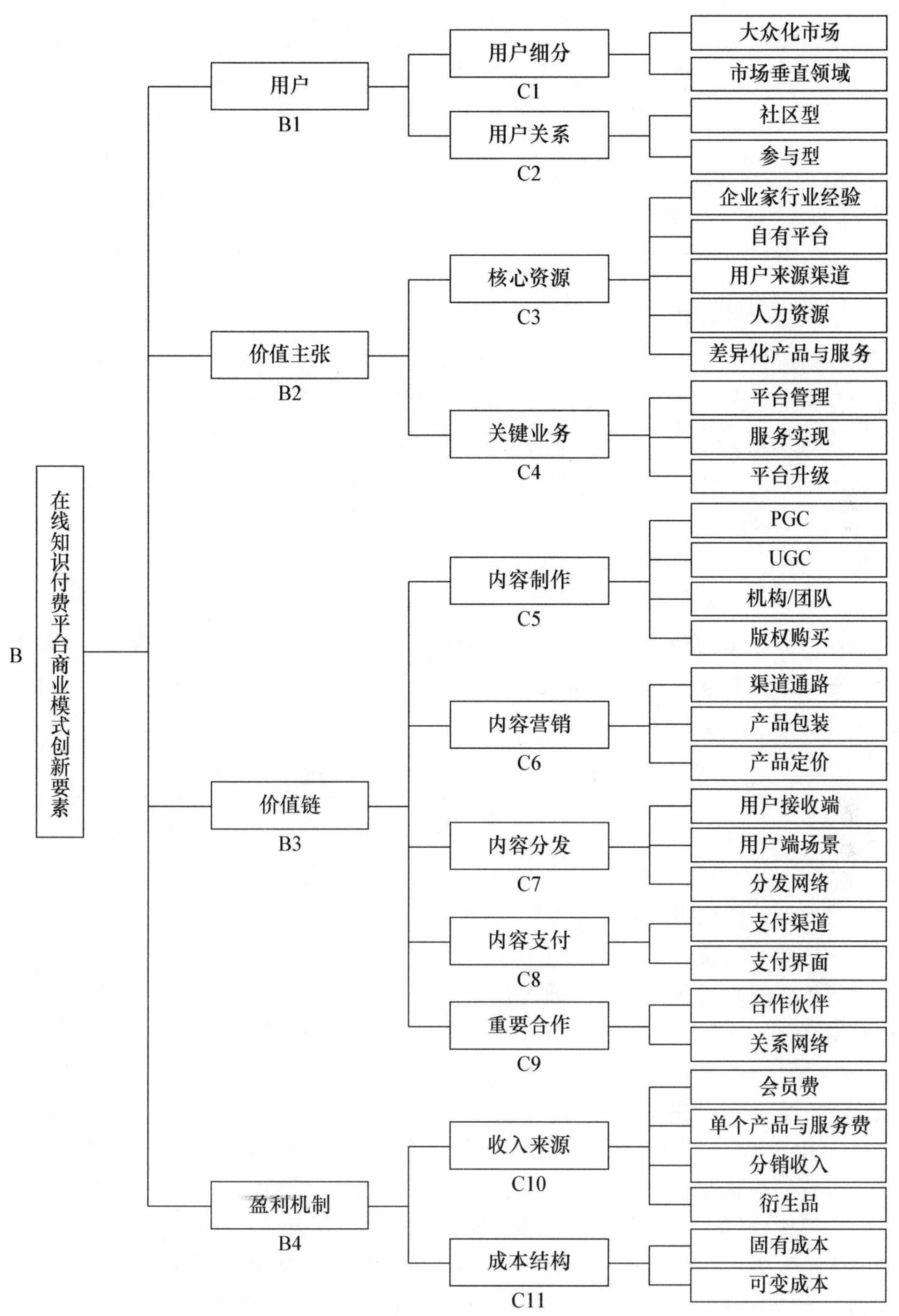

图 5.16　层次结构模型

表 5.8　判断矩阵 B 的构造

B	B1	B2	B3	B4
B1	1	b_{12}	b_{13}	b_{14}
B2	$1/b_{12}$	1	b_{23}	b_{24}
B3	$1/b_{13}$	$1/b_{23}$	1	b_{34}
B4	$1/b_{14}$	$1/b_{24}$	$1/b_{34}$	1

(四) 判断矩阵一致性检验

在构造判断矩阵时，每次要针对两个因素用 1—9 的数值表示重要性判断，由于专家是根据自己的经验，这个过程中就可能会存在比较偏差，因此需要对所有的判断矩阵进行一致性检验。学界通常采用的方法是利用一致性指标 CI（Consistency Index）来检验判断矩阵的一致性，n 个因素的 n 阶判断矩阵一致性指标的公式为：

$$CI=\frac{(\lambda_{\max}-n)}{n-1}$$

在由 n 个因素构成的 n 阶判断矩阵中，随着 n 值的增加，一致性指标 CI 的效果会越差，为减少判断受阶数 n 的影响，引进随机一致性指标 RI（Random Index），其具体数值见表 5.9。

表 5.9　随机一致性指标 RI 的值

阶数 n	1	2	3	4	5	6
RI	0	0	0.52	0.89	1.12	1.26

最后一致性比率 CR＝CI/RI。通常认为，CR＜0.1 即通过检验，否则需要专家重新填写问卷，直到通过检验。

第一次回收问卷计算后，通过检验的 B 矩阵有 14 个，B1 矩阵有 30 个，B3 矩阵有 30 个，B4 矩阵有 3 个，C1 矩阵有 30 个，C2 矩阵有 30 个，C3 矩阵有 30 个，C4 矩阵有 17 个，C5 矩阵有 26 个，C5 矩阵有 21 个，C6 矩阵有 15 个，C7 矩阵有 9 个，C8 矩阵有 30 个，C9 矩阵有 30 个，C10 矩阵有 22 个，C11 矩阵有 30 个。由于 B、B4、C7 等矩阵通过检验的数量较少，为保证结果的有效性和说服力，我们联系专家对没有通过检验的问卷重新进行了填写。

在层次分析法中，即使专家多次认真修改，但由于专家对两个因素的重要性判断不会发生根本性的改变，而一个矩阵中的多个因素判断值会互相影响，因此很难保证所有的矩阵都通过一致性检验。经过两至三次的修改，最终通过检验的矩阵数量如表 5.10 所列，每个矩阵通过检验的数量都超过了调查人数的 2/3，本文认为该结果可以接受，并可以用于下一步的权重计算。

表 5.10　通过检验的矩阵个数

矩阵名称	B	B1	B2	B3	B4	C1	C2	C3	C4	C5	C6	C7	C8	C9	C10	C11
通过检验个数	26	30	30	20	30	30	30	29	28	23	23	24	30	30	29	30

（五）各要素权重计算

第二层要素权重的计算方法为，求解所有通过检验的判断矩阵的最大特征值及其所对应的特征向量，对特征向量进行归一化处理后即为该判断矩阵中各要素的权重，最后求解各要素权重的均值。

第三层要素权重的计算方法分为两步，第一步和第二层要素权重计算方法一致，即求出各要素权重的均值，第二步为计算对目标层的权重，方法是用第三层某要素的权重乘以该要素对应的第二层要素的权重。

第四层要素权重的计算方法与第三层类似，也分为两步，第一步相同，第二步是用第四层某要素权重乘以该要素对应的第三层要素的权重，即为第四层要素对目标层的权重。最终的计算结果见表 5.11。

表 5.11　各层要素的权重

第二层要素	第二层要素对目标层的权重	第三层要素	第三层要素对目标层的权重	第四层要素	第四层要素对目标层的权重
用户	60.87%	用户细分	46.15%	大众化市场	32.24%
				市场垂直领域	13.91%
		用户关系	14.72%	社区型	5.23%
				参与型	9.48%
价值主张	20.95%	核心资源	15.81%	企业家行业经验	3.89%
				自有平台	2.36%
				用户来源渠道	7.68%
				人力资源	0.85%
				差异化产品与服务	1.03%
		关键业务	5.13%	平台管理	0.99%
				服务实现	2.80%
				平台升级	1.34%

续表

第二层要素	第二层要素对目标层的权重	第三层要素	第三层要素对目标层的权重	第四层要素	第四层要素对目标层的权重
价值链	9.74%	内容制作	2.63%	PGC	1.42%
				UGC	0.17%
				机构/团队	0.60%
				版权购买	0.44%
		内容营销	2.36%	渠道通路	0.39%
				产品包装	1.28%
				产品定价	0.70%
		内容分发	1.13%	用户接收端	0.39%
				用户端场景	0.32%
				分发网络	0.43%
		内容支付	1.33%	支付渠道	0.41%
				支付界面	0.92%
		重要合作	2.29%	合作伙伴	0.77%
				关系网络	1.52%
盈利机制	8.45%	收入来源	6.08%	会员费	2.70%
				单个产品与服务费用	2.49%
				分销收入	0.46%
				衍生品	0.42%
		成本结构	2.37%	固有成本	0.71%
				可变成本	1.66%

从最终得出的各个层级要素对在线知识付费平台的商业模式创新的影响权重可以得出以下几点分析：

(1) 用户指标体系要素创新的影响分析。大众化市场是在线知识付费领域发展与拓展的关键目标市场之一，其权重占比达到 32.24%；另外，在用户关系中，参与型的用户关系成为当前平台优化创新的重要影响因素，其权重占比为 9.48%。

(2) 价值主张指标体系要素创新的影响分析。从权重值可看出，用户的来源渠道是平台最重要的核心资源，其权重占比达到 7.68%；而如何能实现平台的服务，则成为平台最关键的业务，其权重占比为 2.80%。

（3）价值链指标体系要素创新的影响分析。内容制作中的 PGC 权重占比显著，可以看出专家制作内容成为在线知识付费平台吸引付费用户的关键要素，其占比达到 1.42%；另外，产品包装、关系网络的占比分别达到了 1.28% 与 1.52%。可见，平台如何吸引专家制作内容，对产品进行商业化包装，并形成制作到销售价值链上的关系网络，对在线知识付费平台的商业模式优化创新会产生较大影响。

（4）盈利机制指标体系要素创新的影响分析。从收入来源看，会员费与单个产品与服务费用是目前平台主要的收入来源，权重占比分别达到了 2.70% 和 2.49%；而成本结构中的可变成本对商业模式创新的影响力高于固有成本，权重比达到 1.66%，可见更好地控制或改变可变成本结构能够更好地优化或创新商业模式。

总体来看，用户是整个商业模式创新模型中最为关键的影响要素，权重占比达到 60.87%，远远超过其他一级指标的三个要素。第二位是价值主张，占比为 20.95%，价值链占比为 9.74%，盈利机制占比为 8.45%。从一级要素对商业模式创新影响度的占比来看，对于用户方面的挖掘、分析成为开拓创新商业模式的关键点。具体来说，对于用户的侧重表现在了在线知识付费平台商业逻辑的颠覆，即对用户的理解的转变，从争夺流量转为关注流量背后的每一个个体用户，这一基本理念的变革，成为商业模式创新的关键出发点。这些权重比较高的要素会有效优化与创新现存的商业模式，为在线知识付费平台在商业模式上的创新带来重要的影响效果。

第四节　本章小结

本章从理论与实践两个层面对在线知识付费平台的商业模式创新要素进行了提取，构建了其平台商业模式创新影响要素的指标体系，并在此基础上研究了在线知识付费平台商业模式要素之间的相互作用与影响关系，以及要素之间的作用周期。通过引入 CUBI 用户体验模型，本章构建了针对在线知识付费平台的 BRBC 商业模式创新模型，包括商业目标层（Business）、需求体验层（Requirement）、行为体验层（Behavior）与内容构架层（Content）。

（1）商业目标层是 BRBC 模型的最顶层，包含了在线知识付费平台的商业模式要素体系，是平台在战略规划、使命、愿景、价值创造实现的关键层。商业目标层直接影响在线知识付费平台商业模式创新的程度，同时推动着 BRBC 模型由上至下的创新。

（2）由需求体验层与行为体验层构成的用户目标层是BRBC模型的核心层，对商业目标层的创新及内容构架创新实施层起到方向引导作用。

（3）内容构架层是整个BRBC模型的基础层，是在线知识付费平台商业模式创新的具体实施层，包括了顶层与核心层在内容信息上的具体表现。内容构架层不仅反映了上几层在执行层面上的特征，更以大数据、技术的驱动形成由下而上的逆向创新推动力。

（4）本章在形成在线知识付费平台BRBC商业模式创新模型的基础上，通过对创新模型要素的问卷调查收集与定量分析，得出了模型中各级要素指标的权重，可以方便、直观地判断不同要素对在线知识付费平台商业模式创新所起到的不同程度的影响效果。

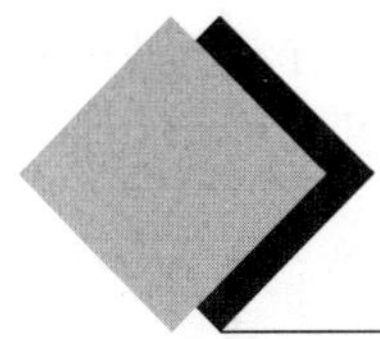

第六章 在线知识付费平台商业模式评价与发展策略

从上一章对在线知识付费平台商业模式创新模型的建构，可以看出用户为关键性商业模式创新要素。因此，能否满足并创造有效的用户价值，是本章对在线知识付费平台商业模式评价的关键标准。

第一节　在线知识付费平台商业模式评价

基于在线知识付费平台商业模式以用户价值为核心，从用户需求为导向的原则，本节主要从用户价值的角度来评价在线知识付费平台的商业模式。这里需要明确在线知识付费平台用户价值的影响因素，并以此作为评价要素来对平台的商业模式进行具体评价。通过对业界专家的访谈与对知识付费用户的广泛调研，本节分析并总结了在线知识付费平台付费用户价值的相关影响因素，构建了在线知识付费用户价值影响因素框架，包括产品价值、平台价值及付费用户的体验价值。在这三个维度影响因素框架下，本节提供了一种对在线知识付费平台商业模式评价的思路与方法。

一、在线知识付费平台的用户价值影响因素框架

在线知识付费平台用户价值的影响因素框架由产品价值、平台价值及用户的体验价值三方面构成，以下具体分析了三方面因素的内容体系。

（一）在线知识付费的产品价值因素分析

产品是在线知识付费价值的承载客体，也是体现用户价值的核心因素，知识付费的产品是提高用户价值、满足用户需求的基础。从包含的结构来看，产品价值主要由内容供应方价值、内容自身价值，以及产品设置所构成，如图 6.1 所示。

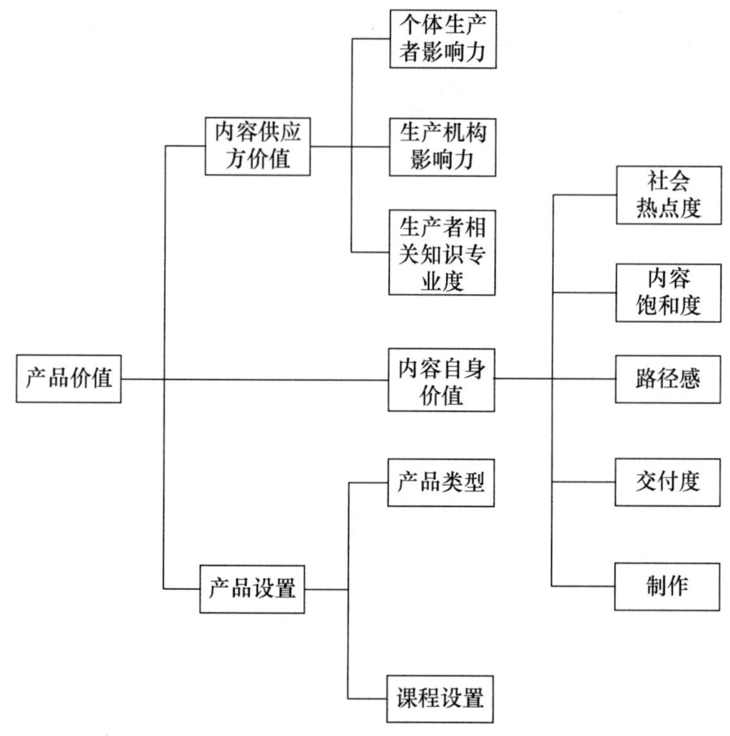

图 6.1　产品价值结构层

1. 内容供应方价值

内容供应方价值主要是指供应方对付费用户产生的影响力，即供应方能否为用户产生付费行为带来直接影响。内容供应方价值包括内容个体生产者影响力、生产机构影响力、生产者相关知识专业度三个维度内容。具体来说，内容个体生产者主要是指大学教授、行业专家，或具有知名度的名人等，一般以业余时间或项目兼职的形式参与知识付费的内容生产；内容生产机构主要是指 MCN（Multi-Channel Network）的模式，即专业做知识内容的机构或团队等，专门为在线知识付费平台提供标准化内容的公司化运作模式；而内容供应方生产内容的专业度，知识内容的专业性直接关系着产品的内容质量，是用户为之付费的最关键因素。

2. 内容价值

内容价值是指产品本身内容的呈现方式，包括社会热点度、内容饱和度、路径感、交付度与制作。社会热点度是指诸如知识产品选题的流行度或关注度，当下社会关注的热点话题，可引发社会关注或集体思考，这类具有社会热点话题的内容选题，能够更好地跟进时代的发展，更具针对性地解决或满足付费用户的现时需求等；内容饱和度是指当前在线知识付费市场中同类内容选题的数量多少，即知识产品是否具有稀缺性与独特性；路径感是指知识付费用户在学习过程中的指导性感受等，是用户感知产品价值的具体体现，反映了知识产品解决付费用户对相关领域知识或技能问题的满足程度，如解决具体问题的产品能否给到用户清晰的操作步骤去实践操作等；交付度课程的叙事手法、展开方式、逻辑演进、节奏、思路、重点等呈现方式，应围绕能否让用户听懂、记住与用上进行；制作是指语调发音、音频的清晰度，音效等制作技术方面的质量水平。

3. 产品设置

产品设置包括产品类型与课程设置两维度内容。产品类型如产品的更新频度、媒介载体选择等给用户提供了多种接受产品与服务的选择，能更好地满足不同用户在产品多样化的选择权价值，如日更或非日更产品、听书、电子书等不同产品线下所具有的各类产品特征；课程设置是指知识产品在每次播放时长、播放集数、整套课程学习完毕的阶段性设计等，关系着用户参与学习的进度、形式等方面的设计。

以上三部分内容构成了在线知识付费的产品价值，是平台所提供的产品与服务的核心因素，它与用户价值在产品与服务的有用性体验方面紧密相关，产品是否有用是用户判断价值高低，即是否值得购买的首要考虑因素。

（二）在线知识付费的平台价值因素分析

平台价值因素侧重的是用户对在线知识付费平台的品牌体验及综合服务的一种价值体验，包括了信任度、资源匹配度及平台服务三部分内容，如图 6.2 所示。

1. 信任度

信任度关系着平台在用户心里的认可度，是建立平台与用户长久关系，并维护用户关系的基本前提。信任度可被看作在线知识付费平台的重要资产，具体包括品牌认知度、信任代理及平台影响力三维度内容。品牌认知度是用户对平台文化的认识程度，品牌文化价值的认同会让用户产生身份认同感，从而与平台建立一种牢固的认同关系；信任代理是指平台是否有让用户产生信任感的 IP 级的代表性人物，如罗振宇是得到的信任代理，以此可以增加用户对平台的信任感；平

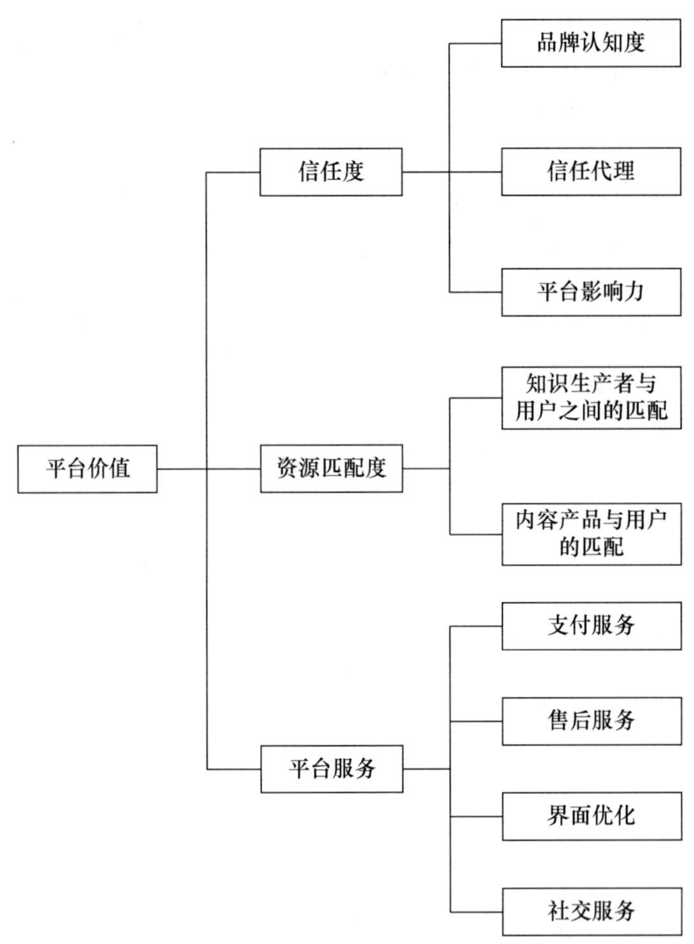

图 6.2　平台价值结构层

台影响力是指平台内容提供方、运营团队等方面的业界评价，尤其是平台是否有代表性的在线知识产品。

2. 资源匹配度

资源匹配度强调的是在线知识付费平台作为多边平台的经济运行属性，它要同时满足多边用户的配对连接服务，才能为多方用户共同创造价值。资源匹配度具体包括知识生产者与用户之间的匹配和知识产品与用户的匹配两维度内容。前者强调平台为多边用户提供的匹配连接的服务效果，即平台是否将知识生产者与细分用户精准匹配并建立了彼此之间的连接等；后者强调的是客体与主体的匹配关系，强调平台的知识产品与用户之间匹配的精准度，如产品的精准推送、课程推荐等。

3. 平台服务

平台服务是维护用户关系并实现知识服务的关键因素，具体包括支付服务、售后服务、界面优化与社交服务四维度内容。支付服务主要表现在平台的支付理念与功能设计上，它关系着最关键的变现环节；售后服务是平台服务最为重要的环节之一，它在体现在线知识付费电商化属性的同时，更关系着用户对平台的信任，完善的售后服务会增加用户对平台价值的感知度；界面优化是指通过不断升级处理，使平台更加符合用户需求的平台功能属性，如平台对用户界面的不断优化能方便用户的界面操作等；社交服务是指平台为各类用户群体所建立或提供的线上线下的社交联系，是在线知识付费平台具有社交媒体属性的关键表达渠道。平台可以通过建立多类网络媒介渠道来增加用户与用户之间、用户与知识生产者之间的交流与互动，如设“听友圈”来提高平台用户的交流、互动与分享活动，建立社群文化以提高用户对平台的黏性度与用户参与度，打造社区型平台文化等。

（三）在线知识付费的体验价值因素分析

体验价值是指用户在消费过程中的一种主观感知价值，具体包括需求体验与行为体验两部分内容，如图 6.3 所示。

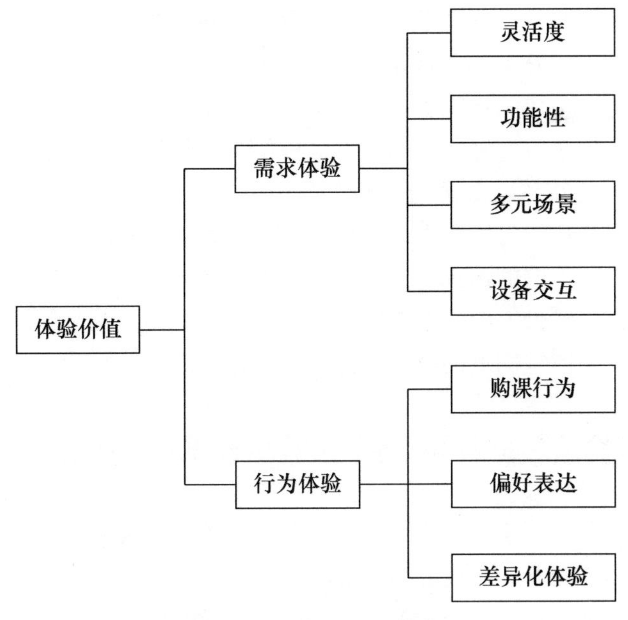

图 6.3　体验价值结构层

1. 需求体验

需求体验是指用户对在线知识付费产品的一种本能上的需求，由灵活度、功能性、多元场景、设备交互四维度内容构成。产品所呈现的灵活度，是指在线知识产品在断点续听、连续听课、任意查看课程等方面的产品设计，即用户在学习过程中被打断后再继续学习时，产品是否能够断点续听，或在听课过程中是否可以伴随其他的功能操作等；功能性是指平台为用户提供线上做笔记、画线等标记功能之类的产品设计，即在用户的学习过程中，提供辅助用户学习的一系列操作功能；多元场景主要是指平台解决同一个用户由于场景转换带来的身份变化所导致需求变化的问题，具体来说是针对同一个平台的用户，其在面对不同环境做出身份转化后，平台能否为同一个用户提供多种属性特征的产品，为用户提供一个平台多种解决的产品方案，以让用户保持使用平台的频率及黏性；设备交互是指用户跨屏使用产品的交互情况，即平台产品能否在用户转换设备时支持产品内容的无缝连接效果。从用户的智能端使用习惯来看，如今大部分移动互联网用户都具有“多栖”特点，他们不只是使用一个屏幕的终端，而是经常同时转换接受产品的终端，如从手机屏幕跳转到平板电脑，或从平板电脑再跳转到智能穿戴终端上。

2. 行为体验

行为体验是用户在发现需求之后所采取消费知识产品的一系列行为，具体由用户的购课行为、偏好表达及差异化体验三个维度内容构成。购课行为是指用户的多种购买行为，主要的购课方式有单课可永久拥有、按时间购买、档位选择，用户可按照自己的学习进度，选择按月、按季、按年等；偏好表达是指用户判断评价产品与服务的统称，如通过评论、打分、转发、分享等方式的情感表达体验；差异化体验是指行为体验中的用户价值相对性，即不同用户对同样的产品价值感受不同，其所采取的购买行为或反馈也不相同。

总的来看，体验价值中的需求体验主要侧重的是用户判断知识产品可用性的重要考量，而行为体验侧重的是用户在情感表达上的具体举动。

二、用户价值影响因素框架下的在线知识付费平台商业模式评价

移动互联网发展至今，从争夺用户流量到深耕流量价值，其背后反应的是知识付费商业逻辑的变革。流量思维考虑的是基数问题，不用了解用户的区别与价值。而在后流量时代，企业必须关注流量价值，描绘用户画像。因此，通过用户价值而非企业价值来评价知识付费平台商业模式，侧重的是社会效益，而非经济效益。与传统媒体商业模式主要是为广告商创造价值不同，在线知识付费平台因

为具有多边平台的属性，只有在满足多方用户需求，创造了真正的用户效用价值后，才可能获得良好的经济效益。因此，在线知识付费商业模式的评价不仅要评价其经济效益，更要看重它的用户价值效益，如一些在线知识付费平台已经将用户的产品打开率、完课率等放入平台绩效的重要考核指标。对于在线知识付费平台而言，只有以用户价值为依据来评价其商业模式，才能更好地理解在线知识付费平台商业模式创新中的问题。基于上述构建的在线知识付费平台用户价值影响因素框架，可以让在线知识付费平台获得一种从用户价值角度出发的商业模式评价方法，以创新优化其现有的商业模式体系。

（一）产品价值因素下的商业模式评价

通过前述的分析可知，产品价值是用户价值的核心影响因素，知识付费的产品价值高低直接关系着平台所提供的产品能否满足细分用户的需求，要基于对用户需求的挖掘来优化产品的价值。产品价值从实用主义角度出发，内容供应方、内容价值与产品设置可作为知识产品有用性指标来评估用户需求满足程度，从而分析全线知识产品对细分用户创造了何种价值，并以此为基础优化改进知识产品与服务。一般来说，可以通过产品购买量、用户订阅数、复购率等数据考察平台绩效。通过收集与分析产品价值因素的数据，包括内容供应方、内容价值与产品设置三维度的数据，可以对相应的商业模式要素指标进行评价。

产品价值的内容供应方，无论是个体还是团队或机构，其供应内容的影响力高低直接影响着平台吸引优质流量的能力。同时，具有知名度的内容供应方也是优质内容的重要保证，可以有效激励用户产生付费行为。在线知识付费平台入驻具有高专业度、高知名度的知识内容供应方，从而建立重要合作关系网，就会吸引更多的付费用户，满足用户对产品有用性的需求。与此同时，各类知识内容供应方也会更愿意与平台合作，积极创造生产优质内容，从而使平台产生真正意义上的用户价值。

从内容价值的社会热点度、内容饱和度看，一般来说，内容饱和度较高的知识付费产品由于差异化程度降低会形成激烈竞争，相反，内容饱和度低的知识付费产品则具有一定的市场稀缺性，平台产品与服务会更具有竞争优势。而路径感、交付度与制作情况则构成了付费用户在学习期间与学习完毕时的效果评价，与用户在学习过程中能否清楚获得知识内容方面有直接关系。例如，在制作情况中，如果发音不准确可能导致用户理解知识内容出现问题，而路径感弱则会让用户在学习过程中无法明确具体的知识实践应用方法等，用户在学习完毕后，其对知识的实际需求也无法得到真正满足。

从产品设置看，产品类型与课程设置都关系着用户的细分需求，平台所提供的产品类型越多，就可以更精细、更有针对性地满足细分用户的需求。分析产品类型种类的数据，可以评估平台提供用户细分需求产品与服务的能力情况，平台所能提供多种类型的产品，也是用户选择平台的首要考虑因素。课程设置则可以用来考察付费用户通过平台学习的效率问题，以此评估平台对用户所创造的有效服务情况。

整体来看，产品价值作为平台为用户创造价值的客观因素，是评估在线知识付费平台商业模式中目标用户与价值链指标要素，尤其是内容制作上的重要考量因素。产品价值越大则可以判断平台的商业模式更具有独特性，且平台所提供的产品与服务更具有市场竞争力。

（二）平台价值因素下的商业模式评价

用户价值中的平台价值可以用来评价商业模式中的用户关系及平台的重要合作关系网络。

信任度作为在线知识付费平台的价值之一，是增强用户付费意愿的关键基础。通过具体考察信任度中的品牌认知度、信任代理、平台影响力，可以评估出在线知识付费平台与用户之间的关系，即评估商业模式要素中的用户关系，评价平台商业模式中的用户关系是否具有良好的认同基础，并针对分析的结果进行用户关系维护方式的改进与优化。

针对资源匹配而言，其侧重的是平台所具有的连接功能，通过监测平台后台的资源匹配情况，可以发现平台在多端用户方面的连接服务，以及产品与用户的匹配度情况，因此将其作为评价在线知识付费平台商业模式中关键业务的考量指标。

平台服务关系着在线知识付费平台是否能够实现有效的用户服务，通过对平台服务的分析，可以明确平台为用户提供了什么样的服务价值。具体来说，对平台的支付服务、售后服务、界面优化与社交服务方面进行数据分析，可以有效评估平台商业模式的关键业务，价值链中的内容分发、内容支付及重要合作网络情况等要素。

（三）体验价值因素下的商业模式评价

用户价值影响因素中的体验价值，是评估在线知识付费平台商业模式运营有效性的重要考量因素。商业模式运营的有效性即指用户从接触平台产品与服务到最终完成付费的转换率。

体验价值主要侧重的是从情感的角度来评价平台的产品与服务，包括产品的设计、包装等对用户偏好等用户价值类型的影响。而用户价值除了附属于产品价值因素的有用性之外，用户的主观情感价值则附属在体验价值要素的可用性、易用性当中。因此，体验价值作为用户价值主观情感的体现，可以用来评价平台的交互能力，以推进优化平台的渠道通路。具体来说，体验价值可以评价在线知识付费平台建立用户接触点、交互设计、消费产品等一系列活动的渠道通路是否顺畅，是加快用户消费行为周期的关键保证。值得注意的是，在线知识付费平台的用户行为周期有一个特殊性，即用户付费后并不立刻离开平台，而是会有一段打开产品学习的时间，这里要注意用户在打开产品学习时用了多长时间才离开平台。在线知识付费平台与如今其他视频、短视频应用软件不同，一个好的在线知识付费产品与服务的标准是要让用户能够在最短的时间内离开平台，而不是尽可能地拖住用户的时间，短时间内离开意味着优质的产品内容迅速解决了用户的问题，或让用户快速获得了所需的内容。因此，评估在线知识付费平台的产品与服务的质量，要注意用户停留时间的数据分析问题。

从体验价值中的需求体验看，要侧重用户使用接收端的习惯分析，如跨屏幕的用户行为习惯，这就要求平台重视设备交互间同一个产品的无缝转换，不要让用户在跨平台的时候进行重复产品打开操作来进行学习等；从行为体验来看，平台可以通过收集分析相关用户的行为数据，来具体评估平台所提供的产品与服务的质量问题，并以此优化改进平台的关键业务、产品与服务等相关联的商业模式要素。

从产品价值、平台价值再到体验价值，其内部形成了一个在线知识付费平台商业模式的评价循环，即从产品价值角度对平台所要提供的产品与服务的客观价值评价，再到体验价值角度对平台所提供的产品与服务的主观价值评价，是从通过产品与服务传达平台价值主张到最后是否实现了平台价值主张的一个循环评价过程。其中，平台价值因素是对平台从价值主张提出，到实现过程的关键性商业要素支持情况的评价，是平台获取自身价值的关键核心。

基于用户价值影响因素框架对在线知识付费平台的商业模式进行评价，一方面可获得对平台用户价值实现情况的评价；另一方面可以获得平台在盈利方面的评价。而在线知识付费平台正是在满足用户价值目标的基础上，才能获得良好收益。因此，通过循环体系的评价，可以找到平台所创造的用户价值与平台因此获得收益的平衡关系，并在此基础上，对相关商业模式要素进行优化创新，不断提高创造用户价值的能力，保证平台获得良好的经济效益与社会效益。

第二节　在线知识付费平台的发展策略

在线知识付费在互联网免费模式流行的大环境里，跳出了主导互联网商业模式的逻辑，即以免费内容吸引流量，再寻找广告商的商业模式，以付费模式开创了知识内容领域在移动互联网时代的新样式。从在线知识付费商业模式创新的整体来看，它采取的大策略是脱离激烈竞争的“红海市场”，选择了少有人涉足的“蓝海市场”。因此，企业要想创建一个全新的商业模式，最有效的方法就是停止关注竞争对手正在做什么。加斯曼认为，企业在进行商业模式创新时，需要面对三个核心挑战：跳出行业主流逻辑进行思考、从商业模式而非技术和产品角度进行思考的难处、系统工具的缺乏。[136] 在线知识付费行业已经完成了商业模式创新的第一个挑战，而它所采用的用户为知识产品付费的模式开创了一个新的在线内容消费市场，并在近几年不断产生出引人瞩目的知识经济效益。从这一点看，在线知识付费行业摆脱了以技术驱动的发展模式，创造了以用户需求驱动的创新型商业模式。商业模式创新的最终目的都是要保持创造价值的活力并获取价值，以获得长久的发展。本节将基于商业模式创新的角度，对在线知识付费平台的发展策略进行研究分析。

一、自我供应的平台发展策略

多边平台也称中间人，其功能是撮合不同类型的社会成员达成交易，服务于单一类型用户的商业模式并不是多边平台的重要模式。随着互联网技术的发展，服务于不同类型用户的多边商业模式迅速崛起，如今排在世界前列的互联网大公司都属于此类多边平台，如亚马逊、苹果、谷歌、脸谱网等。在我国互联网快速发展的 20 年里，线上购物、移动支付的发展都处在世界的前沿，一大批互联网平台型企业相继出现，如淘宝、京东、腾讯、滴滴打车等。这些企业的成功之处在于开放了平台，为社会各类需求提供了产品与服务，并以此为基础与产业链中的各层级的合作伙伴共赢。市场中呈现的多边商业模式的普遍应用让多边平台经济受到了学界的重视，成为经济学领域里重要的研究门类。以前，以制造业为代表的传统商业模式存在极大的市场阻力，如企业要先生产产品再寻找买家，为了保证有足够的产品供应，还需要有足够的库存量，在寻找客户的过程中还存在有效匹配问题，经济学家将这种阻力称为交易成本。而今天，在线平台将各类用户，如生产商与消费者连接了起来，帮助多方找到了彼此并促成了交易，这种帮助各类用户走到一起进行价值交换，减少市场阻力并由此收取一定费用的企业就属于多边平台。虽然当今市值最高的企业都具有多边平台属性，这种中间人思维或策略也创造了许多富有的人，但凡是采用多边平台模式的企业都需要面对一系列发展过程中的问题，这也让多边平台模式成为较难有效运用的商业模式之一。

多边平台的发展需要解决平台关键规模的问题。戴维·S. 埃文斯与理查德·施马兰奇在《连接：多边平台经济学》一书中用具体案例专门分析了多边平台的关键规模。例如，在线订餐平台 Open Table 通过建立多边平台将餐厅与消费者相连，当消费者成功在平台上订位后，餐厅就要给平台支付一定的费用，而为了吸引消费者使用平台，Open Table 还会对消费者进行订位补贴。但由于平台上注册的餐厅不多，可供消费者选择的餐厅仅有几家，平台对消费者的吸引力自然不高，因此 Open Table 需要在两者之间找到平衡点。起初 Open Table 在很多城市都有签约公司，但都存在签约餐厅较少的问题，消费者也就很少使用这个平台。为此，Open Table 开始将重点转移至旧金山、芝加哥、纽约和华盛顿四个城市。集中范围发展的策略让平台签约了足够的餐厅，由此就对当地城市的消费者产生了吸引力。同时，使用平台订餐位的消费者越多，平台就会签约到更多的餐厅，而签约餐厅多就会吸引来更多消费者，如此循环往复，Open Table 平台的引擎由此被点燃。这也是戴维·S. 埃文斯与理查德·施马兰奇在书中所说的，Open Table 对餐厅与消费者的数量达到了关键规模，之后的发展则如点燃的引擎。

平台型企业的价值在于能够吸引多少用户。上述案例涉及多边平台型企业在初期的发展思维，即集中精力吸引具有人气或影响力的一方进入平台，从而对相应的一方产生吸引力，随着人数规模的不断扩大，达到关键规模后公司将会得到快速发展，并产生巨大的网络价值。对于在线知识付费平台企业而言，在发展初期，他们同样面临人数规模与网络价值能否发挥的问题。在线知识付费平台虽然采用了多种商业模式，但就本质而言，它仍属于多边平台型为主的企业，属于知识经纪人或中间人的角色。目前存在于市场中的在线知识付费平台，无论他们是在哪种情形下建立的，都要在每个平台生存发展之前解决用户数量的问题。如果平台无法吸引一定规模的用户，就很难获得生存的机会，用户规模成为在线知识付费行业发展的一个壁垒。因此，在线知识付费平台首先要思考制定的策略是如何保证平台能够吸引一定规模的用户。

要想成功针对多边平台企业制定发展策略，就要抛弃单边分析法的思维。上面提到在线知识付费平台采用了以多边平台商业模式为主的多种商业模式融合的方式，如充值会员以享受平台服务的订购商业模式：平台为付费用户提供包月、包年等会员充值服务，订购服务不仅可以帮付费用户节省购买单个产品所需的时间，还可以让他们更便宜地购买知识产品和服务。又如，在线知识付费平台采用的免费增值服务模式，平台通过免费产品吸引大量基础用户，在此基础上提供更为优质、定制化的产品与服务来促使这些普通用户成为付费用户。但是这些商业模式都要建立在多边平台商业模式正确运用的基础之上，尤其要对多边平台的经济特征属性有清楚的认知才能保证其运用的正确性。比如，在线知识付费平台天然具有媒体属性，但平台上免费产品的关键点与传统媒体不同，传统媒体是“眼球经济”，即把注意力二次售卖给广告商，以把注意力变成钱。传统媒体认为，只有广告商才是他们的客户，因为他们依靠广告获得收入。这与查克·坦普尔顿开始对多边平台业务的描述近乎一样，他认为多边平台业务就是要“抓住你能抓住的所有眼球，然后想办法把它们变成钱”。但从市场实践来看，这一策略摧毁了很多多边平台型公司。中间人式的多边平台企业提供的价值是将各类客户连接，因此，其在注意力的搜索上不是为了获得广告商，而是为了连接平台的用户群体。那么当有一群“客户”免费享有某类产品时，他们往往不被认为是客户。因此，企业是否通过连接用户提供了价值并不容易判断出来。如果说企业不向某类重要的用户群收费就属于中间人的话，在线知识付费平台就扮演着这样的一种角色，它为了吸引付费用户，签约了大量知识生产者，包括购买版权等。平台在获得盈收之前，通常都会采用相对迂回的策略方式。换句话说，在线知识付费平台在创立的初期，应当制定出自我供应的策略，只有这样才能使平台在达到关键用户规模数量之前生存下来。自我供应策略即由平台方主动对一方参与用户提供平台服务，而不被动地等待他们主动加入平台的价值活动。塑造预期是平台执行自我供应策略的有效技巧，也就是首先让一方用户相信参与平台活动会得到的利益价值。平台需要对参与用户提出它们的价值主张，当一端的用户群体对平台的价值主张表现出喜好倾向，另一端的用户群体就很可能会产生同样的喜好倾向。塑造预期的技巧一旦运用得当，在线知识付费平台就会在初期发展阶段获得非常有价值的成长势头。

从在线知识付费平台采取的自我供应策略看，平台应选择吸引具有影响力的知识生产者参与到平台当中，通过为知识生产者赋能的价值主张来塑造这类用户的价值预期。而在线知识付费平台为这类知识生产者群体创造的价值，主要包括：为闲散于社会当中的知识生产者，如大学教授、领域专家、行业大咖、社会名人等，提供接入市场并精准对接用户的服务；为知识生产者群体提供支持与帮助，让他们创造的知识内容被开发成产品；在协助知识生产者群体生产知识产品后，对其产品进行包装与推广，促进产品的销售；知识生产者的知识产品推到市场后，向他们提供付费用户的行为数据分析，基于付费用户的反馈来帮他们改进知识内容及交付的形式；辅佐这类知识生产者群体打造出获得市场成功的代表作品，以给他们荣耀感等。这些都构成了在线知识付费平台为知识生产者所塑造的价值预期，是一种基于自我供给的策略下，主动为一方群体服务的策略执行技巧。随着知识生产者认同平台价值并参与进来后，理论上会自动吸引另一端付费用户群体的到来，但为了保证平台在生存下去之前就能够快速达到一定的用户规模，在线知识付费平台也应该主动提出对付费用户群的价值主张，即为目标用户提供什么样的价值。

现实的在线知识付费平台市场中，以喜马拉雅、得到这类位于在线知识付费行业前列的平台来说，它们的优势在于已经拥有了大量优质的用户群体，因此，这类平台实际上更倾向于以大量付费用户或具有强烈付费意愿的用户群来吸引知识生产者参与到平台当中。但对于新进入此行业的平台来说，采取自我供给策略来点燃用户规模引擎的技巧更为重要，因为与已经具有用户规模基础的大平台转入在线知识付费行业不同，这类新进入平台如果不找到快速点燃引擎的策略技巧，就无法保证平台的继续生存。但无论先吸引哪一端的用户群体，多方的用户群参与进来的规模越大，平台的价值就会越大。因此，无论在平台建立初期，还是在未来的发展中，如何平衡用户群体的价值，发挥更大的网络价值，都是保证在线知识付费平台繁荣下去的首要问题。

二、“专而深”的平台发展策略

值得注意的是，许多针对多边平台型企业策略的提出都是以网络效应为基础的。20 世纪 70 年代早期，西方学界最早开始了针对网络效应的理论研究，随着互联网的飞速发展，尤其到 20 世纪 90 年代，资本的涌入促生了大量网络公司，网络效应开始广泛使用到市场实践中。有许多并没有创造价值或成熟商业模式的公司只要与互联网关联就会很容易上市融得资本在这种情况下，一方面互联网投机直接导致了千禧年到来之际互联网泡沫的破灭；另一方面学界对网络效应的研究也达到了高峰时期。正如戴维・S. 埃文斯所认为的，大部分网络公司的发展策略仍是以简单化地扩大市场份额为主，即“抓住所有眼球”的策略思维。这种仍是以单一客户类型的简单化策略理论放置于涉及多种类客户的、更为复杂的网络效应时，就会出现对网络效应理解上的巨大错误。

随着学界对网络效应的研究，诸如直接网络效应或正网络外部性所强调的：当购买者的数量足够多的时候，就会产生巨大经济效应，反之，如果用户数量少，现有的用户就会倾向于离开网络，而再次削弱网络价值。这种用户数量规模对网络价值产生的巨大影响成为一种新的理念，开始深入应用于传统的电话系统网络直至如今的传真机、电脑、应用平台等以电子技术为基础的领域里。因此，达到用户关键规模成为网络效应理论下的重要策略理论之一。另一个重要的策略思维是先发优势，一些经济学家认为，即使较差的技术标准也会因为最先被使用而获得先发优势，而那些技术领先却没有先发优势的则会被淘汰。在网络效应与先发优势的两个重要理论概念之下形成了理论层面的两个结论：其一，网络效应的一个重要标准就是要控制整个市场；其二，要控制整个市场就要开天下之先，哪怕只有微弱的领先，后期通过网络效应也会将之变为长久优势。由此，网络效应与先发优势也成为使用频率很高的企业发展策略。

正如以上所述，网络效应与先发优势这两种策略理念虽然只适用于单一类别用户的单边型企业，却被广泛地使用在了多边平台这种服务于两种或多种不同类型的企业中。例如，阿里巴巴与腾讯在交通运输领域里的激烈竞争。滴滴打车与快滴打车为了争夺市场份额，以极大的优惠补贴乘客与司机，前期的“烧钱”行为就是要争夺这种先发优势，以比对方吸引更多的用户从而产生巨大网络外部效应后淘汰对方。从平台所连接的用户来看，滴滴打车这类的应用平台属于典型的多边平台，因为它拥有两类用户：司机与乘客，平台将双方连接并让他们通过平台进行互动来产生收益。在巨大资本支持的背后，这两款打车软件的竞争更像是单边型企业之间的竞争，它们之间就是对市场份额的争夺。但这是一个较为特殊的案例，除了有巨大资本支持外，它涉及着人们衣食住行中的重要构成，司机与乘客的需求不会因其他因素而改变，因此，平台发展初期的烧钱争夺市场份额的竞争策略并不适用于大部分的多边平台企业。但“赢者通吃”的理念也无法让多边属性的互联网企业获得长久的竞争力，其胜利往往是短暂的。比如最早开发社交网站的六度分割公司绝对符合“先发优势”的策略思想，但由于此时互联网大环境还不像现在这样成熟，最终仍走向了失败。到今天，这个公司已经鲜为人知。再如，交友网站 Friendster 输给了后来的 My Space，My Space 又输给了脸谱网，这种“先行者通吃一切”的策略理念并不能让企业获得持续的发展。反观脸谱网的成功，它最开始仅限于一所大学的大学生，并逐渐开放于其他大学，它面对的是大学生群体，这比 My Space 能提供的社交环境更具有针对性，较小的规模让脸谱网给大学生群体提供了更有价值的社交互动，即使较晚进入社交网络行业，仍能够成功。

多边平台企业由间接网络效应的正外部性带来价值而非直接网络效应。通常情况下，作为中间人的多边平台在创办初期为了产生间接网络效应需要考虑的是平台定位问题，即是做包罗万象的大平台还是独一无二的小平台。随着理论界对网络效应的深入研究，许多经济学家认为，产生正向间接网络效应的关键并非是参与者规模的数量，而是在多边平台一端聚集的参与者是否会吸引来与之想要产生互动的另一用户群体。在 Open Table 的案例中可以看出，争取全国各地餐厅入驻平台并不会吸引更多的消费者参与到网络中，相反缩小城市范围，并保证足够的、合适的餐厅进入平台才是成功的关键。因此，各方面都争取有足够的平台参与者不一定会给其他人带来吸引力，多边平台需要找到的是合适的参与者，即确定某个领域、地域等，再寻找特定类型的参与者，这类多边平台往往会限制自己的规模来提高平台价值，是一种从规模经济变为范围经济的转变。而往往这种限制规模、突出类别特征的反而给初创企业带来市场竞争优势。多边平台为了找到合适的参与者，会通过多种方式来对参与者进行筛选，如一些招聘平台会建立一定规制来帮助招聘者和求职者筛选彼此，向双方推荐优质的用户以匹配双方的需求等。

对在线知识付费平台企业而言，用户的付费行为就是一种筛选机制或规制，即通过付费筛选出目标用户群，从而抓住知识付费平台的预期参与者，并为他们提供产品与服务。这种策略虽然会阻挡参与者的数量，但深耕某类用户而非所有用户会给平台创造更大的、正向的网络价值。从这个层面上思考，“抓住所有眼球”已经不适用于大多数网络平台的发展策略了。樊登读书会、36 氪这类平台正是采用了小而美、专而深的发展策略。由于服务对象较为垂直，如 36 氪只服务于创业人群，而平台对用户的挑选会导致平台参与者的数量较少，这正是从“抓住所有眼球”思维转为只找合适的参与者，是抢占市场份额到深耕专业领域的策略逻辑上的转变，这种方式能让平台连接的多端用户创造出更大价值，而高价值又可以保障平台向其收取更好的服务费用。

因此，限制平台规模而非扩大市场份额才是这类多边平台不断发展的有效策略之一。比如，国外著名的问答平台 Quora，其在发展初期对参与平台的用户条件进行了严格限制，平台只允许以会员制的形式邀请用户参与其中，而大部分参与平台问答活动的用户都是诸如扎克伯格、好莱坞知名制片人等各行业的顶尖人才。平台的这些“大腕”级用户的参与不仅给大量相同群体带来极大吸引力，还给平台生产了高质量的内容，带来了更有价值的市场。这类平台近乎用了半封闭式的发展策略阻止了那些不适合平台的用户参与进来，通过限制自身的规模从而提升平台价值。

多边平台企业在发展过程中一旦达到点燃引擎的用户关键规模后，比“通吃”市场更难的是如何继续保持平台的小规模运营。正如 Quora 在逐渐开放平台后虽然参与者增多了，但由于降低了筛选参与者的规制而导致问答质量普遍下降，而用户类型的复杂也增加了匹配度精准的难度。如果平台用户过于复杂庞大，会使平台多端用户连接不精准，参与者难以建立联系与互动，导致用户在平台的流畅度降低等问题。此外，平台过于庞大会带来拥堵问题，如滴滴打车正是通过定位系统，将处在同一个区域里的乘客与司机相连接，通过共享应用程序让彼此迅速取得联系，反之，当乘客与司机是以覆盖整个城市为基础的，双方在获取联系的时间就会拉长，而且无法确定出租车来的时间、是否能来，从而导致更少人去联系其他出租车，这就是不限制参与者而带来的拥堵问题。同样，平台上的条目过多会导致参与者难以找到与之相匹配的信息，或难以与另一方参与者互动。另外，如果一方参与者过多也会加大参与者之间的竞争，平台对参与者的价值就会相对降低。

此外，保持平台的小规模发展并不容易，这关系着平台创建之初的用户文化认同问题。比如哔哩哔哩，最初以主打二次元亚文化打开了年轻人的市场，被认为是年轻人的聚集平台。它因为保证不向视频内容添加任何贴片广告而受到用户的赞赏，并成为其非常显著的企业文化特征，同时也是年轻人完成自我身份认同的重要平台。随着哔哩哔哩的快速发展，尤其以“Up 主”为典型的用户群体的加入，平台规模迅速扩大，而用户数量的扩大直接导致了其以亚文化为主的平台文化的削弱，即主流文化的涌入充斥了本以亚文化为主的用户结构，让二次元亚文化又成为主流文化的一个分支。从这个层面来看，平台削弱了二次元用户的价值。从盈利角度来看，此类视频网站为了达到一定的用户规模，往往会先让用户免费观看视频内容以吸引流量，并鼓励用户通过点赞、收藏、转发等方式来增加平台上不同用户之间的互动，当达到关键规模进入发展阶段后，平台通常会采用贴片广告、品牌方等第三方介入让平台与视频博主获得收益。而哔哩哔哩的成功之处很大程度上是在于它永远不放贴片广告的承诺，这也造成了哔哩哔哩的商业模式困境。无论是小规模发展还是商业模式上的创新，都关系着当今平台与用户之间的关系，而在线知识付费却从专而深的基础上创新了商业模式的逻辑。

当今网络效应在不同产业发挥着不同的影响，处于内容领域里的在线知识付费平台作为多边平台采用小而美或专而深的发展策略时，还需要注意的是用户属性的特殊性。与电话、传真机这类单边网络服务不同，用户一旦使用了多边网络就不会轻易离开，而多边平台的用户往往会在不同平台之间来回转换，即多边平台用户具有“多栖”属性。面对这种情况，有的多边平台之间更在意如何让用户在平台驻留，提升平台流量，如国内抖音 App 的界面设置，快速流畅的短视频更换方式都是留住平台用户的有效策略。但与这类短视频平台不同的是，在线知识付费平台采用的是具有伴随性的产品，不需要用户盯着屏幕，即用户可以在跳转到其他平台的同时使用知识付费产品。有效地匹配并解决用户的需求才能创造用户价值从而带来平台价值，其实，平台不是要让用户长时间留在平台，而是通过用户的搜索与精准匹配让用户快速离开平台。比如，打车类的软件、用户评价类的软件都要以快速解决用户需求为目的，试想一下，如果用户一直留在打车软件或大众点评网这类服务类软件，那么很有可能是因为用户一直没有预定到出租车或找到心仪的餐厅。这种多边平台一般都会以本地化服务为策略，因为只有这样才能更好地满足平台多端用户的匹配需求。

因此，多边平台属性的在线知识付费平台在建立初期虽然也面对着如何达到参与者的关键规模问题，但更需要认真考虑平台要面向全部市场群体还是选择垂直领域市场的问题。尤其目前的知识付费领域，以喜马拉雅、得到为代表的平台由于有“大咖”型参与者，因此成为其行业里的头部力量，而后进入此行业的平台企业则更应倾向垂直领域，放弃“抓住所有眼球”的战略转而采用专而深、小而美的策略，在点燃引擎之后专注于活跃市场，从而提高平台总价值。

三、产品与服务的定价策略

平台在做定价策略的时候，首先应判断平台的属性，单边平台与多边平台因属性不同，定价策略要考虑的因素也各不相同。总的来说，多边平台的定价要比单边平台考虑更多的因素，如果定价问题没有解决，多边平台就很难达到上面所说的关键规模，从而就无法让平台从初创期过渡到稳步发展阶段。

多边平台企业在定价前首先要明确自己与传统企业的区别，这样才能避免以单边思维的方式来进行定价的问题出现。传统企业需要考虑销量与利润之间的平衡问题，高定价虽然会降低销量，但利润空间大，而低定价则主要通过增加销量来弥补低利润。此外，传统企业在定价时需要考虑其边际成本问题，即定价不能等于或者低于其边际成本，否则出售的产品越多利润反而越少。因此，对于传统企业提供的新产品，常用到的营销手段是通过低于边际成本定价或优惠价格，甚至免费的方式来形成客户流，以便让新产品获得市场认可，待产品成熟后再提高售价来弥补前期的成本损失。传统企业基于不能低于边际成本理念的定价策略与营销手法是在没有数字与网络技术之前普遍被认可与应用的，但并不适用于如今的多边平台型企业，尤其是以数字化内容为主的知识付费行业。除了数字化产品的边际成本趋近于零之外，多边平台企业面对的定价问题要比传统企业更为复杂。

不可否认，与传统企业一样，多边平台企业也需要考虑销量与利润之间的关系，但更重要的是，需要平衡各类参与者之间的利益。多边平台企业在制定定价策略前，首先要认识到不同用户之间是彼此依赖的关系，这正是多边平台不同于以单边为主的传统企业的明显区别。在间接网络效应中，多边平台需要在平衡多方利益的基础上正确定价，而以数字化与互联网为基础的多边平台无须过多考虑边际成本的问题，其产品或服务低于边际成本的定价行为是常有的，有的甚至还会给用户提供使用产品的奖励，如滴滴打车发展前期为了鼓励人们使用应用软件进行线上约车而给乘客发放的大额打车券等。获得补贴的乘客会更愿意选择滴滴打车，越多的乘客加入平台，就会吸引更多的司机参与其中，间接网络效应开始显现之后，平台再逐渐降低补贴行为。因此，多边平台要达到关键规模，必须明确补贴方与赚钱方。对于滴滴打车而言，乘客是补贴方，司机是赚钱方。然而，如果打车平台从司机方收取过高的服务费用，司机也会有离开平台的可能，入驻平台的司机规模一旦减少，则会降低平台对乘客的间接网络价值，即乘客不容易在平台上匹配到合时合地的出租车，而最终也会选择离开打车平台。因此，对于单纯建立联系服务的多边平台而言，如何平衡平台上全部类型客户的利益以确保有足够的用户规模，定价是关键因素。

然而，与专门提供打车服务、订餐服务等服务类多边应用平台相比，在线视频行业又具有特殊性。订餐平台不会因为订餐人数的规模化而自己创建餐厅，而在线视频这类平台会因为观众数量的规模化而逐渐成立自己的影视公司，拓展影视产业的链条，如奈飞网就是典型的案例。我国与其对标的平台如爱奇艺、腾讯、优酷等在线视频平台除了以免费影音内容来吸引用户，从而获得广告收益之外，还主要以自制影视剧、自制综艺节目作为付费内容，以会员充值或单独购买的方式获得更多的平台收益，甚至在知识付费赛道被确定后，以爱奇艺为代表的视频平台也开启了知识付费频道，将其作为增加在线平台营收的来源之一。从某种角度看，这类平台从投资到发行占据影视全产业链的模式，更像是一种单边经济形态，而它的多边性往往仅体现在产品与用户的互动上。但由于它们仍是以互联网平台的形态存在，因此无论是在定价策略、平台运营，还是在考虑如何激发间接网络效应的正面效果上，如平台所能提供的影视剧种类越多，愿意付费成为其会员的用户则越多，反之亦然。

另有一类视频平台，如国外著名的以用户生成内容为主的 YouTube，这类视频平台与影视类为主的在线视频平台相比更具有多边属性。如果说爱奇艺、腾讯等在线视频平台已经以自制的模式渗入了影视产业链的前端，那么 YouTube 平台的逻辑更符合多边平台的经济属性。它需要认真平衡视频内容制作者与观看者之间的关系，如果对用户收费必然会减少广告的收入，这就需要评估向用户收费是否会增加广告带来收入的损失，这也是 YouTube 至今一直采用免费定价策略的原因所在。而国内的哔哩哔哩的逻辑与 YouTube 一样，侧重用户生产内容，较有影响力的如哔哩哔哩生活区的 Vloger 文化，为了鼓励用户上传内容，开启了用户“激励计划”，并以“三连”的方式用来评估视频，增加了视频内容的生产方与观看方的黏度，提高了用户的平台参与度。此外，短视频平台快手、抖音等反而更具有实质意义上的多边属性，其平台不仅强调主播与粉丝之间的互动关系，更从粉丝量、评论量、点赞量等互动行为评估主播价值，并在直播带货等经济行为中抽取利益分成。这种免费策略作为一种商业策略由来已久，无论是信用卡还是报纸、杂志、广播、电视等传统媒体，它们一直以中间人的角色遵循着免费定价策略的模式，并从中获益。伴随着互联网的诞生与数字技术的快速发展，产品与服务的边际成本趋近于零，因此免费策略的定价在当今实际中更为普遍。

多边平台在定价前还要明确自己与单边平台的区别。多边平台对产品与服务的定价无法用简单的对市场的研究来给出价格上的组合指导，它需要考虑到平台不同用户群的需求。单边平台企业关键考虑产品生产的成本，并通过市场调研等实践方法来了解消费者对价格的敏感度，从而定出市场合适的价格。而多边平台除了要考虑基本的平台运营、技术更新、人力资源等相关成本费用以外，更要考虑如何均衡多边平台上多端用户的相互影响问题。对在线知识付费而言，需要考虑的则包括平台的付费用户对内容产品价格的敏感度、平台上产品与服务的知识提供方的类型与状况、平台付费用户对平台所吸引或入驻的知识供应方的敏感度、知识供应方对用户加入平台的敏感度等。对于知识付费的用户而言，价格并不像单边平台那样是绝对的影响因素，也就是说，知识付费平台的参与者的需求除了价格之外，还受另一群或很多群体的需求影响。比如，针对双边群体而言，如果平台对一边提高价格，自然会增加其进驻平台的障碍，从而影响相对应的群体进入平台而损失利润。

在市场实践中，多边平台都会采用一个较为具有倾向性的价格结构，即平台的某一方支付的费用要高于另一方。虽然这不是最好的定价策略，但多边平台必须要定下来是否采用较为平衡的定价结构，以保证平台多方的支付价格大致相同。对于 Open Table 或国内的饿了么这类连接服务型的平台而言，商家群体支付的费用往往要高于用户，尤其在平台发展初期对消费者的大额补贴，它让平台上商家实际支付的费用要更高，如商家需要在每次交易中向平台支付 10 元，那么由于平台对消费者提供了 2 块钱补贴，商家实际支付的服务费就变成了 12 元。这种例子经常发生在多边平台的发展初期，也就是多边平台首先要辨别的是哪一方群体为赚钱方，哪一方群体是平台的补贴方。单边平台与多边平台的明显区别在于，前者必须要向客户定价格以覆盖成本，从而产生利润；后者则可以免费甚至为用户的参与行为而付费，以鼓励平台某一方用户的积极参与。但以国内的饿了么平台为例，从开始给用户发放大量优惠券到现在开始向订餐用户收取平台服务费，平台的转变展现了这类多边平台在发展过程中的不同策略逻辑，即从主要向商家收取服务费到开始向两方用户群体收费。但需要注意的是，与服务费的定价相比，向两方收费时平台更需要考虑的是向一方收费后对另一群用户会产生多大程度的影响。比如，订餐用户可能会因为每餐多收取的平台服务费而减少在网上订餐的行为，甚至会离开平台，从而直接影响商家的线上交易数量。

通过以上相对较为成熟的多边平台行业的分析不难看出，无论是以付费会员、广告营收为主的影视类在线平台，还是当下占据大流量的短视频平台，都在成功点燃用户规模引擎之后找到了或是付费或是免费的适合自己的定价策略。多边平台企业在制定定价策略时需要考虑的内容有很多，主要总结为三类因素：包括参与平台的所有用户端对产品与服务价格的敏感度如何、判断平台上的各类用户谁是补贴方谁是赚钱方、平台的某一用户群是否能掌控互动行为的发生。

对于在线知识付费平台而言，主要有两种运营模式，其中一种为上面所说的自我供应发展策略的平台模式。这类知识付费平台，从知识生产端来看并非所有用户都可以参与进来。比如，豆瓣开启的豆瓣时间，主要采取的是主动供应，即主要由平台端主动与各行业大咖级人物发起合作，而其他知识生产者暂时无法进入平台生产内容。因为大咖级知识生产者容易吸引流量，知识消费者往往极度想与这些大咖人物取得联系，并获取其知识产品，为此他们愿意为知识产品支付较高的费用。可以说，付费用户对知识产品的价格并不敏感，于是平台可以制定较高的产品价格。类似的还有得到、喜马拉雅等在线知识付费平台。另外，还有一类如小鹅通这样的工具型在线知识付费平台，知识生产者只要符合平台要求，都可以申请注册小鹅通，但知识生产用户需要向平台交付不等的服务费用。

在线知识付费平台必须考虑到各方参与者之间强烈的正反馈效应，才能赚取足够的利润。一方面，在线知识产品定价过低，则会降低知识生产者的参与意愿，导致平台失去知识内容的提供者；另一方面，知识产品定价过高，则又会流失付费用户。因此，在线知识付费平台需要找到合适的定价策略，以形成平台基本的定价原则、模式与价格结构：收费多少、从一方赚取的钱与从另一方赚的钱之间应当保持怎样的比例，才能平衡这类反向而行的力量，保护多方用户的利益关系。

从知识生产端的角度看，在线知识付费平台类似实体购物中心，由于购物中心给每个商铺带来客流量，因此作为一种服务费用，购物中心可以向商铺收取较高的租金。同样，入驻在线知识付费平台的知识生产者就像进入购物中心一样，他们成为平台的在线个体商铺，以平台带来的用户流量来销售自己的知识产品。但在自我供给的平台策略下，目前的在线知识付费平台为了留住这些知识生产群体，并不会对其收取较高的服务费，而是会采取一种合作的方式，将更多的利益分配给他们。一般在线知识付费平台可以采取边销售、边分成，或一次性向生产者支付费用的利益分配策略。

从付费用户端来看，这类用户群体是决定交易能否发生的决定端，在线知识付费平台有强烈的动机向付费用户收取较低的产品费用，以激励付费用户端产生积极的交易行为。传统行业的产品定价需要考虑到成本问题，其定价需要能够覆盖成本开销，但定价过高利润增加的同时销量会降低，定价太低销量增加的同时利润会减少。与此相比，在线知识付费平台生产的产品，具有先天的成本优势，即边际成本为零。在线产品一旦被生产出来无须再投入成本，就可以被无数人使用。因此，在线知识付费产品的总体定价无须过高，就可以靠大量的付费用户完成高销量，获得高利润。但平台要平衡知识生产者的利益，对于具有高影响力、高专业度，同时能为平台带来优质流量的知识生产者来说，其产品定价可以制定较高的价格，付费用户会因为高质量内容而愿意付出更高的费用来购买产品。

从当下在线知识付费平台定价看，市场中在线知识付费产品的价格从最低几元到几百元不等，大部分平台已经形成了多种产品的价格组合。由于付费用户的类型不同，每个用户对价格的敏感度也各不相同，在线知识付费平台需要考虑在平台上进行互动的不同客户群体的各种需求，制定不同的价格组合以满足不同的用户类型。对于平台而言，通过用户的大数据来进行分析，可以很好地理解用户的付费能力与偏好习惯，面对对于价格并不敏感的用户，制定较高的价格获得更高的利润是最好的定价策略选择，而面对对于价格较为敏感的用户，则需要制定较低的产品价格，以吸引更多的用户付费来提高产品的销量。例如，位于头部的知名专家或学者生产的知识产品、通识类产品等可以用较高的价格来增加平台利润，而处于尾部的产品可以通过降低价格增加销量来弥补低定价而获得长期的收入。

四、促进价值对话的平台发展策略

在人人创造价值的全新商业文明里，在线知识付费平台必须对所处的商业文明环境有深刻的理解，才能制定出更适合未来发展的策略。传统的商业模式仍在强调企业与股东的利润价值，其本质还是以企业为中心，而在线知识付费平台本身具有的多边平台属性，就要求平台必须首先考虑用户的价值利益，只有在创造用户价值的基础上才能获得自身的价值，其商业模式强调的是用户的利益价值。这里最关键的转变在于平台不能向传统商业模式那样采用价值攫取的思维理念。

为了能够吸引用户群体，在线知识付费平台必须提出自己的价值主张，以让用户了解平台能为自己带来哪些有用价值。为了让价值主张——平台能为用户创造什么样的价值——能够很好地传递给用户，在线知识付费平台要懂得将价值对话融入平台实现价值主张的过程，这样平台才可获得较高的响应性，以更加灵活的姿态应对未来的发展变化。响应性是将由上至下的用户被动接受的价值主张转变为民主且深入的价值对话。不可否认的是，互联网的发展给社会带来了更多的民主性，每个人都可以在不违反相关规章制度的情况下找到表达态度的途径。而相比传统的企业，互联网公司内部也更具有民主开放的文化氛围，民主化正是互联网文明对商业世界带来的影响之一。因此，作为典型的从移动互联网时代发展而来的在线知识付费平台，这种平台与用户之间、用户与用户之间的互动对话构成了平台为用户创造价值的重要驱动来源，也是平台发展的基本商业文明。

在线知识付费平台类似一个社区、一个城市的形态，其最终的商业目的是要提供一个公共空间场所，以吸引尽可能多的用户参与者聚集到平台场所上来。因此，在线知识付费平台具有很强的外部性，平台只有采用价值对话的发展策略，才能更好地控制平台的外部性，让平台更好更快地对用户变化的需求做出判断与反映。比如，在线知识付费平台会为用户建立付费用户群，让他们与知识生产者直接进行对话。有的产品形式，如直播 Live 音频课程，主讲人还会在直播间里与用户沟通，直接对下次主讲的题材与内容做出选择决策，以更好地满足用户需求。这种价值对话让在线知识付费平台可以获得对用户需求变化做出自然反应的能力，减少了层层判断的决策过程，缩短了平台决策的路径，而将其放置决策第一线，可以帮助平台更加及时、准确地做出反应。因此，在线知识付费平台在面对大的新商业文明环境下，如果采取适合自己的价值对话方式，与用户建立良好的互动关系，就会让平台获得极大的灵活度，解决商业决策耗费时间、资源与精力的问题，从而能够更有效地为用户创造价值，自动进入一个良性的循环发展态势。

从 2016 年在线知识付费市场出现井喷至今，其行业已经走过了快速发展的五年时间，然而，短时期内的快速发展，也使行业出现了各类管理规范不足、产品与服务质量良莠不齐、付费用户售后权益没有合理保障等问题。整体来看，在线知识付费行业还处于初期的发展阶段，产业链体系还不成熟，平台在引领整体行业发展前行的过程中，还需要明确自身在整个移动互联网时代所存在的独特性，找准未来发展的价值驱动力，以此构建在线知识付费平台未来的发展策略，这样才能保证平台在不断创造社会效益与经济效益的基础上，持续获得平台自身的发展。从在线知识付费平台发展的机遇看，伴随商业移动互联网未来 5G 业务拓展，在线知识付费平台应该可以拓展多媒介类型的内容产品，丰富行业的内容结构，以及拓展重要的合作网络，形成以在线知识付费平台为核心的生态环境。从发展环境的劣势来看，在线知识付费平台仍然需要面对被各界质疑其产品的知识性、碎片性，以及商业模式的长久性等问题，虽然互联网用户已经形成良好的付费习惯与付费意识，但其社会的认可度还有待提高。总之，当代商业环境越来越重视企业的社会责任感，加之在线知识付费平台所做的产品与服务属于人们的精神领域，与经济效益比，其带来的社会效益更为重要。

第三节　本章小结

用户是在线知识付费平台商业模式的核心，如何深入理解用户的需求，关系着平台是否能为用户创造有效的价值。本章提出以用户价值为核心的在线知识付费平台商业模式评价的理论方法，具体通过分析在线知识付费平台提供的产品与服务在满足用户需求与创造用户价值方面的实施情况，构建了在线知识付费用户价值的影响因素框架。将产品价值、平台价值与体验价值三维度的框架因素导入BRBC商业模式创新模型的内容构架层，可以用来评价在线知识付费平台现存的商业模式，发现各个商业要素环节的相互支持与完成度，并针对评价结果来进行商业模式的优化改进。

此外，本章针对在线知识付费平台的属性特征、平台的核心产品与服务的定价，以及发展理念提出了相应的平台发展对策，包括平台要找到解决迅速达到关键用户规模的策略手段，兼顾多方利益的定价策略，以及价值对话在平台未来发展中所起的积极作用。

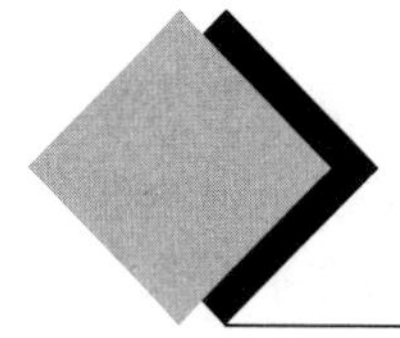

第七章 结论与展望

本章主要针对本书整体的研究内容及所得结论加以总结，并对本书主要的创新点进行归纳，最后对在线知识付费领域的研究方向进行探讨展望。

第一节 主要结论

（1）基于对商业模式及在线知识付费平台的大量文献研究，提出了本书的研究目的与意义。本书的研究对象是一个新兴的行业，具有较高的研究价值。

（2）本书对在线知识付费做出了概念上的分析，给出了在线知识付费的含义与理念，对国内在线知识付费平台的发展现状、传播特征，以及行业现存的问题进行了研究分析，并深入分析了在线知识付费平台的商业逻辑及价值链体系结构。

（3）本书通过结合商业模式理论与实际调查问卷，对在线知识付费平台的商业模式要素进行了提取，并构建了影响在线知识付费平台商业模式创新要素的指标体系。基于 CUBI 用户体验模型与商业模式之间存在的共通性分析，可将商业模式要素导入 CUBI 模型的商业目标层，形成商业模式创新模型的第一层，即战略支持层。第二层、第三层由用户的需求体验层、用户的行为体验层构成，属于 BRBC 的中间核心层。最下面一层为 BRBC 的内容构架基础层，是战略顶层与用户核心层在内容信息上的具体展现，是商业模式创新的具体实施层。基于四层结

构，我们构建了针对在线知识付费平台的BRBC商业模式创新模型，并形成正向和逆向的创新流动方式。

（4）用户价值是在线知识付费平台的核心，只有创造并满足用户的价值需求，平台才具有存在的价值意义。本书通过分析专家的问卷调查与数据统计，构建了用户价值影响因素框架，形成了包括产品价值、平台价值及用户体验三维度的影响用户价值的要素内容体系，并提出了用户价值为核心的在线知识付费平台商业模式评价的理论方法，以此评价相对应的商业模式各要素的完成情况，并在此基础上进行相应的商业模式优化改进。

（5）在线知识付费平台要制定正确的、符合自身独特性的发展策略，需要理解平台的基本运行特征。这就要求平台应该通过塑造预期的策略技巧主动为平台一端的用户提供服务，以吸引另一端用户的参与；应该制定出多种产品的定价技巧，以保证在不失去有价值的知识生产者的基础上，激励更多的用户去付费购买产品。另外，在线知识付费平台应该注重采用价值对话的策略，以应对平台的外部性问题，保证平台的灵活度，准确反映用户的需求变化，从而加速决策的过程。

第二节 主要创新点

本书的研究对象属于新兴行业，随着在线知识付费行业的发展，理论界的相关研究开始逐渐增多，但目前整体的理论成果仍较少，因此，本书的研究具有一定的开创性。本研究取得的主要创新点如下：

（1）针对在线知识付费行业的特点，提出了在线知识付费平台的商业逻辑，包括跨产业融合、用户时间效用价值原理、知识服务升级、用户思维转变的商业逻辑构成。

（2）构建了在线知识付费平台的价值链体系活动，包括内容生产体系、营销推广体系、内容分发体系，以及支付体系，分析了针对四个维度的价值链活动中增加的用户价值。

（3）针对在线知识付费平台商业模式要素特征，分析了其要素之间的作用机制，以及根据在线知识付费平台用户的行为，提出了商业模式要素的作用周期与要素创新的相互影响关系。

（4）引入CUBI用户体验模型，根据在线知识付费平台的商业模式要素指标体系，构建了以用户价值为核心、用户需求为导向的BRBC商业模式创新模型，由商业目标层、需求体验层、行为体验层、内容构架层四个层级组成。

（5）通过构建在线知识付费平台的用户价值影响因素框架，并将其引入BRBC模型，分析了用户价值影响因素与BRBC模型的关系，提出了在线知识付费平台依据用户价值影响因素完成情况来评价商业模式的思路。最后，从整体行业的角度，提出了在线知识付费平台的发展策略。

第三节　研究展望

在线知识付费发展至今，仍有不少人对其所提供的产品及行业未来的发展走向提出质疑。但在线知识付费创造的强劲经济效益，也吸引着新型独立平台的进入，成为许多已有在线平台拓展业务、增加现金流的新途径。可以说，在线知识付费行业所采用的知识付费商业模式正在逐渐被更广泛的市场所认可。然而，从目前的研究来看，关于在线知识付费的研究主要还是集中在兴起原因、产品特征、静态的平台商业模式类型、业务类型等方面的描述上，从商业模式创新的角度系统、深入、全面进行的相关研究还不多见。而伴随着在线知识付费行业的进一步发展，如何优化创新以平台为核心的商业模式，构建平台生态圈，成为理论界下一阶段对在线知识付费进行深入研究的领域。

本书从商业模式创新的视角出发，针对在线知识付费平台的商业逻辑、价值体系流程、商业模式创新要素体系、用户价值指标、商业模式评价，以及平台的发展策略进行了系统深入的研究与探索，构建了BRBC创新模型的相关理论与商业模式评价的方法体系，进行了一定程度的创新研究工作，这无疑具有较为重要的学术价值及实践意义。由于在线知识付费行业兴起的时间较短，理论界的相关成果及资料相对匮乏，而目前已有的研究成果多数都属于静止化的分析，这就加大了研究在其商业模式创新系统研究上的难度。目前，有关在线知识付费的研究，仍然有待在理论、方法与实践等问题上展开进一步的探索。现针对在线知识付费行业的相关研究提出以下几点研究展望：

（1）本书对在线知识付费平台商业模式创新的研究，只给出了BRBC创新模型的理念、结构及相互之间的作用关系，还有待实际应用到未来在线知识付费行业的商业模式创新当中，以不断对模型进行修正与完善。此外，商业模式的创新除了要考虑要素作用关系、用户价值的理念引导，以及相应的创新执行之外，还要考虑很多诸如政治环境、商业生态环境、行业规制等外部不可控因素的影响，其相互之间的作用范围及逻辑关系同样需要继续研究。

（2）目标用户的价值管理是在线知识付费平台价值管理模式的重要构成之一，如果目标用户价值不能很好地创造与实现，平台就无法在保持一定用户规模的基础上生存与发展下去。本书只构建了影响用户价值的因素框架，有关用户价值管理的原则、构成与模式等还需要从逻辑层面及操作层面进一步细化研究，并应用到实际的在线知识付费平台的用户价值管理当中。

（3）对于在线知识付费平台商业模式的评价，本书虽然提出了以用户价值为核心的评价方式，但还仅局限于定性方面的评价分析，而商业模式的评价是要解决在线知识付费平台的商业模式优化创新与实际操作的具体问题，如何结合定量方法构建应用性的评价工具，并将其应用到实践操作中，还需要进行进一步研究，而这也可以验证用户价值影响因素评价商业模式的有效性与实际的可操作性。

（4）本书虽然针对在线知识付费平台提出了发展策略，但对于整个行业的发展，平台只是其中的一个核心环节，如何打造行业生态并构建成熟的产业环境，还需要进一步深入研究与探讨。

参考文献

[1] 原磊. 国外商业模式理论研究评介 [J]. 外国经济与管理，2007 (10)：17-25.

[2] STEWART，D W，ZHAO Q. Internet marketing，business models，and public policy [J]. Journal of Public & Marketing，2000，19 (3)：287-296.

[3] AFUAHA，TUCCI C. Internet business models and strategies：text and cases [M]. Boston：McGraw Hill/Irwin，2001：32-33，196-201.

[4] TIMMER P. Business models for electronic markets [J]. Journal on Electronic Markets，1998，8 (2)：3-8.

[5] MAHADEVAN B. Business models for Internet-based ecommerce：an anatomy [J]. California Management Review，2000，42 (4)：55-56.

[6] LINDER J，CANTRELL S. Changing business models：surveying the landscape [R]. Accenture Institute-for Strategic Change，2000.

[7] WEILL P，VITALE M R. Place to space：migrating to e-business models [M]. MA：Harvard Business School Press，2001：96-101.

[8] DUBOSSON T M，OSTERWALDER A，PIGNEUR Y. E-business model design，Classification and measurements [J]. Thunder bird International Business Review，2002，44 (1)：5-23.

[9] OSTERWALDER A，YVES P，CHIRSTOPHER L T. Clarifying business models：origins，present，and future of the concept [J]. Communications

of the Information Systems，2005，15（5）：1－25.

［10］荆林波．中国B2B商业模式的选择［J］．改革与理论，2001（8）：24－25.

［11］周永亮．中国企业前沿问题报告［M］．北京：中国社会科学出版社，2001.

［12］曾楚宏，朱仁宏．基于价值链理论的商业模式分类及其演化规律［J］．2008（6）：102－110.

［13］魏炜，朱武．发现商业模式［M］．北京：机械工业出版社，2008.

［14］罗珉，李亮宇．互联网时代的商业模式创新：价值创造视角［J］．中国工业经济，2015（1）：95－107.

［15］GEORGE P．IBM's global CEO report 2006：business model innovation matters［J］．Strategy&Leadership，2006，34（5）：34－40.

［16］陆雄文．管理学大辞典［M］．上海：上海辞书出版社，2013.

［17］张越，赵树宽．基于要素视角的商业模式创新机理及路径［J］．财贸经济，2014（06）：90－99.

［18］MITCHELL D，COLES C. The ultimate compertitive advantage of continuing：business model innovation［J］．Journal of business strategy，2003，24（5）：15－21.

［19］CHESBROUGH H．Business model innovation：opportunities and barriers［J］．Long Range Planning，2010，43（2）：354－363.

［20］CLAUSS T．Measuring business model innovation：conceptualization，scale development，and proof of performance［J］．R&D Management，2017（3）：385－403.

［21］GORDIJN J，AKKERMANS J，VLIET J．Designing and evaluating e-business models［J］．IEEE Intelligent Systems，2001，16（4）：11－17.

［22］OSTERWALDER A．The business model ontology-A proposition in a design science approach［R］．University de Lausanne，2004.

［23］加斯曼．商业模式创新设计大全［M］．聂茸，贾红霞，译．北京：中国人民大学出版社，2018.

［24］翁君奕．介观商务模式［J］．中国经济问题，2004（1）：34－40.

［25］曾涛．企业商业模式研究［D］．西南财经大学，2006.

［26］刘湘蓉．我国移动社交电商的商业模式［J］．中国流通经济，2018（8）：51－60.

［27］同［13］．

［28］方志远．我国商业模式构成要素分析［J］．中山大学学报（社会科学版），

2012 (3)：207-214.

[29] 同 [17].

[30] 罗珉，李亮宇. 互联网时代的商业模式创新：价值创造视角 [J]. 中国工业经济，2015 (1)：95-107.

[31] 哈克. 新商业文明：从利润到价值 [M]. 吕莉，译. 北京：中国人民大学出版社，2016.

[32] 陈威如，余卓轩. 平台战略：正在席卷全球的商业模式革命 [M]. 北京：中信出版社，2013.

[33] 李文莲，夏健明. 基于"大数据"的商业模式创新 [J]. 中国工业经济，2013 (5)：83-95.

[34] MICHAEL M，MINET S. The entrepreneur's business model：Toward a unified perspective [J]. Journal of Business Research，2003，58 (1)：726-735.

[35] 同 [22].

[36] PETROVIC O，KITTL T. Developing business models for e-business [R]. International Conference on Electronic Commerce，Vienna，Austria，2001.

[37] GIESEN E，BERMANS J，BELL. Three ways to successfully innovate your business model [J]. Strategy&Leadership，2007，35 (6)：27-33.

[38] 同 [9].

[39] 罗珉，曾涛，周思伟. 企业商业模式创新：基于租金理论的解释 [J]. 中国工业经济，2005 (7)：73-81.

[40] 高闯，关鑫. 企业商业模式创新的实现方式与演进机理——一种基于价值链创新的理论解释 [J]. 中国工业经济，2006 (11)：83-90.

[41] 张越，赵树宽. 基于要素视角的商业模式创新机理及路径 [J]. 财贸经济，2014 (06)：90-99.

[42] 冯华，陈亚琦. 平台商业模式创新研究——基于互联网环境下的时空契合分析 [J]. 中国工业经济，2016 (3)：99-113.

[43] 同 [33].

[44] 王铮，刘彦芝. 在线知识付费平台的市场机制探究——兼论对知识平台市场机制缺陷的应对与干预 [J]. 图书情报知识，2018 (4)：24-31.

[45] 丁晓蔚，王雪莹，高淑萍. 知识付费：概念涵义、兴盛原因和现实危机 [J]. 当代传播，2018 (2)：29-32.

[46] 樵苏. 知识付费产品排行榜 [J]. 互联网周刊，2017 (5)：21.

［47］徐敬宏，程雪梅，胡世明. 知识付费发展现状、问题与趋势［J］. 编辑之友，2018（5）13－16.

［48］国秋华，钟婷婷. 喜马拉雅 FM 基于知识付费的价值创造［J］. 新闻知识，2018（5）：37－41.

［49］宋美杰. 内容消费升级与知识付费的低层逻辑探究［J］. 中国报业，2017（11）：19－21.

［50］张利洁，张艳彬. 从免费惯性到付费变现——数字环境下知识传播模式的变化研究［J］. 编辑之友，2017（12）：50－53.

［51］邹伯涵，罗浩. 知识付费——以开放、共享、付费为核心的知识传播模式［J］. 新媒体研究，2017（11）：110－112.

［52］宋建超. 知识付费的发展困境和发展趋势探析［J］. 视听，2017（11）：21－22.

［53］王传珍. 知识付费奇点与未来［J］. 互联网经济，2017（增 1）：68－73.

［54］石姝莉，辛雨晴. 基于共享经济的知识付费模式研究［J］. 西部广播电视，2017（13）：2－3.

［55］柳溪，李红祥. 知识付费的传播模式特征与优化策略［J］. 科技与出版，2018（6）：22－26.

［56］喻国明，郭超凯. 线上知识付费：主要类型、形态架构与发展模式［J］. 编辑学刊，2017（5）：6－11.

［57］孟立甲. 浅析知识付费大潮下的几种付费类型［J］. 传播与版权，2017（12）：113－114.

［58］宋建超. 知识付费的发展困境和发展趋势探析［J］. 视听，2017（11）：21－22.

［59］吴佳琦. 唯有知行合一才能拯救你的“知识焦虑”［J］. 环境经济，2017（12）：62－63.

［60］巩恩伟. 互联网知识付费平台的兴起与商业模式分析［J］. 现代营销，2017（12）：128.

［61］丁晓蔚，王雪莹，高淑萍. 知识付费：概念涵义、兴盛原因和现实危机［J］. 当代传播，2018（2）：29－32.

［62］陆春晖. 共享经济下知识付费模式研究［J］. 现代商业，2017（33）：162－163.

［63］孙怡，陈丽月. 分答回归，知识分享障碍能否破壁？［J］. 商业观察，2016（10）：72－76.

［64］同［44］.

[65] 罗敏，涂科. 知识分享平台的商业模式探析 [J]. 管理现代化，2018 (6)：111-113.
[66] 同 [60].
[67] 同 [57].
[68] 陆春晖. 共享经济下知识付费模式研究 [J]. 现代商业，2017 (33)：162-163.
[69] 喻国明，郭超凯. 线上知识付费：主要类型、形态架构与发展模式 [J]. 编辑学刊，2017 (5)：6-11.
[70] 周涛，檀齐. 基于社会资本理论的知识付费用户行为机理研究 [J]. 现代情报，2017，37 (11)：46-50.
[71] 喻国明. 知识付费何以成势？[J]. 新闻记者，2017 (7)：61-63.
[72] 张帅，王文涛，李晶. 用户在线知识付费行为影响因素研究 [J]. 图书情报工作，2017 (10)：94-100.
[73] 李刚，卢艳强，滕树元. 用户在线知识付费行为研究——基于计划行为理论 [J]. 图书馆学研究，2018 (10)：49-60.
[74] 杜智涛. 从需求到体验：用户在线知识付费行为的影响因素，新闻与传播研究，2018 (10)：18-39.
[75] 范建军. 移动知识付费平台评论分析——以“得到”App 为例 [J]. 图书馆学研究，2018 (5)：67-70.
[76] 赵保国，姚瑶. 用户持续使用知识付费 App 意愿的影响因素研究 [J]. 图书馆学研究，2017 (17)：96-101.
[77] 何慧雪. 知识付费平台用户持续使用意愿影响因素探究 [J]. 中国市场，2018 年 27 期：192-193.
[78] 袁荣俭. 知识付费：知识变现的商业逻辑与实操指南 [M]. 北京：机械工业出版社，2019.
[79] 安德森. 免费：商业的未来 [M]. 蒋旭峰，冯斌，璩静，译. 3 版. 北京：中信出版集团，2015.
[80] 同 [79]：110.
[81] 俞可平. 社群理论 [M]. 3 版. 东方出版社，2015：120.
[82] 搜狗百科（Quora 词条） [EB/OL]. https://baike.sogou.com/v21718795.htm?fromTitle=quora.
[83] 百度百科（黑客马拉松）[EB/OL]. https://baike.baidu.com/item/黑客马拉松.
[84] 柳胖胖. 刷爆朋友圈的“值乎”，产品流程竟然有问题？[R/OL]. (2016-

04－01）．https：//wenku. baidu. com/view/1469df2a657d27284b73f242336c1eb91a3733b6. html.

[85] 百度百科（分答词条）[EB/OL]．https：//baike. baidu. com/item/%E5%88%86%E7%AD%94.

[86] QuestMobile 知识跨年洞察报告 [R/OL]．（2018－01－10）．https：//www.questmobile. com. cn/blog_126. html. .

[87] 璐璐．第五届中国视听大会知识付费高峰论坛：知识付费绝非昙花一现 [R/OL]．（2017－12－02）. http：//www. sohu. com/a/208011423_483293.

[88] 同 [86].

[89] 艾瑞咨询．2018 年中国在线知识付费市场研究报告 [R/OL]．（2018－03－29）．https：//www. sohu. com/a/226725246_152615.

[90] 同 [89].

[91] iMediaResearch．2018 年上半年中国知识付费行业动态监测报告 [R/OL]．（2018－08－13）．https：//www. iimedia. cn/c400/62142. html.

[92] 金韶，倪宁．"社群经济"的传播特征和商业模式 [J]．现代传播，2016（4）：113－117.

[93] 凯瑞．作为文化的传播 [M]．丁未，译．北京：华夏出版社，2005：8.

[94] HOWARD R. The virtual community：homesteading on the electronic frontier [J]. Reading，Mass：Addison-Wesley，1993（5）.

[95] 彭兰．场景：移动时代媒体的新要素 [J]．新闻记者，2015（3）：20－27.

[96] 关梅．新传播环境下广播媒体核心价值的实现 [J]．新闻界，2015（15）：38－40.

[97] 王丽君，李晓飞．知识付费视角下音频分享平台的传播特点研究——以喜马拉雅 FM 为例 [J]．新媒体研究，2018（18）：21－23.

[98] 高超．传媒产业价值链的战略式创新路径 [J]．中华文化论坛，2015（7）：35－42.

[99] 卢扬，王嘉敏．知识付费屡获融资真热还是虚火 [R/OL].（2018－08－02）．https：//news. sina. com. cn/c/2018－08－02/doc-ihhehtaf1660688. html.

[100] 刘旷．知识付费不热了，得到们接下来故事怎么讲？[J/OL]．http：//sa. sogou. com/sgsearch/sgs _ tc _ news. php? req ＝ gNWjMh9kjpEtYgjReTdUXSMUX76cAQ78GOAKXjFXLC0＝&user_type＝1.

[101] 乔为国．商业模式创新兴起缘由、含义与特点 [J/OL]．http：//www. docin. com/p-1344292996. html.

[102] 罗凯，邓聪，陈肇雄．携手合作，共创 5G 美好未来 [N]．人民邮电报.

2018-11-15.
[103] 腾讯科技中心. 分水岭 [M]. 北京：机械工业出版社，2017.
[104] 中商情报网. 政策利好互联网行业发展 2018 年互联网行业政策汇总一览 [R/OL]. (2018-08-11). http://sa.sogou.com/sgsearch/sgs_tc_news.php? tencentdocid=20180811A0VA1B00&req=07UeCTT1ag1gOPIoERdegDh170LWlybtNBZe7IXhV08=&user_type=1.
[105] 金韶，倪宁. “社群经济”的传播特征和商业模式 [J]. 现代传播，2016 (4)：113-117.
[106] 同 [99].
[107] 同 [103]：184.
[108] 同 [103]：187.
[109] 丁晓蔚，王雪莹，高淑萍. 知识付费：概念涵义、兴盛原因和现实危机 [J]. 当代传播，2018 (2)：29-32.
[110] 易观. 2018 网络社交泛娱乐化新趋势专题分析 [R/OL]. (2018-04-24). https://www.analysys.cn/article/detail/1001294.
[111] 谈深. 罗振宇：知识付费的焦虑和效率 [R/OL]. (2018-05-03). https://www.jiemodui.com/N/94425.html.
[112] WOOD J. The virtual embodied：presence，practice，technology [M]. London：Routledge press，1998.
[113] 荣朝和. 交通——物流时间价值及其在经济时空分析中的作用 [J]. 经济研究，2011 (8)：133-146.
[114] 冯华，陈亚琦. 平台商业模式创新研究——基于互联网环境下的时空契合分析 [J]. 中国工业经济，2016 (3)：99-113.
[115] 同 [87].
[116] 埃文斯，施马兰奇. 连接：多边平台经济学 [M]. 张昕，译. 北京：中信出版集团，2018：32.
[117] 同 [116]：12.
[118] ANDREW R，SARA R. OpenTable，CaseE418. Palo Alto，CA：StanfordGraduate School of Business. 2011-11-18.
[119] CARL S，HAL R V. Information rules [M]. Boston：Harvard Business School Press，1998.
[120] 同 [116]：24.
[121] 同 [116]：17.
[122] 同 [116]：31.

［123］奥斯特瓦德．商业模式新生代［M］．黄涛，郁婧，译．北京：机械工业出版社，2018：77.

［124］同［123］：13.

［125］同［123］：13.

［126］同［123］：18.

［127］同［123］：77.

［128］同［23］：7.

［129］王是业．基于要素系统视角的商业模式创新路径分析［J］．管理现代化，2015（5）：101-104.

［130］同［23］：7.

［131］Corey S. A user experience model for projectSuccess［R/OL］. http：//uxmag. com/articles/cubi-a-user-experience-model-for-project-success，2014.

［132］科里．几乎是最完美的用户体验模型-CUBI［R/OL］．（2015-04-22）. http://www. woshipm. com/ucd/149951. html,2015.

［133］陈星海．基于CUBI用户体验模型的网络消费商业模式创新与应用［D］．湖南大学，2016.

［134］MORRIS B. HOLBROOK. Customer value-A framework for analysis and research.［J］. Advances in Consumer Research，1996（1）：138.

［135］艾博年，曼宁．商业新模式［M］．邵真，译．北京：中国人民大学出版社，2017.

［136］同［23］：10.

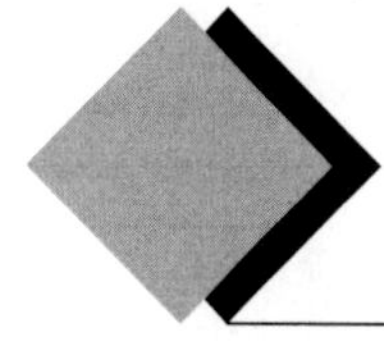

附录A 在线知识付费商业模式创新影响要素指标体系问卷

尊敬的专家：

您好！为了提取、分析和确认影响在线知识付费商业模式创新的要素结构体系，特开展此次问卷调查。

非常感谢您的宝贵建议和支持！

一、填表说明

(1) 以下涉及了有关在线知识付费平台商业模式创新要素的初始指标体系，包括了用户、价值主张、价值链及盈利机制四大类一级指标，11个二级指标和35个三级指标。为了确保研究设计的规范、合理和可执行性，本次展开针对行业专家、从业人员的问卷调查。请专家针对各项要素指标对在线知识付费平台商业模式创新优化的影响程度与重要性进行打分（十分制），从10到0（可以有小数，如7.5）。10为影响最大，逐次减弱，0为无影响。

(2) 如果您认为还有其他对在线知识付费平台商业模式创新具有重要影响的要素指标或还有其他重要的要素，请直接填写在表2，并对影响程度进行评分。最后，综合表1和表2指标，请列出您认为在线知识付费平台商业模式中最重要的5个要素指标（按重要程度排序）。

(3) 问题中所涉及的商业模式要素一级与二级指标的具体解释为：客户细分即企业预想取得或期望服务的各类目标人群与机构；价值主张可以让企业用来明确它为客户群体创造了哪种价值，提供了什么产品与服务；渠道通路直接关系着用户接触端，负责将平台价值主张传递给用户端，它可以实现与用户建立联系并维护关系；客户关系主要是指平台与不同客户群体建立的客户关系类型，商业模式决定的不同客户关系对客户体验会产生不同的影响；核心资源是平台运行其商业模式及产生相应竞争力的资产，判断企业的核心资源是什么，可以从实现企业的价值主张、建立客户关系，以及创造收入来源等维度来考虑；关键业务是由核心资源决定的，商业模式的正常运行需要明确其关键业务，它是保证平台运行的企业行为，是为企业传递价值主张、赢得市场与客户、建立客户关系、维系客户关系，以及最终获取利益的必需业务；重要合作是指与供应商、合作伙伴、用户等建立的关系网络，从重要合作网络中可以看出与企业相关的所有利益群体；成本结构是商业模式运行时所产生的全部费用，是企业总成本；收入来源是一个平台企业能否成功捕获价值并获得利润的关键。

二、在线知识付费平台商业模式创新影响要素指标体系打分表

表1　在线知识付费平台商业模式创新指标及其影响程度评分

一级指标	二级指标	三级指标	指标解释	影响程度评分（十分制）
用户	用户细分/目标客户	大众化市场	这类市场的用户需求没有明显差异性，市场中的产品通常构成行业的“头部”产品，多数需求会集中在“头部”，可被视为一种主流或流行的市场	
		市场垂直领域	其市场中的用户需求特征具有较强的专业性、针对性。侧重群体的特性，市场中的产品可视为“腰部”产品	
		长尾市场	此类市场的用户需求呈现个性化、零散化的特征，市场需求量小，分布在“尾部”，当所有非流行的用户需求数量相加时，会形成远超主流市场的“长尾效应”	
	用户关系	社区型	平台与用户构建的开放式用户关系，可以让用户感受到企业的文化价值	
		参与型	让用户参与到平台的协作创造中，如UGC的内容生产模式、评论、转发等互动行为	
		买卖关系	较为传统的简单买卖的客户关系	

续表

一级指标	二级指标	三级指标	指标解释	影响程度评分（十分制）
价值主张	核心资源	企业家行业经验	企业家的行业经验会给平台企业的商业模式创新活动带来积极引领效果	
		自有平台	知识付费自己的平台连接着多边用户，吸引来自各方的用户并为他们创造利益价值，是产生平台优势的核心资源	
		其他平台	第三方平台	
价值主张	核心资源	用户来源渠道	在线平台的流量来源情况	
		人力资源	在线知识付费属于知识密集型，其内容制作、平台运营等人才对平台是重要资源	
		差异化产品与服务	差异化且优质的产品内容与服务能为企业带来市场竞争力	
	关键业务	平台管理	协调着以平台为核心的各个价值创造环节中的问题	
		服务实现	帮助解决并满足用户需求的实现，如产品的生产制作、产品售后服务等	
		平台升级	平台升级关系着用户体验的良好度以及对用户需求的更好满足	
价值链	内容制作	PGC 模式	专家、学者、行业大咖、明星等具有流量影响力的人生产的内容，其优势是内容质量易把控，且具有权威性与有用性，缺点是产出数量有限	
		UGC 模式	普通的个人用户生产的内容，其优势是可以不断为平台提供新内容，缺点是内容质量难把控，平台易被低质量、无用的内容所侵占	
		机构/团队	类似专家生产内容，具有自己成熟、独特的内容制作流程，强调内容生产的高专业性	
		版权购买	直接购买内容版权	
	内容营销	渠道通路	营销推广所需的各类媒介渠道	

续表

一级指标	二级指标	三级指标	指标解释	影响程度评分（十分制）
价值链	内容营销	产品包装	在明晰用户需求的基础上，帮助用户发现需求并分析其付费动机，通过一系列销售手段来激励用户产生付费行为	
	内容分发	用户接收端	用户购买知识产品后用以接收的各类端口，如移动智能手机、智能车载端、平板电脑、智能穿戴设备等	
		用户端场景	用户在接收产品时所处的空间场景特征，如公共交通、办公场景、娱乐场景等	
		分发网络	平台利用技术布局的各类内容分发网络体系，如针对线上的分发体系自有平台、微信小程序、搜索平台等；针对线下的内容分发等，以保证用户与平台的无缝连接体验	
	内容支付	支付渠道	购买产品时可被平台支持的支付手段，如微信支付、支付宝、银行卡等第三方支付，或平台自有的支付体系等	
		支付方式	侧重支付与信息技术的结合，如线上的手动式支付、智能呼叫式支付等	
		支付界面	关系着用户的支付体验，良好的界面可以帮助用户迅速完成支付过程，并在购买后引导用户进入产品使用界面	
价值链	重要合作	合作伙伴	投资人、内容供应商、消费者或用户、行业竞争者等利益群体	
		关系网络	基于合作伙伴关系所形成的网络。关系网络构成关系着企业的相关利益联系人，如与合作者或竞争者形成战略联盟，与供应商建立的商家关系等	

续表

一级指标	二级指标	三级指标	指标解释	影响程度评分（十分制）
盈利机制	收入来源	会员费	用户成为平台会员所付的费用。如年费、月费等	
		单个产品与服务费用	用户在平台上采取分别购买单个或多个产品与服务的行为	
		分销渠道	第三方参与平台产品与服务的销售方式而带来的收入	
		版权销售	通过出售产品内容版权获取的利润	
		衍生品收入	以知识产品衍生的相关产品	
	成本结构	固有成本	在一定时期和业务范围内，不受业务量增减变动影响而固定不变的成本，如移动互联网服务提供商及操作系统、云存储、计算服务；平台运营费用、员工工资等	
		可变成本	随产量的变化而变动的成本，如内容供应方成本、内容版权、流量获取等相关成本	

除上述指标外，您认为其他对在线知识付费平台商业模式创新有重要影响的指标及其评分值，请直接填写在表2。

表2　在线知识付费平台商业模式创新补充指标及其影响程度评分

补充有影响的指标及说明	影响程度评分（十分制）

综合表1和表2，请您在表3列出您认为最重要的5个指标（按重要程度排序）。

表 3　在线知识付费平台商业模式创新重要指标

重要性排序	指标（请填写表 1 中的指标和表 2 补充的指标）
1	
2	
3	
4	
5	

请填写您的个人信息。

姓名：

工作单位：

职务或职称：

您对知识付费的熟悉程度（在选项上打“√”）：

1. 不太了解　2. 一般了解　3. 比较了解　4. 非常了解

再次感谢您的支持和帮助！

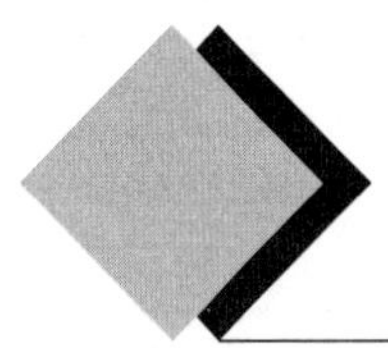

附录B 在线知识付费商业模式创新影响要素权重调查问卷

在线知识付费商业模式创新影响要素权重调查问卷																		
	极为重要		非常重要		很重要		比较重要		同等重要		比较重要		很重要		非常重要		极为重要	
	9	8	7	6	5	4	3	2	1	2	3	4	5	6	7	8	9	
用户	○	□	○	□	○	□	○	□	○	□	○	□	○	□	○	□	○	价值主张
用户	○	□	○	□	○	□	○	□	○	□	○	□	○	□	○	□	○	价值链
用户	○	□	○	□	○	□	○	□	○	□	○	□	○	□	○	□	○	盈利机制
价值主张	○	□	○	□	○	□	○	□	○	□	○	□	○	□	○	□	○	价值链
价值主张	○	□	○	□	○	□	○	□	○	□	○	□	○	□	○	□	○	盈利机制
价值链	○	□	○	□	○	□	○	□	○	□	○	□	○	□	○	□	○	盈利机制
用户细分	○	□	○	□	○	□	○	□	○	□	○	□	○	□	○	□	○	用户关系
大众化市场	○	□	○	□	○	□	○	□	○	□	○	□	○	□	○	□	○	市场垂直领域
社区型	○	□	○	□	○	□	○	□	○	□	○	□	○	□	○	□	○	参与型
核心资源	○	□	○	□	○	□	○	□	○	□	○	□	○	□	○	□	○	关键业务

续表

在线知识付费商业模式创新影响要素权重调查问卷																		
	极为重要		非常重要		很重要		比较重要		同等重要		比较重要		很重要		非常重要		极为重要	
	9	8	7	6	5	4	3	2	1	2	3	4	5	6	7	8	9	
企业家行业经验	○	□	○	□	○	□	○	□	○	□	○	□	○	□	○	□	○	自有平台
企业家行业经验	○	□	○	□	○	□	○	□	○	□	○	□	○	□	○	□	○	用户来源渠道
企业家行业经验	○	□	○	□	○	□	○	□	○	□	○	□	○	□	○	□	○	人力资源
企业家行业经验	○	□	○	□	○	□	○	□	○	□	○	□	○	□	○	□	○	差异化产品与服务
自有平台	○	□	○	□	○	□	○	□	○	□	○	□	○	□	○	□	○	用户来源渠道
自有平台	○	□	○	□	○	□	○	□	○	□	○	□	○	□	○	□	○	人力资源
自有平台	○	□	○	□	○	□	○	□	○	□	○	□	○	□	○	□	○	差异化产品与服务
用户来源渠道	○	□	○	□	○	□	○	□	○	□	○	□	○	□	○	□	○	人力资源
用户来源渠道	○	□	○	□	○	□	○	□	○	□	○	□	○	□	○	□	○	差异化产品与服务
人力资源	○	□	○	□	○	□	○	□	○	□	○	□	○	□	○	□	○	差异化产品与服务
平台管理	○	□	○	□	○	□	○	□	○	□	○	□	○	□	○	□	○	服务实现
平台管理	○	□	○	□	○	□	○	□	○	□	○	□	○	□	○	□	○	平台升级
服务实现	○	□	○	□	○	□	○	□	○	□	○	□	○	□	○	□	○	平台升级
内容制作	○	□	○	□	○	□	○	□	○	□	○	□	○	□	○	□	○	内容营销
内容制作	○	□	○	□	○	□	○	□	○	□	○	□	○	□	○	□	○	内容分发
内容制作	○	□	○	□	○	□	○	□	○	□	○	□	○	□	○	□	○	内容支付
内容制作	○	□	○	□	○	□	○	□	○	□	○	□	○	□	○	□	○	重要合作
内容营销	○	□	○	□	○	□	○	□	○	□	○	□	○	□	○	□	○	内容分发

续表

在线知识付费商业模式创新影响要素权重调查问卷																		
	极为重要		非常重要		很重要		比较重要		同等重要		比较重要		很重要		非常重要		极为重要	
	9	8	7	6	5	4	3	2	1	2	3	4	5	6	7	8	9	
内容营销	○	□	○	□	○	□	○	□	○	□	○	□	○	□	○	□	○	内容支付
内容营销	○	□	○	□	○	□	○	□	○	□	○	□	○	□	○	□	○	重要合作
内容分发	○	□	○	□	○	□	○	□	○	□	○	□	○	□	○	□	○	内容支付
内容分发	○	□	○	□	○	□	○	□	○	□	○	□	○	□	○	□	○	重要合作
内容支付	○	□	○	□	○	□	○	□	○	□	○	□	○	□	○	□	○	重要合作
PGC	○	□	○	□	○	□	○	□	○	□	○	□	○	□	○	□	○	UGC
PGC	○	□	○	□	○	□	○	□	○	□	○	□	○	□	○	□	○	机构/团队
PGC	○	□	○	□	○	□	○	□	○	□	○	□	○	□	○	□	○	版权购买
UGC	○	□	○	□	○	□	○	□	○	□	○	□	○	□	○	□	○	机构/团队
UGC	○	□	○	□	○	□	○	□	○	□	○	□	○	□	○	□	○	版权购买
机构/团队	○	□	○	□	○	□	○	□	○	□	○	□	○	□	○	□	○	版权购买
渠道通路	○	□	○	□	○	□	○	□	○	□	○	□	○	□	○	□	○	产品包装
渠道通路	○	□	○	□	○	□	○	□	○	□	○	□	○	□	○	□	○	产品定价
产品包装	○	□	○	□	○	□	○	□	○	□	○	□	○	□	○	□	○	产品定价
用户接收端	○	□	○	□	○	□	○	□	○	□	○	□	○	□	○	□	○	用户端场景
用户接收端	○	□	○	□	○	□	○	□	○	□	○	□	○	□	○	□	○	分发网络
用户端场景	○	□	○	□	○	□	○	□	○	□	○	□	○	□	○	□	○	分发网络
支付渠道	○	□	○	□	○	□	○	□	○	□	○	□	○	□	○	□	○	支付界面
合作伙伴	○	□	○	□	○	□	○	□	○	□	○	□	○	□	○	□	○	关系网络
收入来源	○	□	○	□	○	□	○	□	○	□	○	□	○	□	○	□	○	成本结构
会员费	○	□	○	□	○	□	○	□	○	□	○	□	○	□	○	□	○	单个产品与服务费用
会员费	○	□	○	□	○	□	○	□	○	□	○	□	○	□	○	□	○	分销收入
会员费	○	□	○	□	○	□	○	□	○	□	○	□	○	□	○	□	○	衍生品

续表

在线知识付费商业模式创新影响要素权重调查问卷																		
	极为重要		非常重要		很重要		比较重要		同等重要		比较重要		很重要		非常重要		极为重要	
	9	8	7	6	5	4	3	2	1	2	3	4	5	6	7	8	9	
单个产品与服务费用	○	□	○	□	○	□	○	□	○	□	○	□	○	□	○	□	○	分销收入
单个产品与服务费用	○	□	○	□	○	□	○	□	○	□	○	□	○	□	○	□	○	衍生品
分销收入	○	□	○	□	○	□	○	□	○	□	○	□	○	□	○	□	○	衍生品
固有成本	○	□	○	□	○	□	○	□	○	□	○	□	○	□	○	□	○	可变成本